東京の江戸めぐりさんぽ

今に残る江戸の読み解きかた

著 岡本哲志

はじめに

『江戸名所図会』はこうしてできた

『江戸名所図会』を刊行した斉藤幸雄・幸孝・月岑の3代は、神田雉子町の町名主。「江戸っ子」の原点である神田人の眼差しから、一つ一つの場所を訪れ、肌で感じた情報を書き込む。また、親子2代の絵師、長谷川雪旦・雪堤も現地のリアルな光景をスケッチし、挿絵にした。実地調査にもとづいて綴られた解説と精巧な絵で構成する『江戸名所図会』は、単に江戸後期の名所案内にとどまらない。江戸という都市の空間や歴史、人々の営みを読み解く手がかりが潜む優れたビジュアル本である。

江戸の名所を眺めて楽しむ

名所は、古代から地名で想起させる美的風景イメージとして、記号化された文字の世界で表現され続けてきた。だが江戸中期、文字だけの世界に絵が加わる。記号化された名所は、思考の領域から飛びだし、リアルな場となりはじめる。

ここの大きな変化は、明暦の大火（1657年）を経験した17世紀半ば過ぎ、巨大化しつつあった江戸で起きた。初期段階の代表的な江戸の名所案内に、山川の自然やポイントとなる寺社、橋などを項目ごとに洗いだした『江戸鹿子《えどかのこ》』（1687年）、江戸を地域ごとにエリア分けして名所を紹介する『江戸砂子《えどすなご》』

「平村平維盛古墳」には、墓の前で筆を取る、長谷川雪旦らしき姿が描かれている。

（1732年）がある。それは参勤交代で江戸に赴任する武士、あるいは上方から訪れる商人たちが、日々変化するかに見える、巨大都市の基層にある歴史に関心を示したからだ。

19世紀に入ると、伊能忠敬《いのうただたか》が幕府から国土の実測調査を命じられ、日本全土を踏破する。この時期、武士や商人の間に地理を理解し、地域の歴史を知る欲求の高まりがあった。数多く出回りはじめた江戸絵図と重ね、より立体的に空間と営みがわかる、実用的なビジュアルブックが求められた。

四神相応か北斗七星か

江戸の名所案内書ブームの契機は、京を描いた『都《みやこ》名所図会《めいしょずえ》』（1780年）の出版であろう。これに刺激されるように『江戸名所図会』の制作がはじまり、寛政年間（1789〜1800年）には刊行予定だった。しかし、実際は遅れに遅れ、前編が天保5（1834）年に刊行、後編を加えた全編の完成はその2年後だった。

『江戸名所図会』は、『都名所図会』との比較で、興味深い違いがある。1つは全体構成。『都名所図会』が青龍・白虎・朱雀・玄武の四神相応をベースにした構成に対し、『江戸名所図会』は江戸の都市空間を北斗七星に見立て、意図して全巻数を7巻で完結させた。江戸は、これまで京都に習って四神相応を旨としたとされてきた。しかしながら、幾重にも積み重なった江戸の層を太田道灌、源義家、平将門と逆に掘り下げていくと、北極星、北斗七星を意識した都市空間が見えてくる。すでに江戸時代にイメージされていた。

ただ『江戸名所図会』の冒頭には、北極星や北斗七星の信仰がまだ日本に流れ込んで来ていない時代の日本武尊《やまとたけるのみこと》を登場させる。賛否のある将門を避け、武蔵の創始者とされる日本武尊まで遡る。京の都と対置する鎌倉を中心とした坂東武士の発想を『江戸名所図会』にすんなり組み込む。上方から押し寄せ、本店ではなく「江戸店《えどだな》」と言われる支店を置く日本橋の商人に対し、徳川家康入府以前の地元江戸に根を張り続けて来たという神田っ子の自負が、斉藤3代の基本姿勢となってあらわれる。

江戸城と武家地を描かないワケ

もう1つは、平安城を中心に全体が構成された『都名所図会』に対し、『江戸名所図会』が江戸城を全く描いていないことだ。江戸の風景の大半が江戸城と武家地。塀が巡る武家地が名所としてふさわしくない場所だとしても、膨大な絵の中でわずかに2点だけである。『江戸名所図会』では、江戸城や武家地の光景、幕府の政治向きの事柄をほとんど表現していない。当時出版物の規制にかかわることだったともいわれる。だが絵を一つ一つ見ていくと、庶民の生活空間を舞台に、町人や職人だけでなく、僧侶や武士など普段描かれることの少ない人たちを生き生きと登場させている。それは寺社を描いた絵も同様だ。

『江戸名所図会』は、誰でもが行き来できる町人地、寺社地、あるいは行楽地に限定し、その場に江戸に暮らす全ての人たちを描き込む。江戸が武士と武家地を中心に成立する特異な都市だということに限定せず、より血の通った場所に細心の注意を傾け描きだすことで、江戸という都市のよりリアルな全体像を表現しようとしたかに思える。『江戸名所図会』に引かれる魅力は、庶民目線から繰り広げられる大胆な世界観にある。

富士山を描かずに旭日を描く

葛飾北斎や歌川広重、あるいは鍬形蕙斎で馴染みのある江戸からの富士山。くまなく江戸を踏破した『江戸名所図会』にしてはその数が極めて少ない。江戸を捉える一般的な眼差しは、東から西へ、富士山を絵の中の背後にいただき、江戸城が中心に位置する構図だろう。これは鍬形蕙斎が好んで描いた鳥瞰図だ。ただ『江戸名所図会』では、この構図を180度転回することで新たな世界を切り開く。富士山と江戸城を描けない代償として得た光景は旭日(朝日)である。これは何よりも時間を表現する。さらに、鳥の目から蟻の目まで、江戸庶民一人一人の姿と町の風景を伴って、様々な次元で日常と非日常のきびを克明に描き込む。現代人が飛行機やヘリコプター、気球や巨大クレーン、三脚を駆使し、ある時は地上目線で実写するかのように。飽きられずに魅了する『江戸名所図会』の面白さがここにある。

町の賑わいのあり方と寺社の空間の構図にこだわり、江戸を切り取っていくリアルさ。日常では味わえない視点場から、不思議な世界を開く。町人地や寺社地は武家地に付随するものではなく、周縁・郊外は江戸から切りはなされた存在ではない世界。それらが江戸として一体のものであると『江戸名所図会』は語りかける。

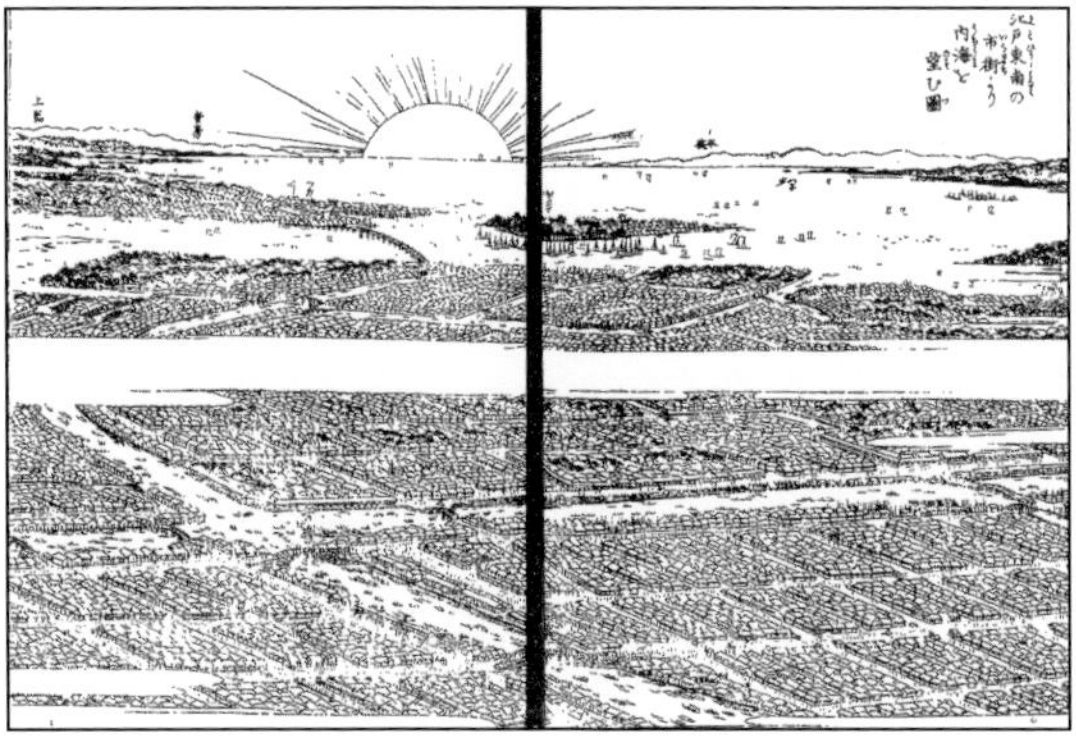

上／冒頭に描かれる、日本武尊《やまとたけるのみこと》　下／旭日に照らされる江戸。「江戸東南の市街より内海を望む図」

本書の見方

エリア・ジャンル

名所・住所

通りや川の名前、現在ある物件の名前

江戸名所図会

写真で見る江戸時代とのつながり

大江戸MAP番号

各所のキーワード

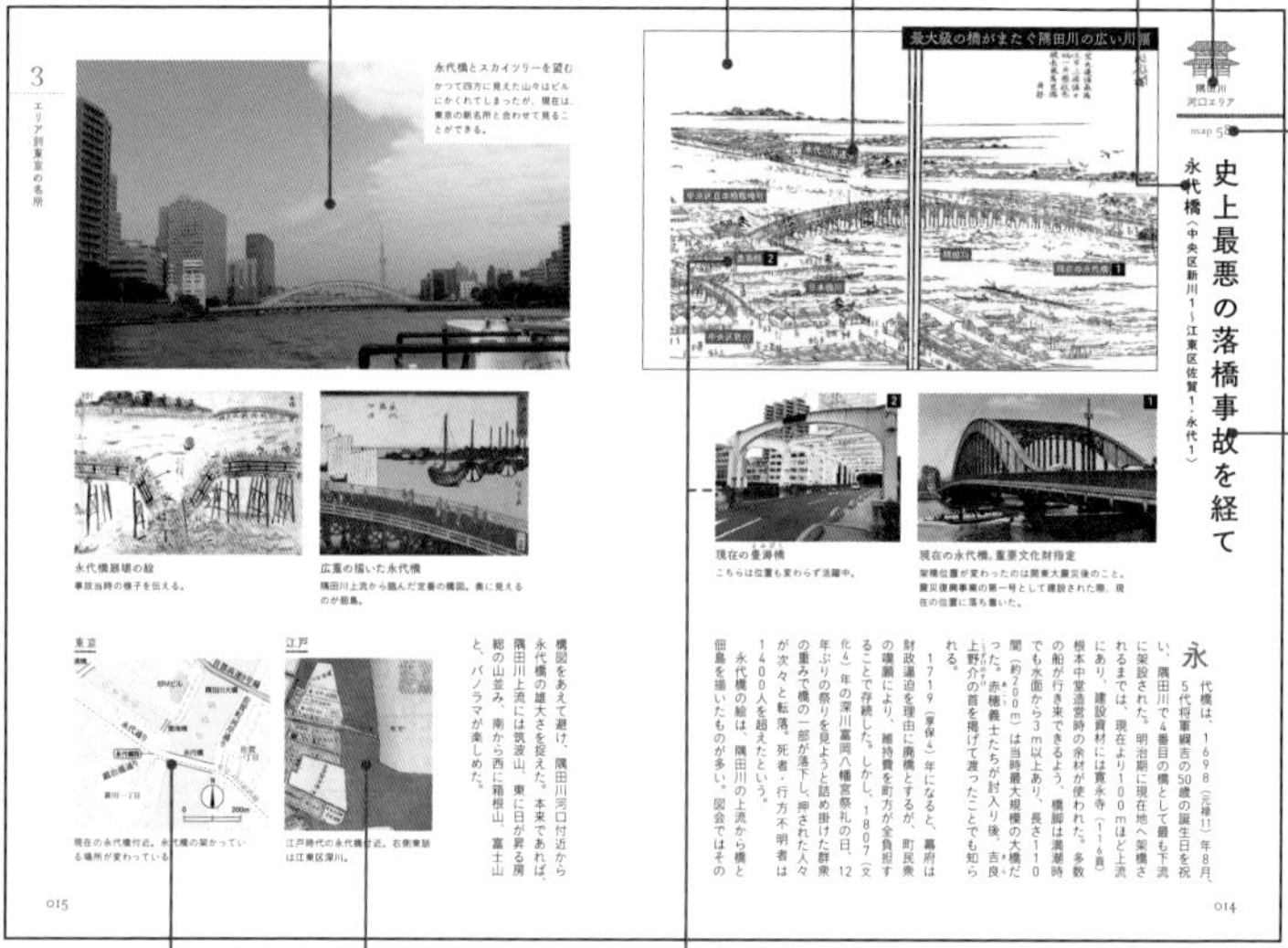

江戸名所図会と現在のリンク

江戸切絵図で当時の様子を紹介

現在の地図で江戸時代からの名残を見つける

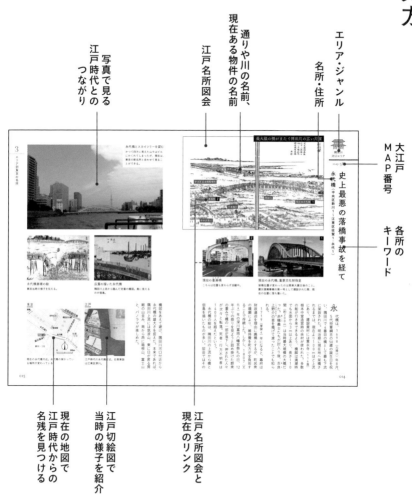

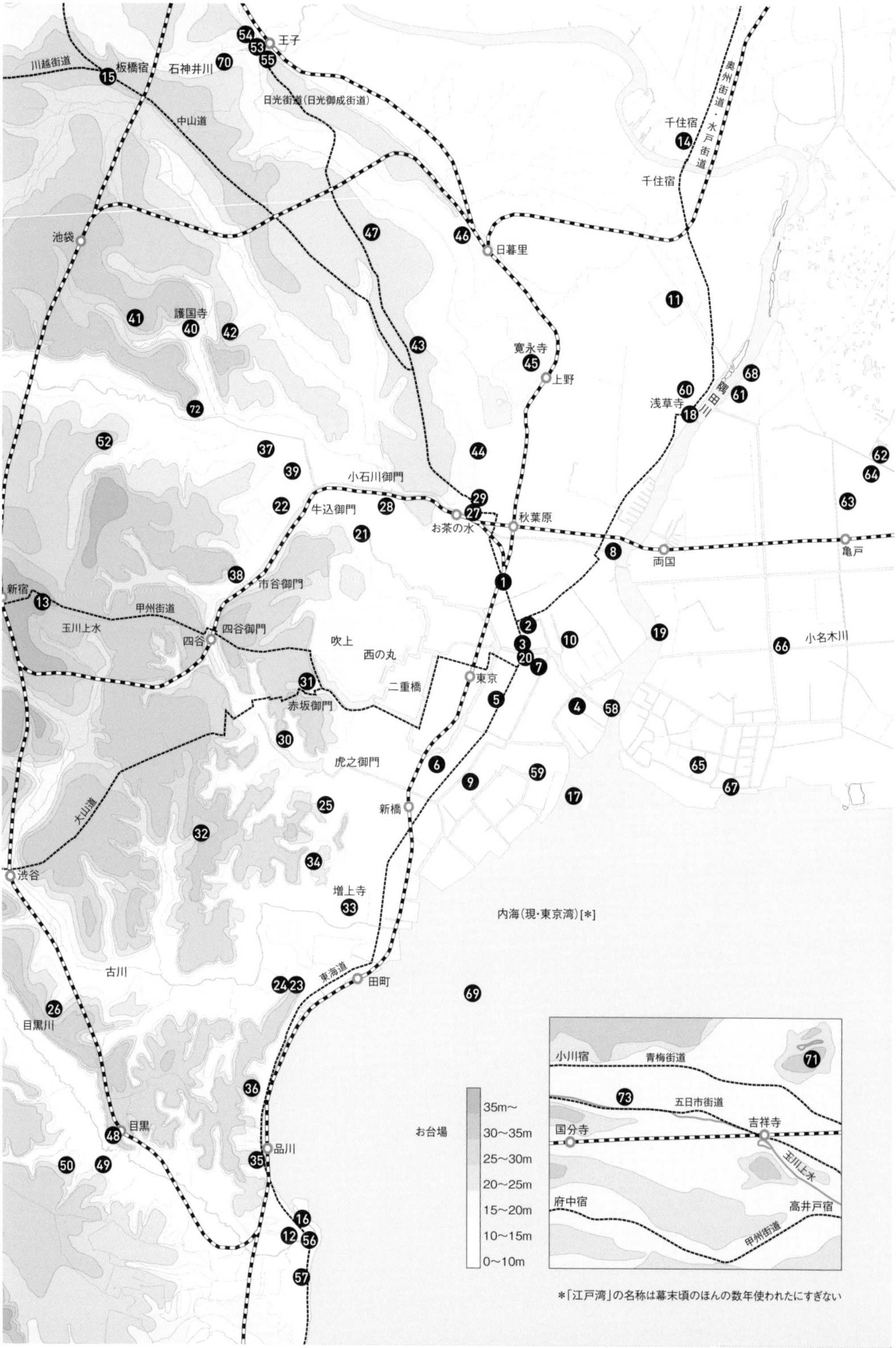

*「江戸湾」の名称は幕末頃のほんの数年使われたにすぎない

目次

第二章 橋と坂道から望む風景

第三章 エリア別、江戸の名所

第四章 江戸が今も残る水辺

印刷・製本　大日本印刷
デザイン　米倉英弘（細山田デザイン事務所）
イラスト　小寺 練（surmometer inc.）
カバーイラスト　つちもちしんじ
DTP　天龍社

第一章 まちの賑わいを知る

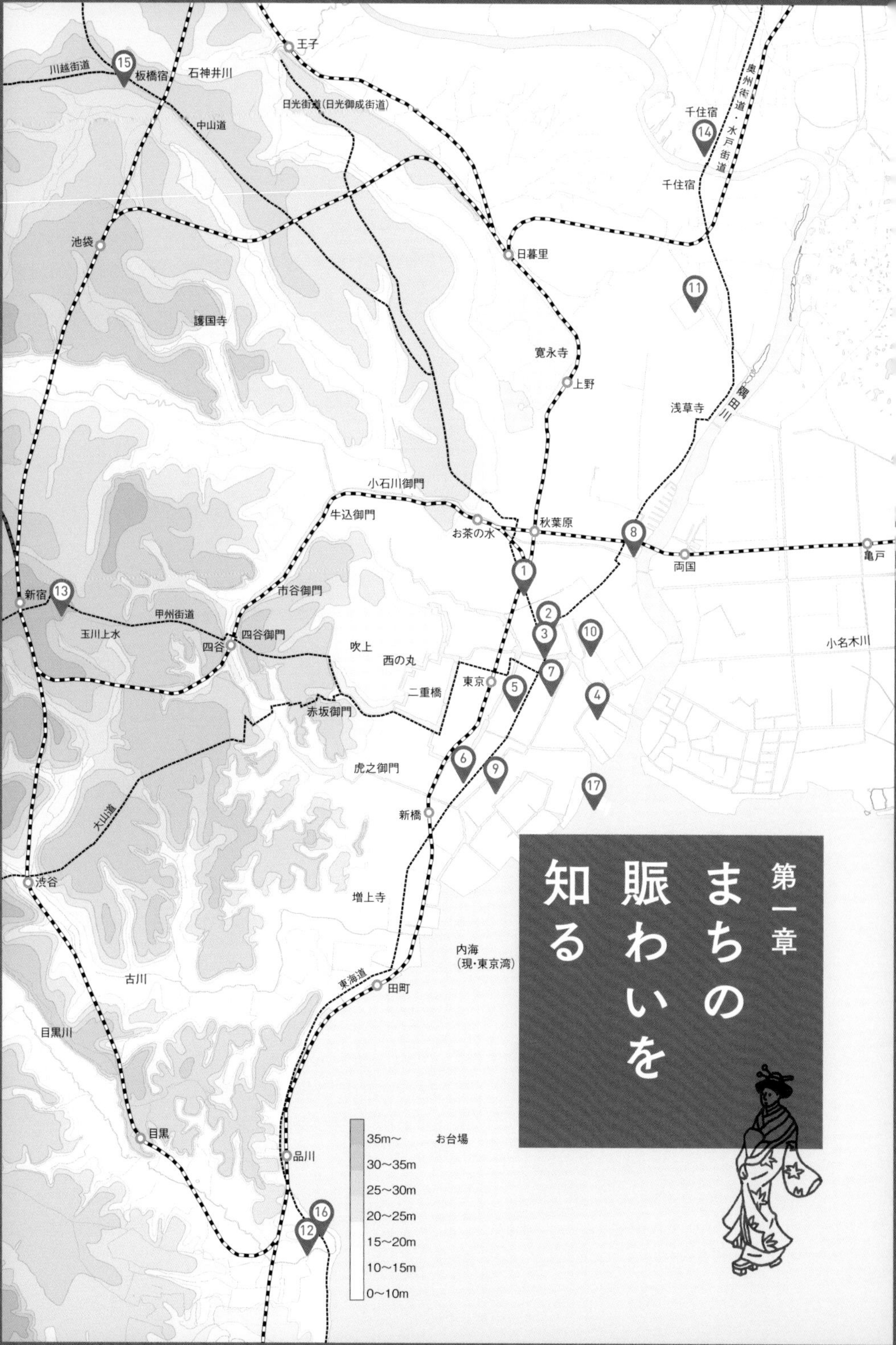

王子
川越街道
15 板橋宿
石神井川
日光街道(日光御成街道)
中山道
奥州街道・水戸街道
千住宿
14
千住宿
池袋
日暮里
11
護国寺
寛永寺
上野
浅草寺
隅田川
小石川御門
牛込御門
お茶の水
秋葉原
8
両国
亀戸
1
新宿 13
市谷御門
甲州街道
玉川上水
四谷
四谷御門
吹上
西の丸
2
3
10
小名木川
7
東京
5
二重橋
4
赤坂御門
6
9
虎之御門
17
新橋
大山道
渋谷
増上寺
内海
(現・東京湾)
古川
東海道
田町
目黒川
目黒
品川
16
12
35m～
30～35m
25～30m
20～25m
15～20m
10～15m
0～10m
お台場

江戸の多彩な町とその魅力

江戸という都市のなかで賑わいを呼ぶ場を5つのジャンルに分け、「まちの賑わい」を読み解く。

商人・職人の町

江戸は百万を越える人たちの衣食住遊を多くの商人・職人たちが支えてきた巨大都市。その中心に神田・日本橋・京橋・銀座が位置し、商工業のエリアが面的に広がり、賑わいの場を形成した。日本橋は、五街道の基点の橋が架かり、重厚な建物が軒を並べる江戸随一の商業地だった。神田には徳川幕府以前の人たちが暮らす江戸の原点という自負があり、銀座には、銀座をはじめとして、朱座、天秤座といった度量衡を扱う職人が集まり、絵師や能役者、大工、建具師、武具の職人など徳川幕府と深く結びつく様々な職種の人たちが暮らした。

広小路

明暦の大火を機に、江戸幕府は火除地として広大な土地を更地にした。江戸橋広小路、両国広小路、上野広小路と。ただ、それらの土地がいつまでも空地のままだったわけではなく、次第に仮設の建物が建ち賑わいの場に変わる。特に、橋と結びついた広小路は非日常性を気軽に堪能できる空間に変化した。江戸橋広小路の江戸橋、両国広小路の両国橋というように。

芝居町・花街

江戸の彩りを象徴する町として、芝居町と花街がある。芝居の役者は参勤交代で江戸に住まう大名や江戸城の大奥の女たちをとりこにした。また、遊廓の花魁も流行を先導したファッションを着こなす。町方の若い娘たちはそのファッションに一喜一憂し、日常の生活に取り入れた。男たちだけの娯楽の城ではなかったのだ。

宿場町

江戸日本橋を基点とする街道は、放射状に延び全国につながる。その街道に宿場が設けられた。江戸の拡大は、宿場を行楽地に変える。江戸市街の境界を示す朱引き近辺にある宿場は、参勤交代の大名や、諸国から商いで訪れる商人たちだけのものではなく、日々の規制や取締からの開放を求めた江戸の住人たちも訪れ、楽しんだ。

漁師の町

内海（現・東京湾）は多くの川が流れ込み、太平洋からの潮の流れがミックスされる魚介類の宝庫。江戸が百万都市となる基本条件の1つ、食を支える。そこには漁師たちの活気があった。特に漁師町の祭りは格別だ。漁で鍛えた漁師たちが神輿を担ぎながら海中渡御する光景は勇壮で、江戸市中に暮らす人たちを魅了した。

中心街にほど近い生活の場

今川橋《いまがわばし》・下駄《げた》新道《しんみち》〈千代田区鍛冶町〉

旧竜閑川の細い通り

掘割だった面影は残っていないものの、竜閑川が流れていた場所は裏通りになっており、その場所を今に伝える。

神田川から中山道（現中央通り）を江戸の中心市街へ向かうと、神田と日本橋の境界、竜閑川《りゅうかんがわ》と呼ばれる堀割があった。そこに、今川橋が架けられた。地元の人はこの堀を「神田堀」と呼んでいたというが、現在は「今川橋」の名が交差点に残るのみである。

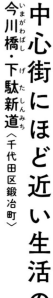

今川橋の南側、日本橋側には、大店が並ぶ江戸の商業中心地があった。一方、神田側には日々の生活に追われる職人の暮らしが顔を覗かせる。日本橋から一転、庶民的な雰囲気に変わるあたりが今川橋周辺だった。この橋を渡る手前、日本橋の外れから、瀬戸物を売る店が目立つようになり、図会左端にも「此辺瀬戸物屋多し」とある。街道である表通りから一歩内側へ入り込めば、そこは職人の仕事場であり、生活の場でもあった。

図会は、日本橋に通じる街道筋の路上を描く。この表通り（中山道）の裏側、神田鍛冶町の西にある裏通りは「下駄新道」と呼ばれ、下駄をつくり、売る店が並んでいた（現神田駅南側）。明暦の

今川橋のあった場所に設置された案内

橋こそ無いものの、江戸庶民の生活の場は、今も神田を中心としたサラリーマンのまち。

現今川橋交差点

竜閑川が 1950（昭和 25）年に埋め立てられると、今川橋も廃橋となった。現在は交差点名として残る。

竜閑橋跡

近くに「茶坊主」（江戸城中接待役）井上竜閑の屋敷があったことからこの名がついた橋。川の名前にまでなった。

竜閑川に架かっていた乞食橋の跡あたり

乞食橋と呼ばれる橋があった付近は、現在神田駅高架下、白旗橋ガード。味のある居酒屋が軒を連ねる。

大火以降の人口増大にともない、表通りと平行して新たに整備された裏通りは新道と呼ばれ、道沿いには日用雑貨の店が並び、人々が往来するようになった。

江戸で最も賑わった「台所」

日本橋魚市《にほんばしうおいち》〈中央区日本橋室町〉

明治時代の日本橋魚河岸風景（日本橋川側）

明治時代の日本橋魚河岸風景（通り側）
海が近く、水陸の交通の要所である日本橋に形成された魚市。

江戸時代、日本橋は北東の橋詰に高札場があり、多くの人たちが行き来した。もちろん、五街道の基点は、すべてこの日本橋から。そこを起点に東へ、日本橋川河岸沿いには江戸の台所といわれた魚河岸があり、江戸で最も賑わう場所だった。

日本橋の魚河岸は、関東大震災を契機に、築地市場に移転し、跡地には昭和通りが町を二分した。高度成長期を経て、水際空間には高潮防潮堤の護岸が築かれ、しかも高速道路が空を覆った。水辺と呼応して活況を見せていた魚河岸を現代の空間からイメージすることは難しい。だが、「日本橋魚市」と題した絵からは当時の喧噪が伝わり、江戸庶民の息づかいを感じ取れる。

「日本橋魚市」の絵は、魚の種類が確認できるほどズームインしたものだ。小舟で運ばれてきた魚介類が河岸に陸揚げされ、陸上で待ち受ける仲買や卸しによってさばかれていく。仕入れた魚を天秤棒で運ぶ魚屋の様子がリアルな情景として描かれる。日本橋から江戸

日本橋魚河岸跡の碑

関東大震災までは江戸・東京の台所として賑わった。魚、ということもあり、竜宮城の乙姫が鎮座する。

東京

現在では想像もつかないほど周辺が変化したが、現在のむろまち小路辺りは魚河岸があったころの残り香が漂う。

江戸

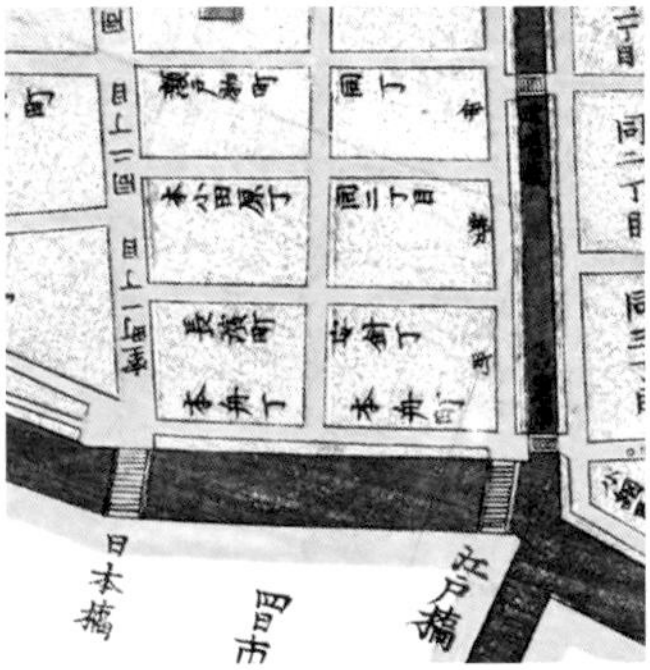

当時の魚市場付近

関東大震災を契機に魚河岸が移転。関東大震災で焼失した後に新しく建物が建ちはじめる魚河岸跡の様子（大正13年ごろ）

橋までの北側の河岸に並ぶ魚市の様子を俯瞰する絵の構図は、1797（寛政9）年に刊行された『東海道名所図会』にも類似するものがあり、それに影響を受けたようだ。

三井財閥発祥のルーツ

三井呉服店《みついごふくてん》〈中央区日本橋1-4-1〉

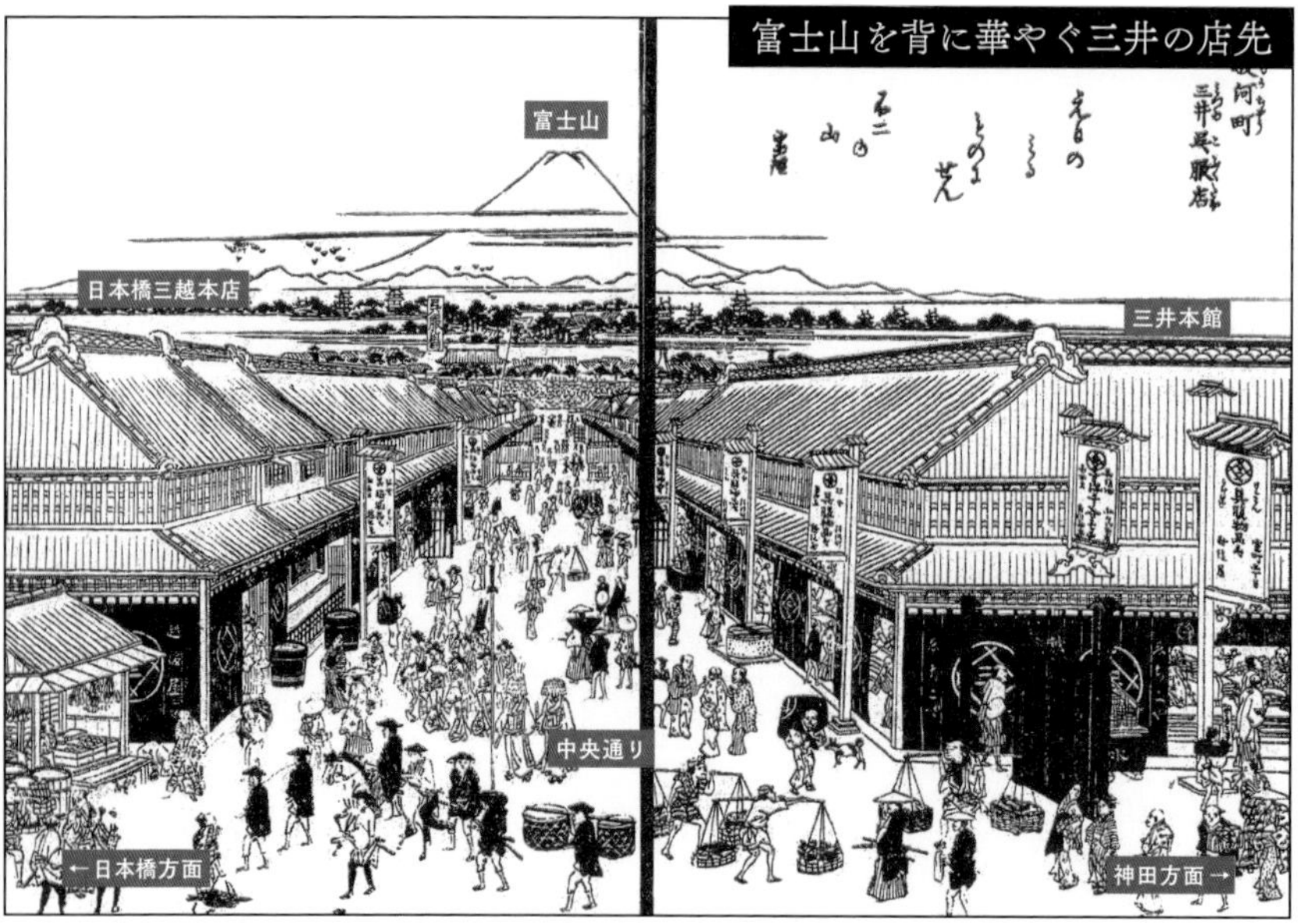

明治時代の三越

明治に入って業績が悪化すると、両替店が本事業となっていた三井家から分離され、呉服店用に興した三越家の事業となった。この写真はその頃の写真であるが、図会に描かれている江戸時代の姿を彷彿させてくれる。

1673（延宝元）年、現在の日本銀行所在地辺りに「越後屋」を屋号にした呉服店が開店する。間口9尺（約2・7m）の小さな借り店舗からの創業だった。越後屋の創業者は伊勢松坂町（現三重県松坂市）の出身である、三《みつ》井高利《いたかとし》。後に三井財閥の基礎を築いた。

「現銀《げんぎん》掛け値なし」は、三井呉服店が開店してから10年後に掲げた斬新なスローガンだ。現在では当たり前の正札販売を世界で初めて実現し、富裕層だけが手にした呉服を一般庶民層にまで広く拡大させた。江戸時代、購入した代金は後日の掛け（ツケ）払いが常識で、最少の生地の売買単位も1反からだった。三井呉服店は、顧客にその場での現金支払いを求めるかわりに、良質な商品をわずかでも安い価格で販売した。ツケによる踏み倒しの危険を回避できた分、価格を下げられた。安く買えるとあって顧客にとってもありがたい仕組みであり、大変人気が出た。

越後屋の繁栄ぶりに同業者の嫌がらせも絶えなかったが、三井が幕府御用

三井本館(左)と三越本店

現在の三井本館は、関東大震災で旧館が被災したため、1929（昭和 4）年に建て替えられた（設計：トローブリッジ・アンド・リヴィングストン事務所）。三井高利が創業した越後屋は、時を経て、三越となった。

江戸時代の越後屋店内

現在では当たり前になっている多くの商法が、この呉服店から始まった。「現銀掛け値なし」のほか、店先販売、即日仕立て、既製服や特価品の販売などだ。天井には既製服と、その担当者名が吊るされている。

達の商人になってからは落ち着き、店の規模は富士山を仰ぎ見る通りの両側に拡大された。この通りには現在、三越百貨店本館と三井本館が並ぶ。いずれも昭和初期の竣工の近代建築。

1921（大正 10）年上空からの撮影。1902（明治 35）年竣工の三井銀行本店と新築したばかりの日本橋三越を望む

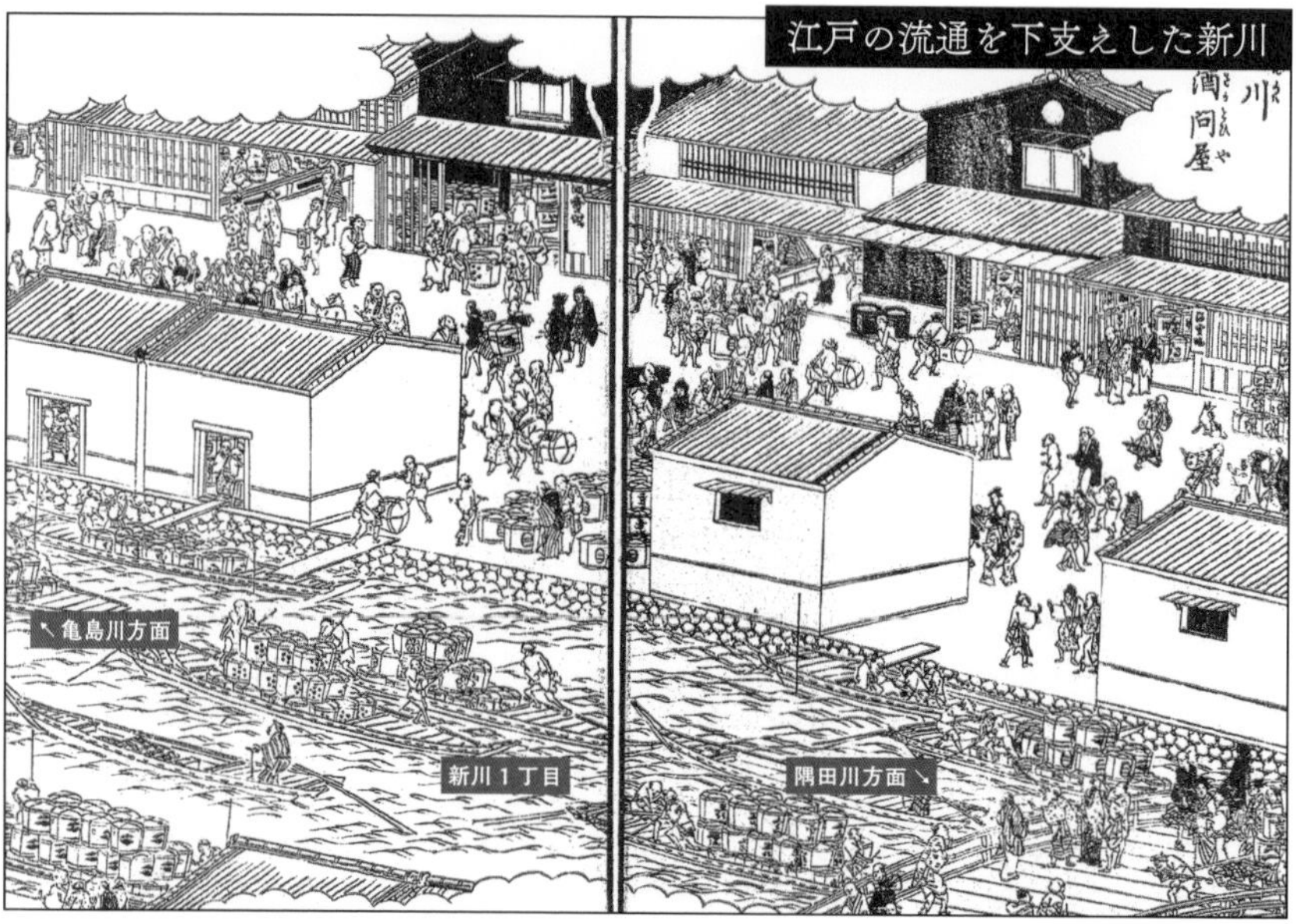

日本橋川南の「新」しい「川」

新川《しんかわ》酒問屋《さかどんや》〈中央区新川〉

新川　東新川橋より三ノ橋を臨む

1948（昭和 23）年に撮られた、水辺だったころの新川。

亀島川に架かる霊岸橋

霊岸橋は江戸時代と同じ場所に架かる橋のひとつ。その名は霊巌寺に由来する。

日本橋川は、全国から集まる様々な物資を乗せた小舟が行き来する大動脈だった。混雑を避ける意味もあり、日本橋川と平行するように、河《かわ》村瑞賢《むらずいけん》が開削したといわれる新川が新しく掘られた。

江戸の酒問屋には、上方の酒を扱う「地廻り酒問屋」と関東の酒を扱う「下り酒問屋」の2種類があった。下り酒問屋は新川や茅場町に軒を連ねた。新川は下り酒問屋がほぼ独占的に利用できる河岸となり、多くの酒問屋が集中した。新川に下ってくる酒は、関西だけでなく、尾張、三河、美濃の伊勢ものもあり、新川の酒問屋は、下り酒全般を扱った。これら下り酒問屋の多くは、上方の造酒屋が支店である「江戸店」を出店したものだが、後に豪商として成長する。

新川は、東京大空襲後の瓦礫処理のために埋め立てられ、１９４９（昭和24）年には消滅する。埋められた跡地は宅地となる。ただ、河岸の蔵と商家の間にあった道の形状は江戸時代とさほど

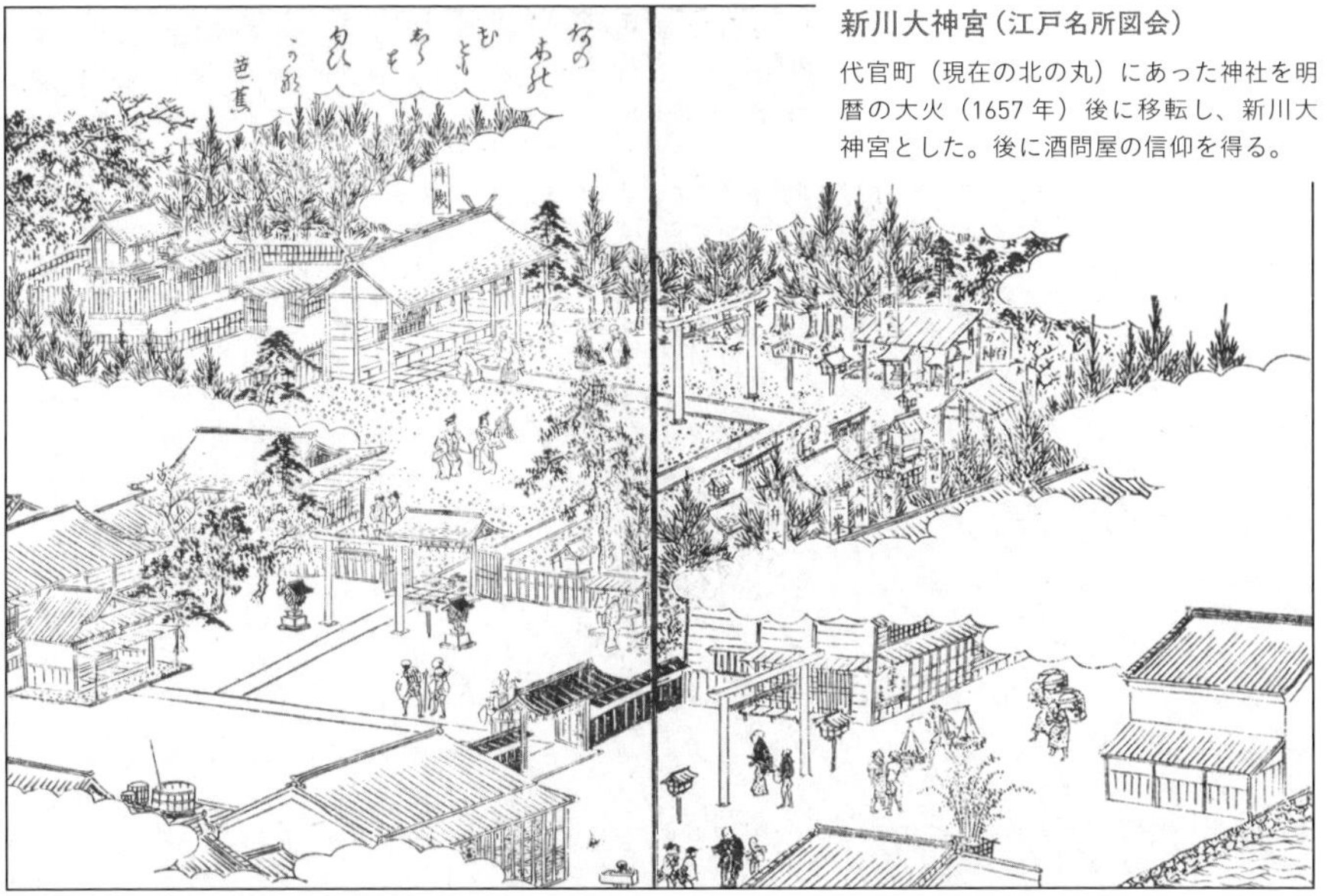

新川大神宮（江戸名所図会）

代官町（現在の北の丸）にあった神社を明暦の大火（1657年）後に移転し、新川大神宮とした。後に酒問屋の信仰を得る。

新川の旧河口にできた公園

新川が隅田川と合流した辺りは、現在小さな公園となっている。

今も残る新川大神宮

産土神として酒問屋から厚く信仰された新川大神宮が残り続ける。

東京

現在新川は埋め立てられたが、西を通る亀島川は残っている。

江戸

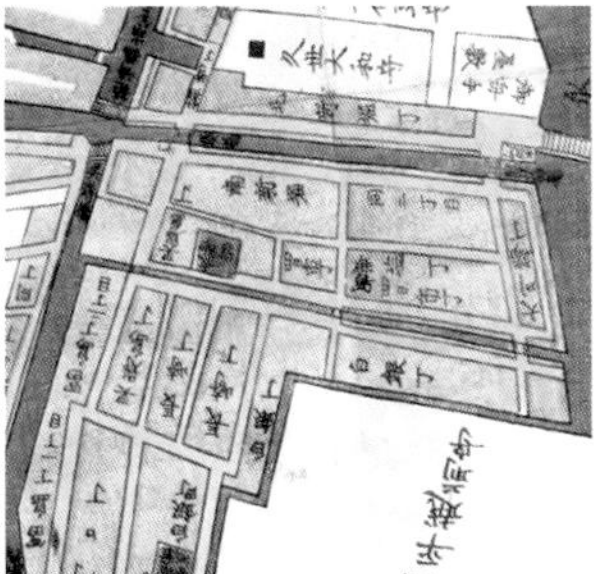

日本橋川に平行して、南に新川が通っている。

変わっていない。『江戸名所図会』が編纂されたころの新川には、一ノ橋・新川橋（二ノ橋）・三ノ橋と、3つの橋が架けられており、現在は隅田川河岸から近くの三ノ橋までがかつての掘割の形を残す公園だ。

商人・
職人の町

map 5

江戸時代から「銀ブラ」のように
尾張町《おわりちょう》〈中央区銀座5丁目〉

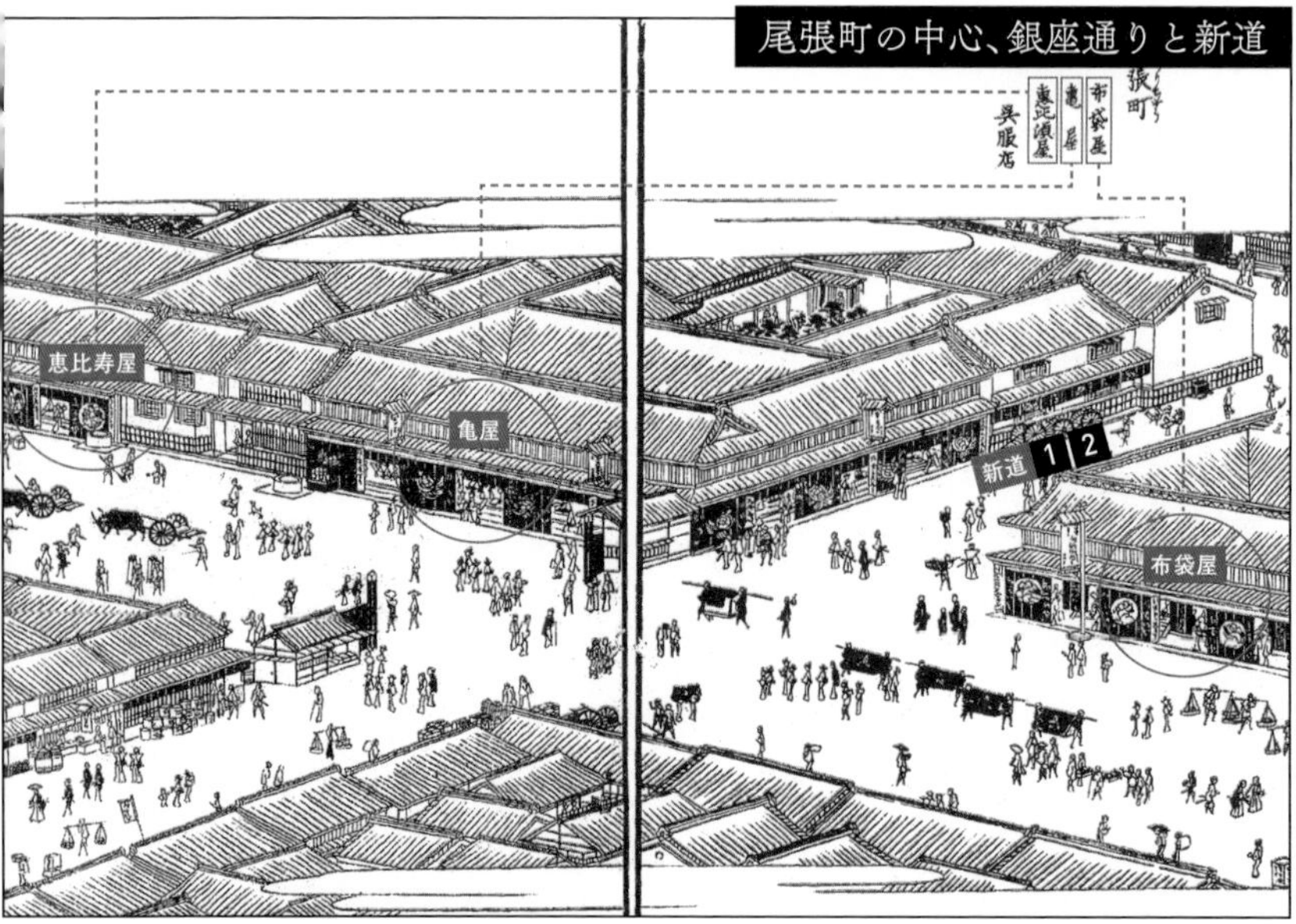

横丁の通りから新道に向かう路地
新道探しの入口の路地にはバー「ルパン」。

新道の痕跡
現在は図会の様子が嘘のように、ひっそりした味のある路地となっている。

銀座の町は1612（慶長17）年に誕生し、大通り（現銀座通り）、裏通り（現並木通り）、晴海通りをはじめとする7本の横丁が整備された。明暦の大火以降、横丁（現みゆき通り）と周辺街区が再開発され、これを補完する新道（現裏通り）もつくられた。

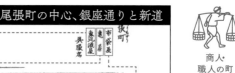

1872（明治5）年からはじまる煉瓦街建設では、道幅を広くしただけで道の位置と敷地割りがほとんど江戸時代のままだった。しかし、銀座5丁目の街区は再編され、敷地割りが大きく変わる。新道のほとんどが表通りと平行して南北に通されていたなか、図会にある唯一東西に通された新道は、街区が再編されて消えたと考えられてきた。

この新道が本当に消えてしまったのかというと、実はそうではない。みゆき通りから文芸春秋のビルの脇、文豪のたまり場だったバー「ルパン」がある路地を奥に進むと、みゆき通りの車道と歩道の境界から「鳥ぎん」のある路地まで約40m（京間20間）。これは江戸時代の町屋敷の奥行であり、突き当

旧尾張町の中心地、銀座5丁目交差点付近

日比谷入江が埋め立てられるまで、銀座は江戸前島と呼ばれる半島の一部だった。

銀座みゆき通り

新道の１本南、みゆき通りは現在でも健在。

東京

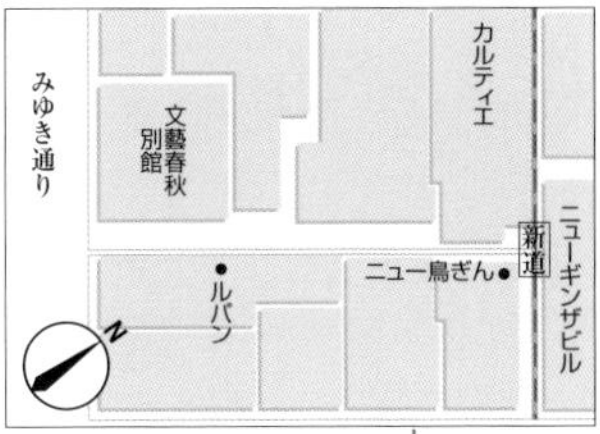

新道の手がかり

江戸

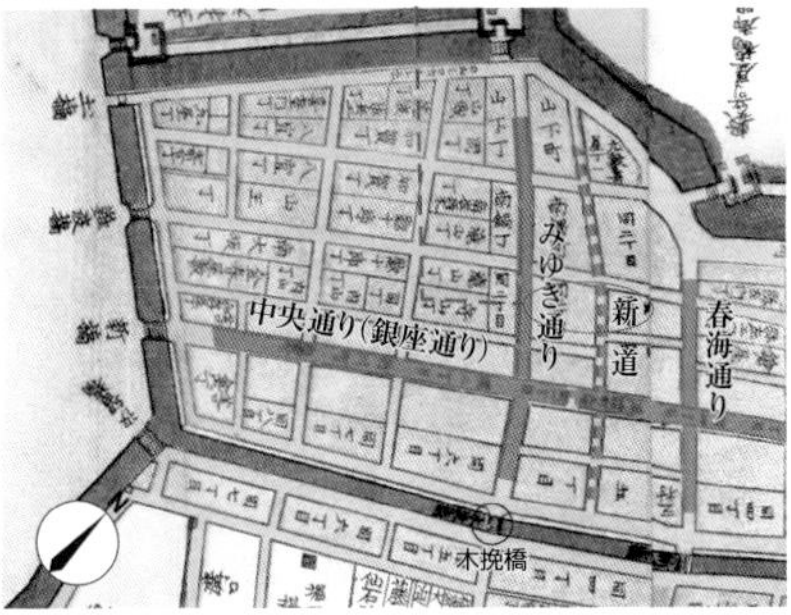

今も残る晴海通りとみゆき通りの間に、新道が通っている。

たったTの頭の部分の路地が幻の新道にあたる。

図会には、布袋屋、亀屋、恵比須屋の名が記されており、大通り沿いに見える暖簾の染め抜きをよく見ると、これらの店の位置がわかる。

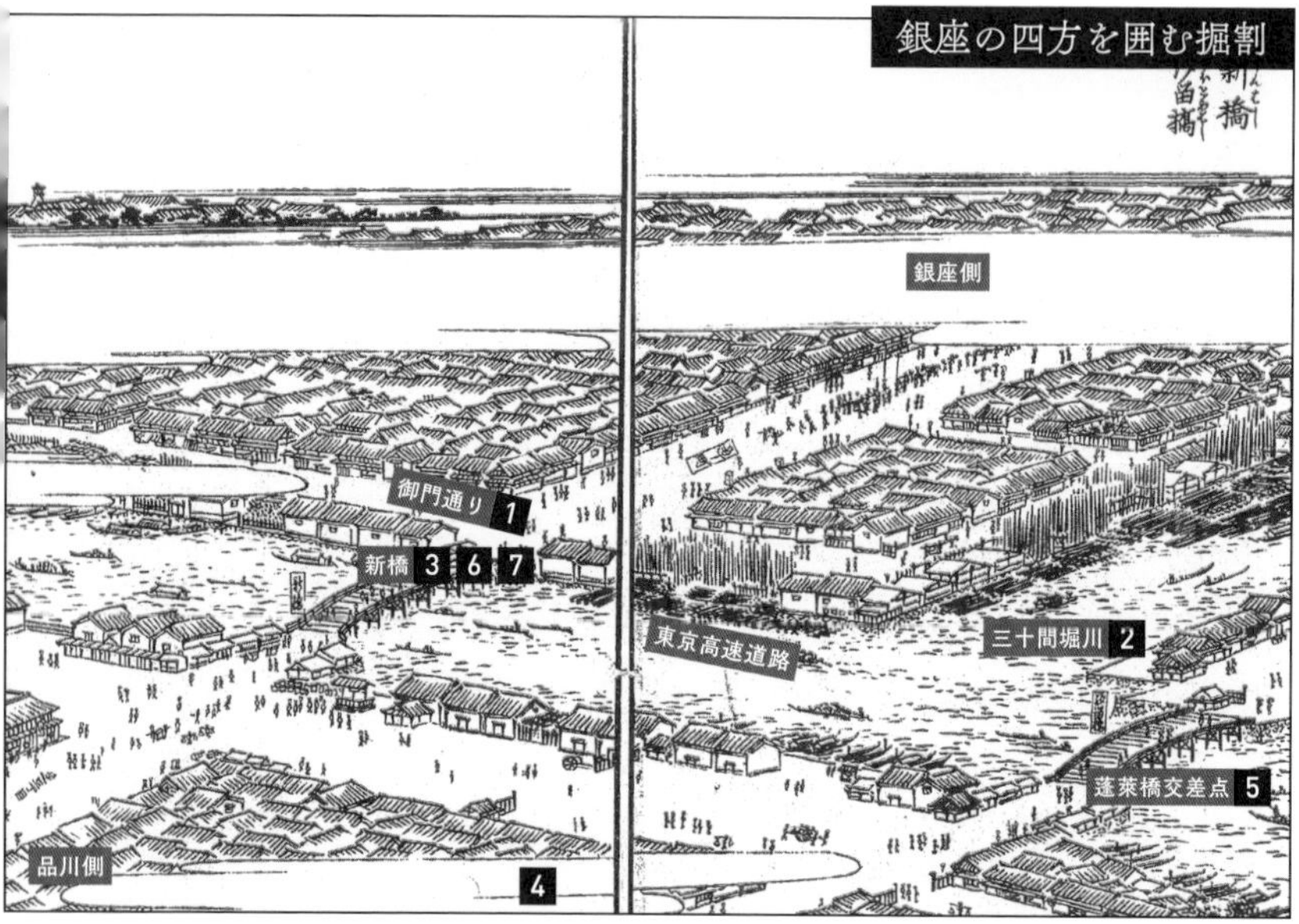

商人・職人の町

map 6

川に囲まれていた銀座

新橋《しんばし》・汐留橋《しおどめばし》〈港区新橋・中央区銀座〉

御門通り

新橋は、一時「芝口御門橋」の名がついていた。朝鮮使節団のために、橋の近くに芝口御門を造ったためだ。門の焼失後、橋は新橋に戻ったが、通りの名にその片鱗が残る。

三十間堀川沿いのビル

三十間堀川が偲ばれる車道の両端には間口が広く、奥行きの狭いビルが林立する

新橋親柱

銀座の街中に残る。関東大震災後、震災復興橋梁のひとつとして建設されたものだが、位置は江戸時代のそれと変わらない(新橋 1-6)。

再現された新橋ステーション

1872（明治 5）年に完成した新橋ステーションは外国の高官が降り立つ駅だった。

江戸時代、銀座は四周を掘割に囲まれた島だった。武家地と境界をつくる外堀川、それぞれの島の境界となる京橋川、三十間堀川、図会に登場する汐留川があった。汐留川は、江戸城建設の際、石など大量の資材を運び込む水路として使用された後、内海（現・東京湾）との関係を断つように一部を埋め立て、海水の浸入を止める。城南地域の飲料水となった赤坂溜池に塩水が遡らないための措置であり、埋め立てられた辺りは「汐留」と呼ばれた。玉川上水が完成し、赤坂溜池が飲料用でなくなると、再び汐留川は内海に直接注ぐようになった。

江戸から明治になり、新橋ステーション（新橋停車場）が完成すると、汐留橋は一挙に注目を浴びた。汐留橋は、立派な石橋に架け替えられ、名を蓬莱橋《ほうらいばし》と変える。当時は、将軍の別邸だった浜御殿が迎賓館となっていたため、新橋ステーションを降り立った諸外国の政府高官は馬車に乗り、蓬莱橋を渡り、延遼館《えんりょうかん》に向かった。そのため銀座煉瓦

現在は高速道路が走る

汐留川は1951（昭和26）年から埋め立てが始まり、現在では最下流部の900mを残すのみとなった。

新橋から銀座通り（明治30年代末）

明治初期に銀座が煉瓦の街並みとなり、新橋ステーションから多くの人が訪れるようになる。

新橋（明治30年代末）

1899（明治32）年に木橋から鉄橋に架け替わる。

昭和通りから蓬莱橋交差点方面を望む

汐留橋の架かっていた辺りは、現在、高速道路が交差する交通が多い場所である。

東京

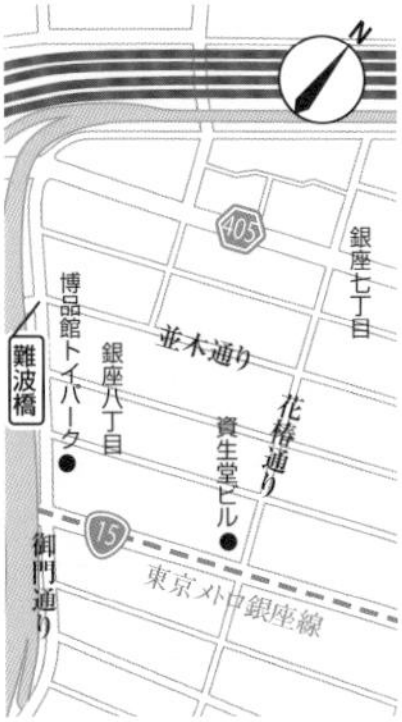

街区に大きな変化は見られないが、四周を巡っていた掘割はすべて埋め立てられた。

江戸

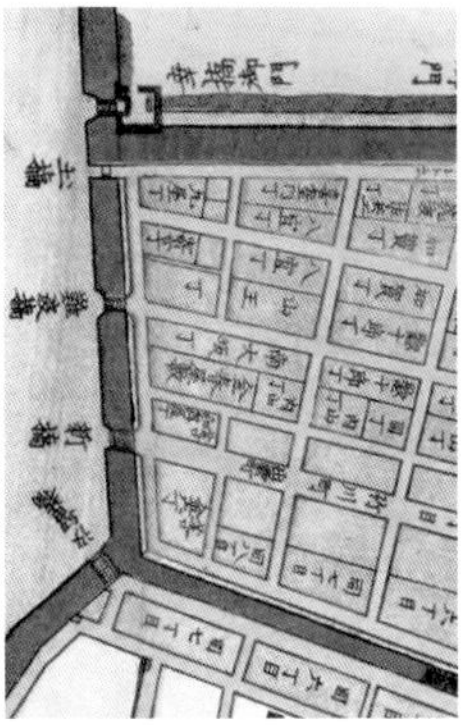

地図右下が三十間堀川、左が汐留川、右上が外堀川。現在は汐留川の下流にある築地川の一部のみ、浜離宮の前に残っている。

街に入る新橋よりも、立派な橋を架ける必要があった。

新橋と汐留橋が架けられた汐留川は、高度成長期に埋め立てられ、下に店舗が入る高速道路に変わった。新橋の痕跡は親柱が一本残るだけ。汐留橋は痕跡すら残していない。

首都高の入口は火除地だった

江《え》戸《ど》橋《ばし》広《ひろ》小《こう》路《じ》〈中央区日本橋・日本橋室町・日本橋本町〉

江戸橋広小路が呼ぶ人と船

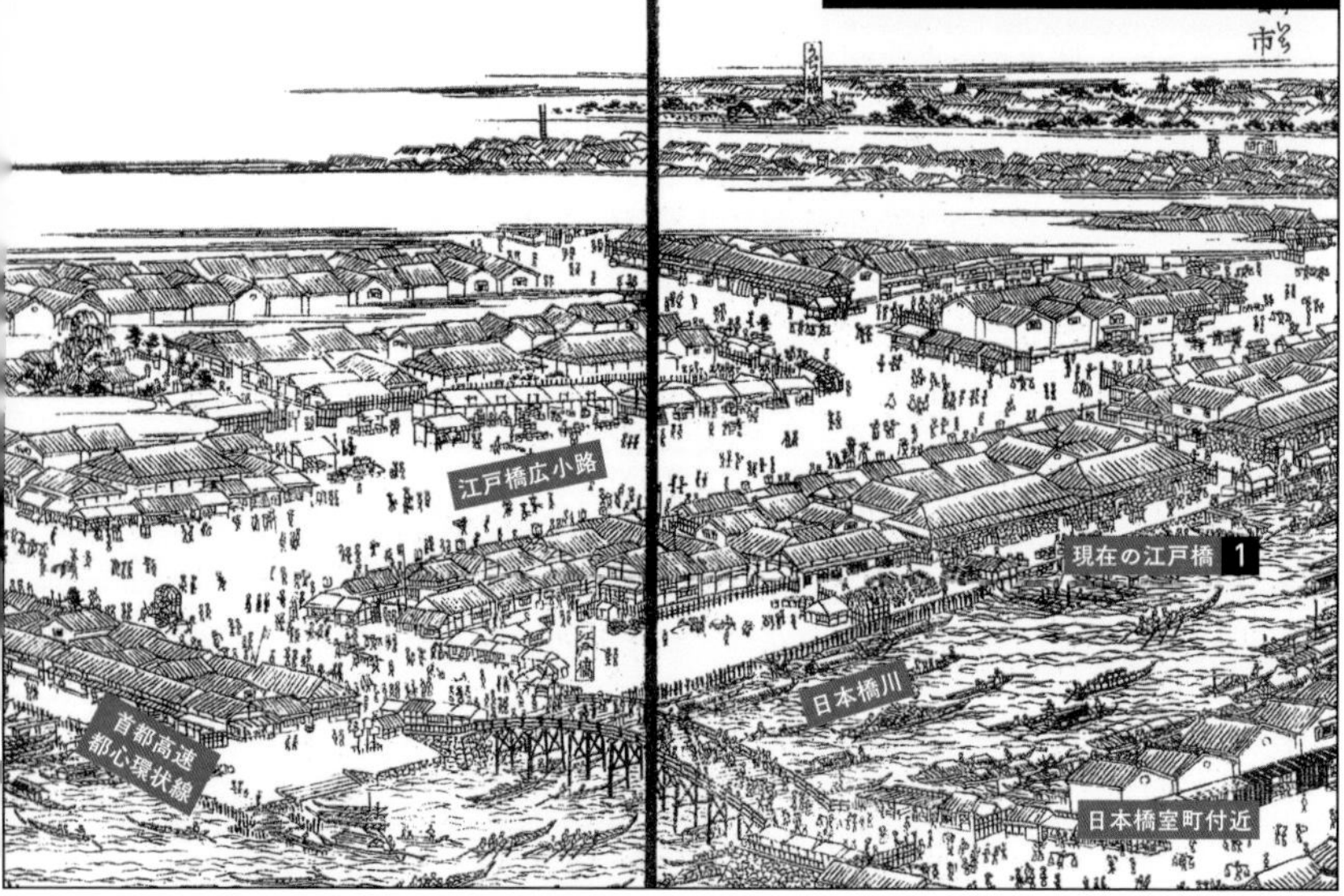

日本橋川の上に架かる首都高

立体感のある高速道路が圧倒する水辺空間

現在の江戸橋

江戸時代よりも上流に架けられた現在の江戸橋は、関東大震災後に建設された。

正確な架設年代は不明。ただ、明暦の大火以前の1630年代前半から40年代後半にかけての間に、魚河岸の大船町（後に本船町）と、四日市河岸の本材木町とを結ぶように架けられたとされる。当初の位置は現在よりも少し下流にあり、すぐ東脇には築地方面に掘られた楓川があった。

南側の橋詰には船宿があり、隅田川へ舟遊びに繰出す屋形船も停泊していた。橋詰には漁船や乗合の船も集まった。南西側は木更津河岸と呼ばれ、江戸と木更津を行き来する木更津船が発着した。江戸橋の南詰一帯は明暦の大火後、火除地として空き地となる。しかし、日本橋と江戸橋に挟まれたこの場所をいつまでも空地のままにすることもできず、江戸橋広小路周辺に仮設の小屋を建てることが許可され、賑わいを取り戻した。こうした仮設の小屋が密集する風景は、元禄以降になると恒常的な建物が多くなる。

江戸橋は、1875（明治8）年に石橋、1901（明治34）年に鉄橋と改架

新設した江戸橋角のシンボル

1930（昭和 5）年竣工の三菱倉庫本社、江戸橋倉庫ビル。船を模したレトロな外観が魅力。

江戸

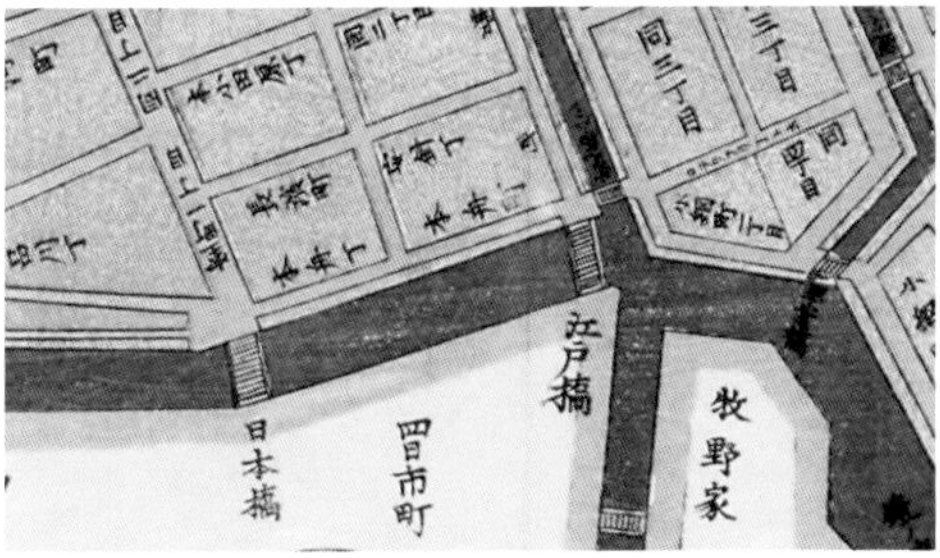

当時の江戸橋の位置、かつては存在した楓川を見ることができる。

楓川跡には首都高が

1962（昭和 37）年、首都高速道路建設のため、楓川は埋立てられた。

東京

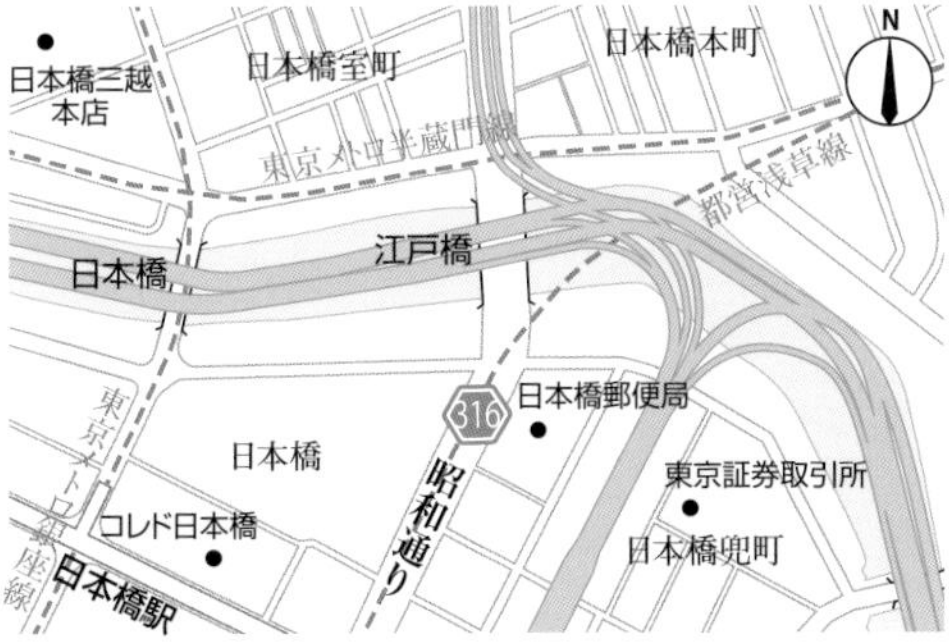

現在の江戸橋は、昭和通りを新設するために江戸時代より西に移動している。

を重ね、1927（昭和3）年には、昭和通り開通に伴って現在地に位置を変更して架けられた。新しくなった江戸橋の橋詰は、四日市河岸にあった煉瓦造の荷蔵・三菱の七ツ蔵に変わり、近代建築の三菱倉庫が建てられた。現在は外部と内部の一部を保存して高層ビルが建つ。

江戸が東へも拡大できたワケ

両国橋広小路《りょうごくばしひろこうじ》〈墨田区両国〉

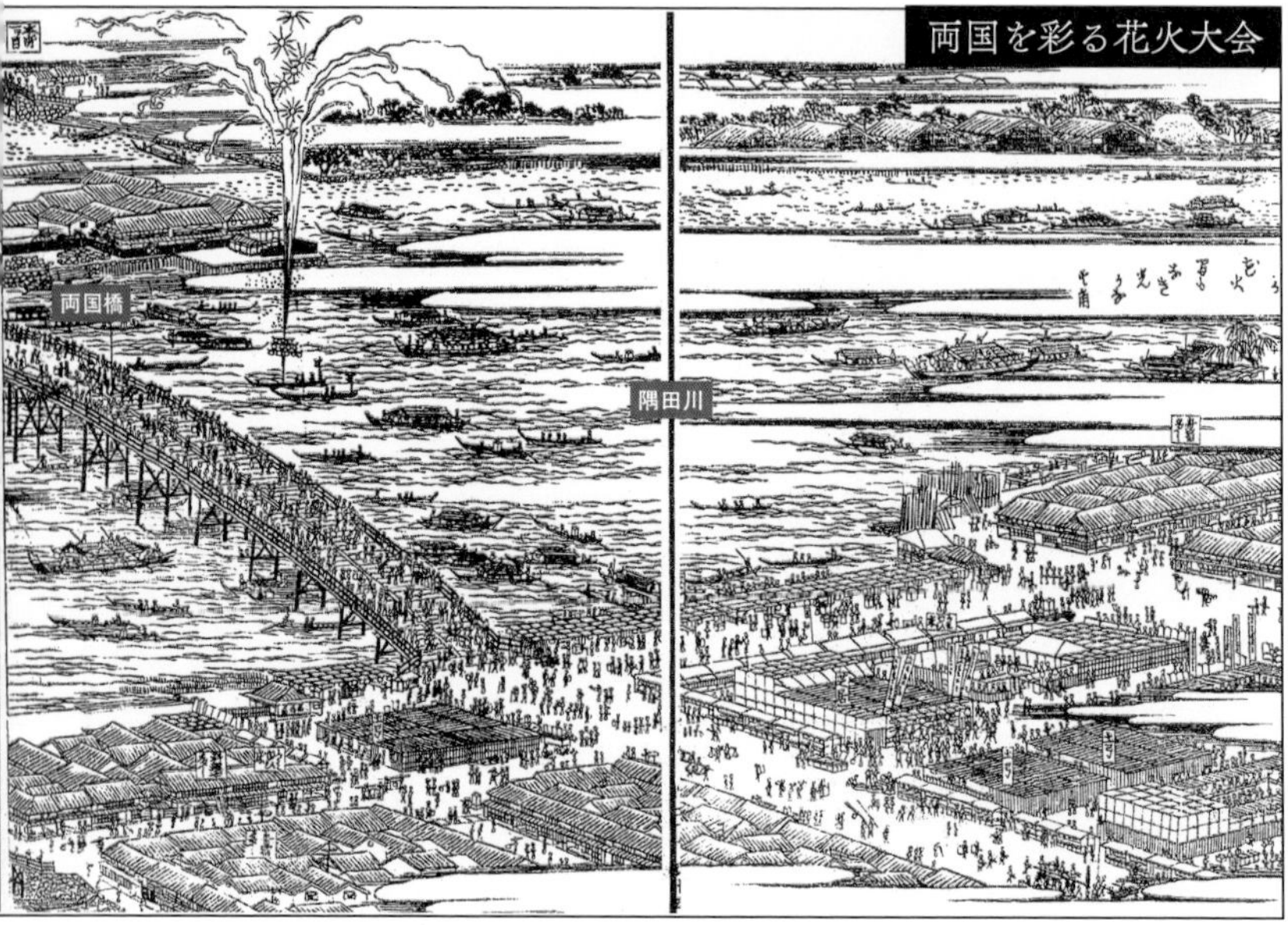

両国橋西詰め風景
（明治30年代）
当時の橋の面影はない。しかし橋詰の４つの角に設けられた広場は今も健在だ。

江戸防備の面から、幕府は千住大橋以外、隅田川に橋を架けることを認めなかった。そのため、明暦の大火（1657年）では、隅田川にはばまれ逃げ場を失い、火にのまれた人々が3万人とも10万人ともいわれる。この大惨事を受けて、幕府は隅田川に第2の橋の建設を決断。1659（万治2）年、大橋（両国橋）が架けられた。当初幕府が大橋と名づけたが、通称として両国橋と呼ばれた。下総国《しもうさのくに》と武蔵国《むさしのくに》の両方の国にまたがっていたからだ。

両国橋の架設は、江戸が隅田川をはさんで東側に市街を拡大する足がかりとなった。両国を含む北側が本所、両国よりも南側が明暦の大火以降、木場の移転で賑わいを見せた深川である。双方とも、明暦の大火以降にできた新興市街地として、人口が急増したエリアにあたる。ただ、隅田川両側の橋詰は延焼を防ぐために広小路が設けられ、火除地の役割も担っており、幕府の防災対策の一端がうかがえる。

図会は、西両国の方から、竪川や御《お》

神田川に架かる柳橋と屋形船

柳橋は、神田川が大川（隅田川）に合流するところにあるため、川口出口之橋とも呼ばれた。

船蔵《ふなぐら》のある東両国方面を俯瞰した光景を描く。手前の橋は柳橋で、橋を渡れば花街が広がる。両国橋の東西橋詰は、仮設の見世物《みせもの》小屋や茶屋などで賑わいを見せる。川開きの日であるのか、花火が打ち上げられ、両国の夜空を彩っている。江戸の名所双六《すごろく》では「上がり」に選ばれることも多かった。

両国橋（1950年代）

隅田川に架かる他の橋が復興橋梁として新たに架け替わったことから、両国橋も新規に架けられることになり、1932 年（昭和 7）に完成する。

両国橋（昭和初期）

関東大震災では大きな損傷がなく、部分改修した。

現在の南高橋

1904（明治 37）年に完成した両国橋が 1932 年（昭和 7）年に架け替える際、その一部が亀島川に移築再建されたもの。

江戸有数の花街・柳橋の証

石塚稲荷神社の玉垣には、柳橋芸妓組合の銘とともに、芸妓たちの名も刻まれている。また、かつてこの辺りにあった料亭各店舗名も刻まれており、この辺りが花街として賑わっていたころを彷彿させる。

石塚稲荷神社

かつての柳橋の賑わいを伝える。地元民や江戸情緒を楽しみに来た人たちで今も参拝が絶えない。

江戸

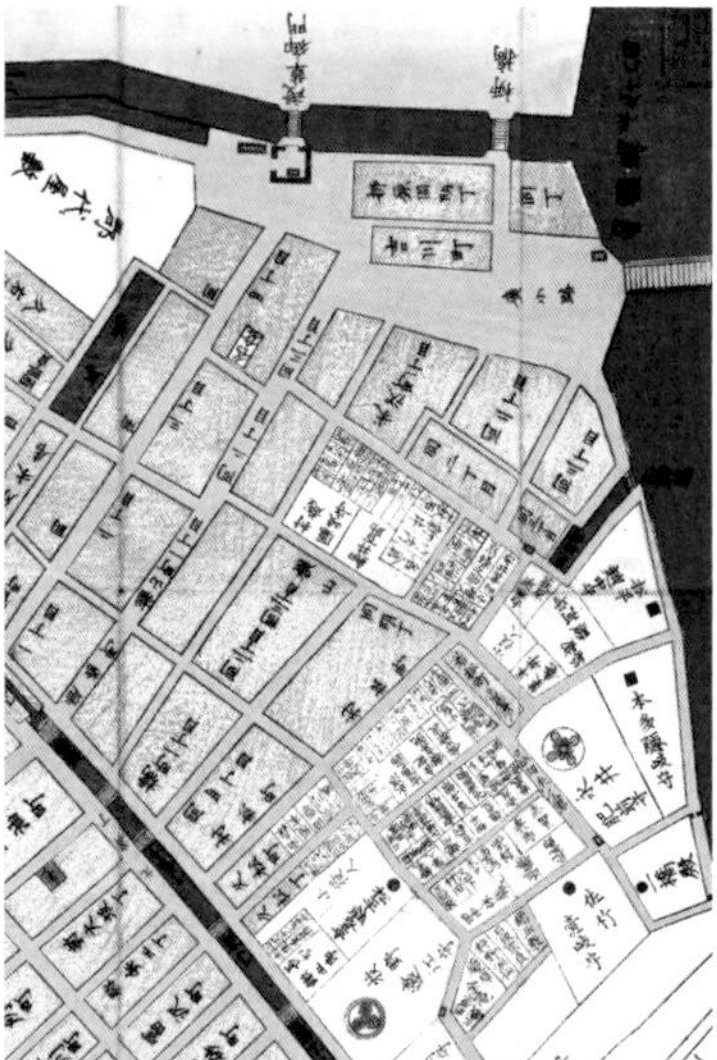

西詰（日本橋側）と両国稲荷神社

東京

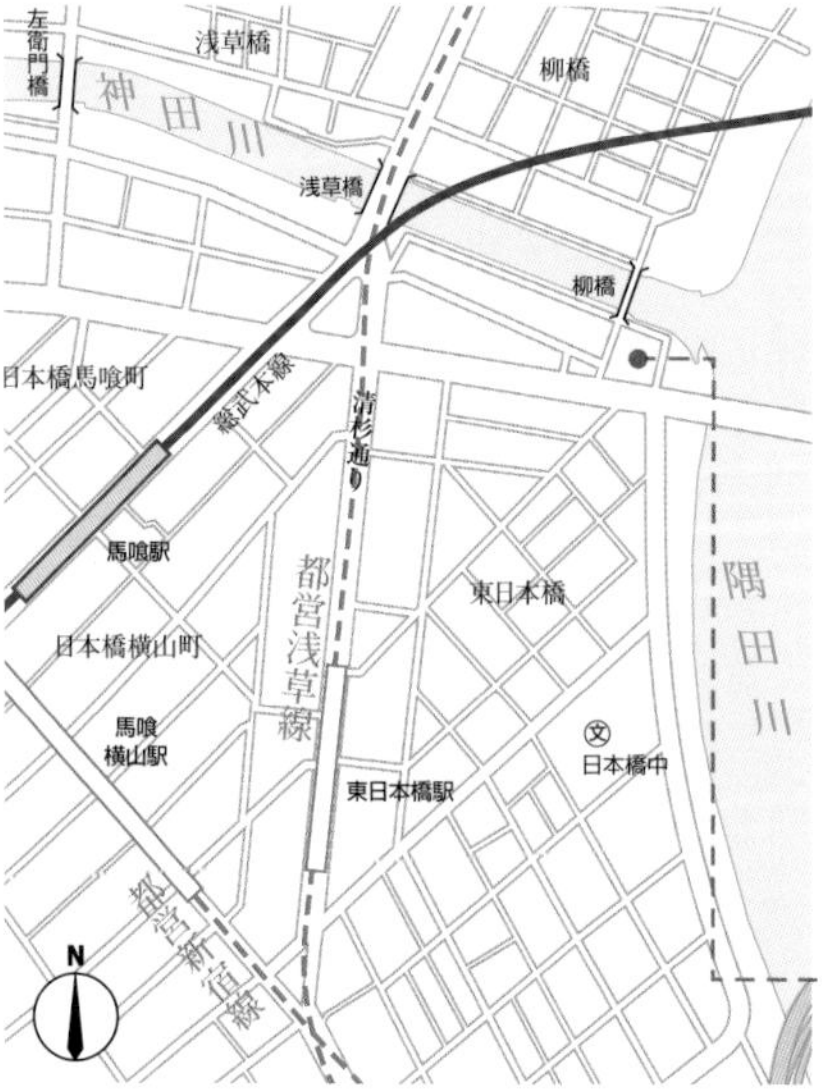

関東大震災後に靖国通りなど広幅員の道路が整備され、大きく変化した。

両国橋稲荷神社

両国橋西交差点の北側にあるビルとビルの間の隙間に鎮座している。

芝居町・花街

map 9

銀座を賑わせた大芝居の街

木挽町《こびきちょう》〈中央区銀座5～6丁目〉

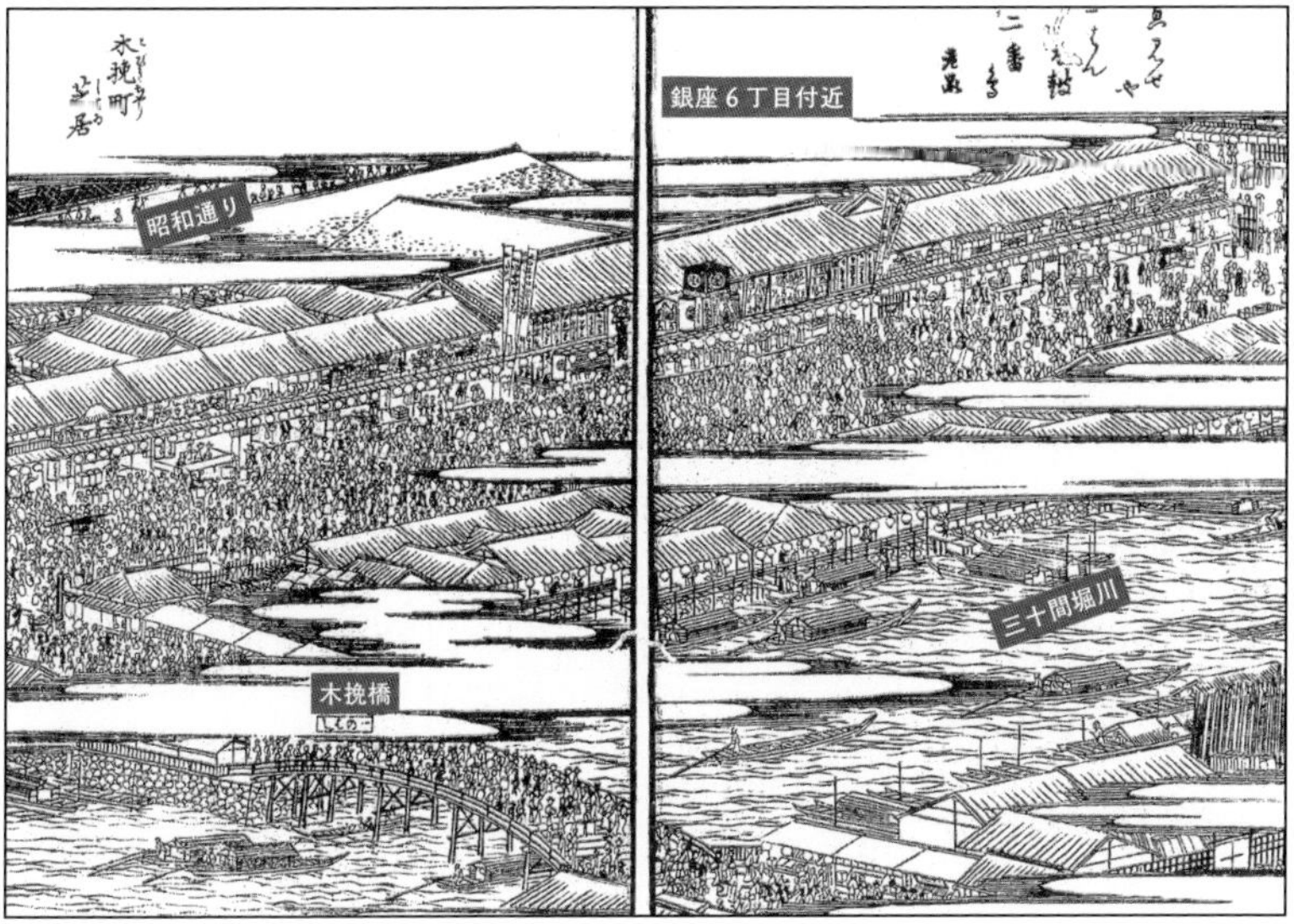

木挽町の芝居町は、山村小兵衛が1642（寛永19）年、木挽町4丁目（現中央区銀座5丁目昭和通り東側）に山村座の櫓をあげたことにはじまる。その後、河原崎座、森田座と続き、木挽橋を挟んで両側の木挽町4・5丁目界隈は、一時堺町・葺屋《ふきや》町に匹敵する芝居町を形成し、賑わった。

しかし、1663（寛文3）年、河原崎座が後継者を欠いて休座し、森田座が吸収合併する。さらに1714（正徳4）年、江島生島《えじまいくしま》事件で山村座座元が遠島となり、山村座が廃座。森田座ただ一座となった。芝居町は南側に縮小した。その森田座も1734（享保19）年には休座するが治安の面からも町奉行所は座の再興を図り、控櫓《ひかえやぐら》に一時的に代行させることにした。

享保末年以降（1735年～）は、控櫓が本櫓をサポートしたことにより、江戸の芝居町が持続的なものになった。

江戸四座の変遷

	創始時期/創始者/創始時の座名	休座	控櫓	廃座
中村座	1624（寛永元）年 猿若勘三郎 猿若座（1651（慶安4）年に改称）	1793（寛永5）年	都座	1893（明治26）年 類焼
市村座	1634（寛永11）年 村山又三郎 村山座（1652（承応元）年に買収・改称）	1784（天明4）年 1793（寛永5）年 1816（文化13）年	桐座 桐座 桐座→都座→玉川座	1932（昭和7）年 失火
森田座 （守田座・新富座）	1660（万治3）年 森田太郎兵衛 森田座（1663（寛文3）年、河原崎座を吸収）	1734（享保19）年 1790（寛政2）年 1815（文化2）年	河原崎座 河原崎座 河原崎座	1923（大正13）年 関東大震災
山村座	1642（寛永19）年 山村小兵衛 山村座	—	—	1714（正徳4）年 江島生島事件で座元が遠島。

現在は歌舞伎座（1889（明治22）年創始）のみ。

控櫓とは、かつて官許を得ながら廃座になった河原崎座・都座・桐座がピンチヒッターとして櫓をあげること。

芝居町・花街

map 10

江戸で一番の芝居町

堺町《さかいまち》葺屋町《ふきやちょう》〈中央区日本橋人形町〉

江戸が誇る芝居町には多くの人が集まる

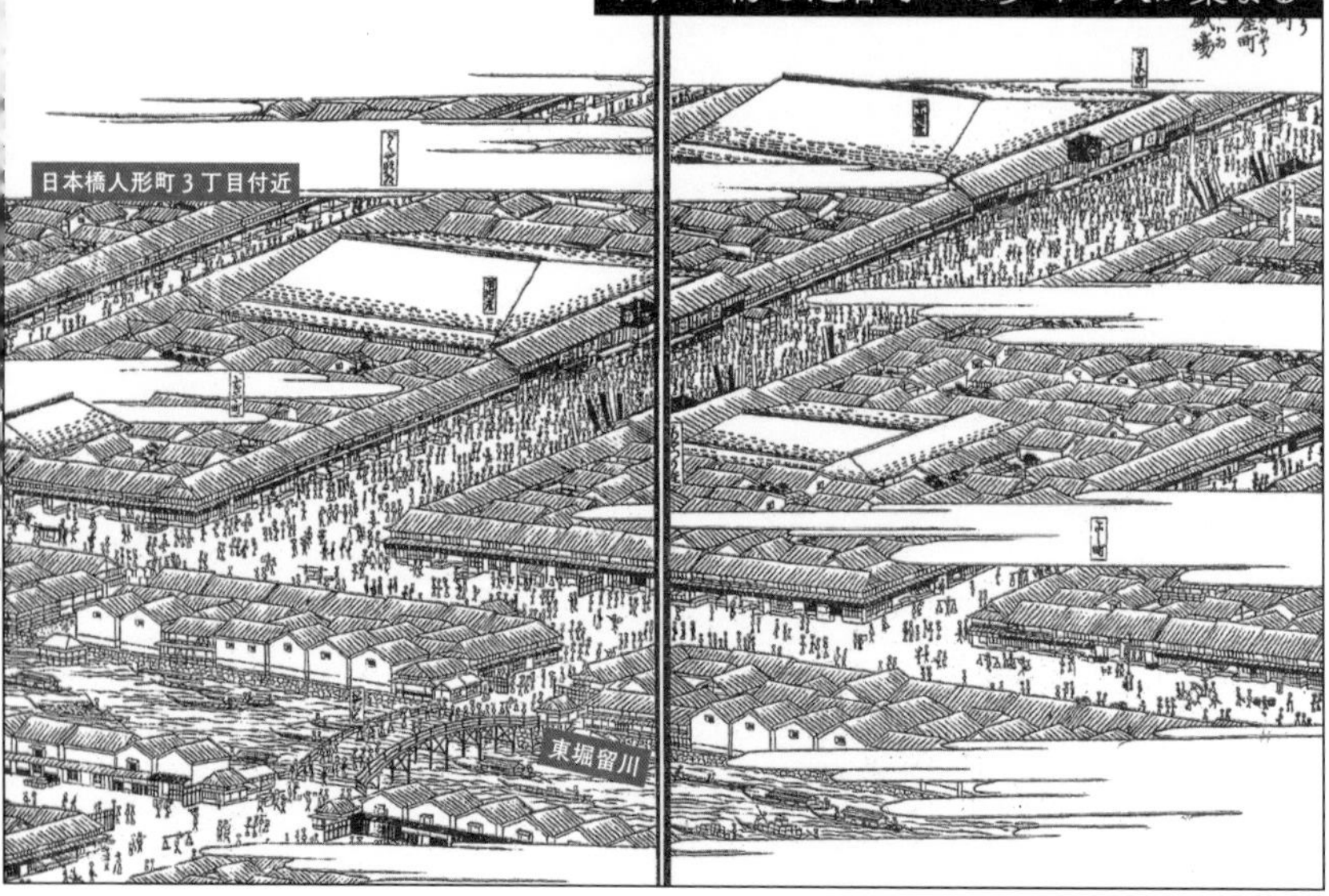

元吉原大門通

葺屋町の東、葭《よし》の茂る沼地に町中の娼家を集めた幕府公認の遊郭が、吉原の始まり。明暦の大火（1657年）で焼失すると、新吉原へ移転した。

人形町の料亭

芝居町だったころの雰囲気が伝わる小路沿いの料亭。

江戸の芝居小屋は、京で猿若舞を創始した猿若勘三郎《さるわかかんざぶろう》が、1624（寛永元）年、中橋南地《なかばしなんち》（現中央通・八重洲通り付近）に櫓をあげ、猿若座としたことにはじまる。しかし、中橋は江戸城に近いため移転を余儀なくされ、1651（慶安4）年に堺町に落ち着き、座元の本姓を座名にして中村座と名乗った。

　1624（寛永元）年以降、江戸には常設の芝居小屋があちこちにでき、町人の娯楽として定着する。風紀を乱すという理由から遊女歌舞伎や若衆《わかしゅ》歌舞伎が禁止となったが、野郎歌舞伎はその数を制限されながらも、興行が認可された。1670年代までには、中村座・市村座・森田座・山村座の四座に限って幕府公認の芝居小屋である証、「櫓」をあげることが認められ、江戸四座が定着した。

　この界隈には日本橋にある江戸三座のほかにも小芝居の玉川座、古浄瑠璃《じょうるり》の薩摩座、人形劇の結城座《ゆうきざ》などが軒を連ね、芝居小屋に専属して食事や飲み

東堀留川の跡

芝居町そばの東堀留川は1949（昭和24）年に埋め立てられ、その一部は公園となった。

東京

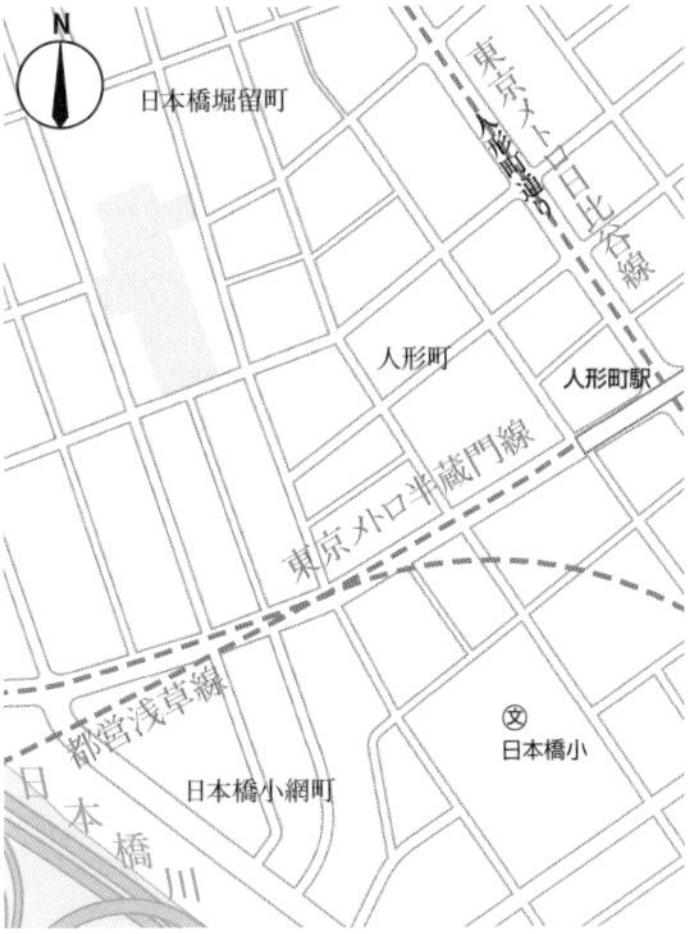

埋め立てられた東堀留川の形状は現在でも確認できる。また、人形町あたりは花街の雰囲気を味わえる。

江戸

東堀留川の東、「人形町ト云」と記されている通りが現在の人形町通り、そこから川へ延びる道に芝居町が形成された。

物をまかなう芝居茶屋、役者や芝居関係者の住居もあり、一大芝居町を形成することになる。

図会は、天保の改革（1830〜1843年）を進めた水野忠邦《みずのただくに》によって浅草寺の北、猿若町に移転させられる前の芝居町の様子。

芝居町・花街

map II

新吉原《しんよしわら》〈台東区千東3・4丁目〉

移転してきた江戸一の歓楽街

遊女の美と悲哀が交錯する吉原

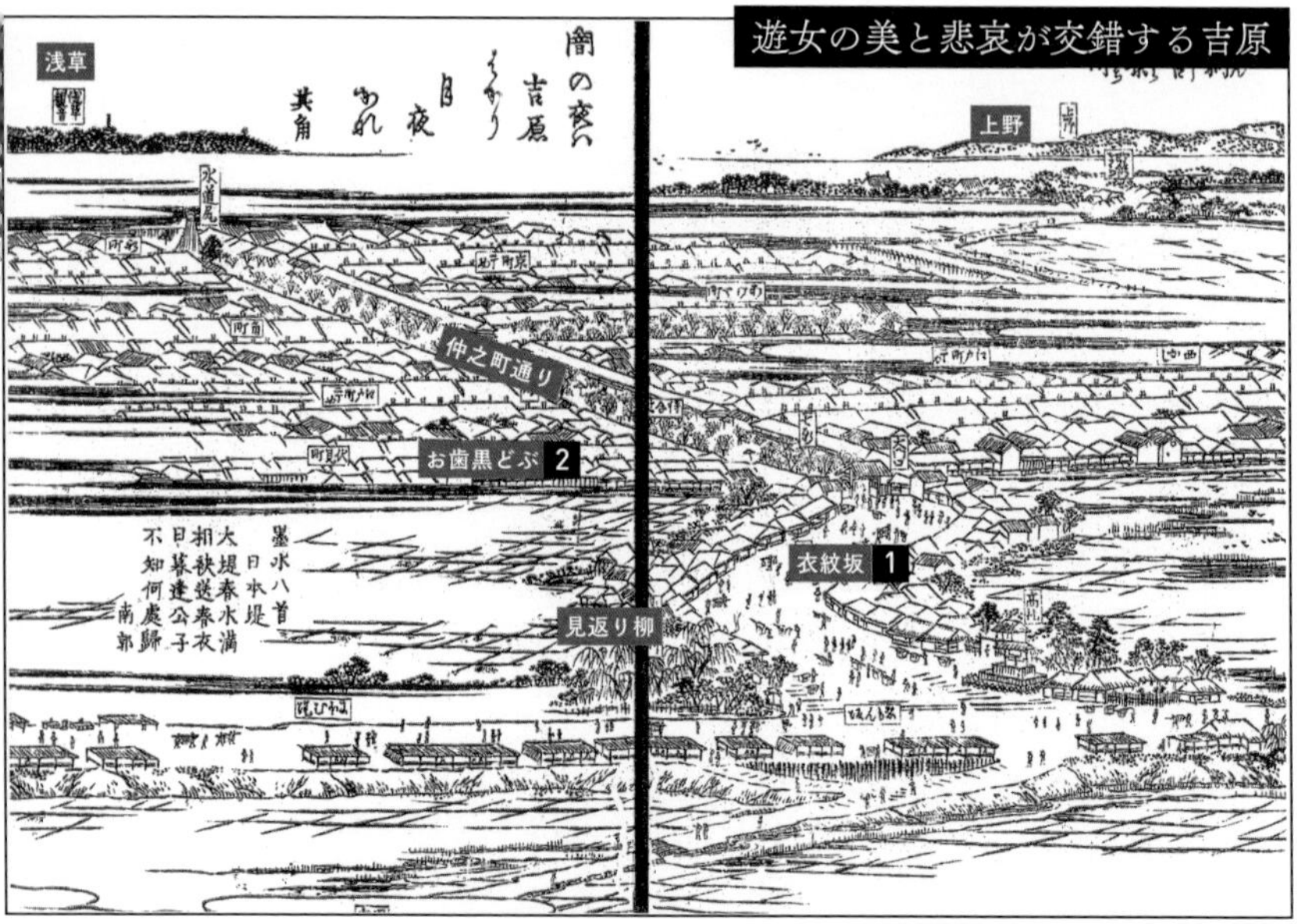

お歯黒どぶの痕跡

遊郭の四方を囲んでいたドブへ下りる階段が残る。

今も残るS字の衣紋坂《えもんざか》

帰りの客が衣紋を直したという衣紋坂は、街道から遊郭が見えないよう、S字になっている。

関ヶ原の戦い以降、戦乱の時代が終わると、幕府は江戸城の大普請を進める。一方、天下の城下町として江戸の都市機能を高める必要があり、遊女屋にたびたび移転を求めた。その多さに困った遊女屋は、庄司甚右衛門《しょうじじんえもん》が代表となり遊廓設置を数度にわたって陳情、1617（元和3）年、江戸初の遊郭「吉原（葭原）」の設置が許可された。幕府が提供した土地は、葦屋町《あしやまち》とよばれる2丁（約220ｍ）四方の区画で、東堀留川の近く（現中央区日本橋人形町付近）だった。このあたりは埋立てが盛んに行われ、幕府の御材木蔵、大名屋敷、寺院などが配された。しかし、1656（明暦2）年、江戸市中の拡大に伴い、幕府は吉原の移転を命じた。翌年の明暦の大火をきっかけに、浅草寺裏の日本堤への移転が具体化する。

移転前を元吉原、移転後を新吉原と呼び、新吉原には京町《きょうまち》、江戸町、仲之町、揚屋町《あげやまち》、角町《すみまち》といった街区が整えられた。1668（寛文8）年には、江戸市中の私娼窟取り締まりで多くの娼

新吉原の大通り、仲之町通り

かつて大門があったあたりから通りを望む。1957（昭和 32）年に遊郭はその歴史に幕を下ろしたが、「歓楽街」吉原は今も健在。

見返り柳の碑

何代目かの見返り柳

吉原で遊んだ客たちは、後ろ髪を引かれる思いで帰っていく。吉原大門の外、この柳の辺りで吉原を振り返ったことから、「見返りの柳」の名がついたという。

新吉原　関東大震災前（明治期）

京町通に建ち並ぶ 3 階建ての遊郭建築

遊女のお墓がある吉原弁財天

吉原五稲荷の合祀

古くから祀られていた五社の稲荷社が明治期に合祀された。

家主、遊女が検挙され新吉原に移され、遊廓内に新しい区画が設けられた。これらの遊女には伏見の墨染《すみぞめ》遊郭や堺の乳守《ちもり》遊郭の出身が多かったため、新区画は「伏見町新道」や「堺町新道」と呼ばれた。

客引きに四苦八苦

店に誘われて困った様子の男性。現代にも通じるような江戸庶民の姿も『江戸名所図会』の魅力。

白無垢《しろむく》を着ている訳は

図会の題名にもある「八朔《はっさく》」とは8月1日のことで、徳川家康が江戸城に入城した日。これを祝うために白《しろ》帷子《かたびら》を着て登城した大名たちに倣い、吉原では遊女たちが白無垢を着て仲之町を練り歩いた。図会の中ではこの遊女の他にも、白無垢を着た遊女たちを見つけることができる。「吉原俄《にわか》」と呼ばれる即興の喜劇を演じる者もいた。

芸を支える人々

男性が運んでいるのは三味線の入った箱。色だけでなく芸事も売りの吉原には欠かせない。

遊女修行中

花魁《おいらん》には「禿《かむろ》」と呼ばれる少女がついており、花魁についてまわることで遊女としての作法や芸を覚えていった。髪の毛が生えそろわないような年齢の少女だったことからこの名がついている。

東京

現在も敷地割りは変わらない

江戸

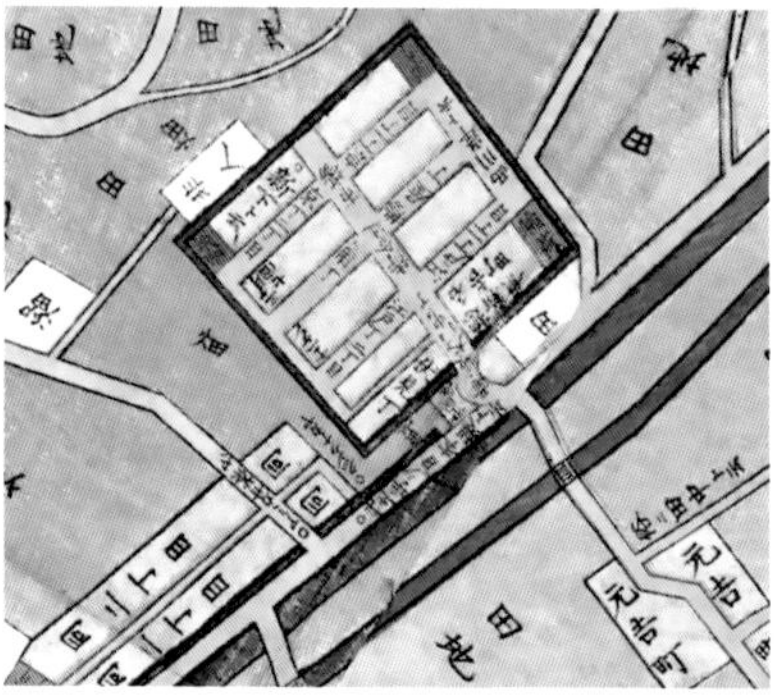

お歯黒どぶに囲まれた新吉原

map 12

東海道最初の宿場町

品川宿《しながわじゅく》〈品川区北品川・南品川〉

海と日本橋が近い恩恵

品川宿は、1601（慶長6）年に中世以来の品川湊《みなと》の繁栄を受け、五街道の整備とともに、湊近くの東海道沿いに設けられた。現在の京浜急行本線北品川駅から青物横丁駅周辺の旧東海道沿いには、長く延びた宿場町が形成された。目黒川を境にした、北品川宿と南品川宿に加え、後に、茶屋町だった北品川歩行新宿が1722（享保7）年に加わり、3宿となる。

東海道最初の宿場で、日本橋から2里と日帰り可能な距離にあるために、江戸の人たちを見込んだ飲食関係の店が多く建ち並んだ。また、参勤交代で江戸に向かう武士たちがここで身支度を整え江戸に入った場所でもある。多様な人々が品川宿に出入りした。

品川宿は、海の近くにあるものの、海面からの高低差が数mあり、大波に町並みがさらわれることは少なかった。そのため、この利点を利用して、旅籠は地先にまで部屋をのばし、海の眺望を広げた。図会にも眺望を楽しみながら宴に興ずる様子が描き込まれる。街道沿いの店先には、新鮮な魚介類がならべられ、宿場近くに漁師町があることを暗示する。視線を街道に向ければ、武士や町人は籠《かご》に乗り、あるいは徒歩で行き来する姿が見られる。物売りや馬に乗った侍も見受けられる。

北品川の旧東海道

商店街となっている現在も、当時のように人通りが多い。江戸時代から残る寺社や、風格ある木造家屋が残っている。

海岸の石垣

地先を延ばして旅籠を海に広げた痕跡として現在も波止めの石垣が残る。

餅つきにちんどん屋も。表情豊かな内藤新宿

宿場町

map 13

甲州街道最初の宿場

内藤新宿《ないとうしんじゅく》〈新宿区新宿1・2・3丁目〉

内藤新宿の飯盛女たちの供養碑

宿場の私娼、飯盛女たちの供養碑が成覚寺に。

追分、今の新宿三丁目交差点

道が２つに分岐する場所を「追分」といい、新宿においては甲州街道と青梅街道の分岐点を指す。当時はこの辺りでＹ字に分岐していた。

もともと甲州街道最初の宿場は高井戸宿だったが、日本橋から約4里と遠く、大変不便で、この間の伝馬役を引き受ける日本橋伝馬町と高井戸宿の負担は大きかった。このため、高松喜兵衛らの浅草商人たちが、日本橋〜高井戸宿間の新たな宿場開設を幕府に願い出て、1699（元禄12）年、日本橋から2里弱の距離、青梅街道との分岐点付近に内藤新宿が開設された。「内藤」は宿場開設のために土地を幕府へ返上した内藤家に由来する。

内藤新宿は四谷大木戸から新宿追分までの東西約1㎞、西から上町・仲町・下町に分けられた。宿場開設に尽力した高松喜兵衛は内藤新宿の名主となり、以後高松家当主が名主を務めた。この地を新たな繁華街・行楽地にして利益を上げるという浅草商人たちの狙いどおり、宿場内では旅籠《はたご》屋や茶屋が増え、岡場所としても賑わった。

だが、享保の改革の風紀取締りによって、内藤新宿は開設から20年足らずで廃止される。その後、消費拡大政策

一 旧甲州街道、内藤新宿中心部（現新宿通り）

地名から「内藤」は消えてしまったが、新宿通り向かいの新宿御苑には、内藤家下屋敷庭園の遺構が、日本庭園として整備されている。

江戸名所図会　四谷大木戸

1792（寛政4）年に木戸が撤去され、人々の往来が自由にできるようになる。

旅人の安全を祈願した地蔵菩薩

内藤家と縁深い太宗寺の地蔵菩薩像は江戸六地蔵のひとつ。

東京

現在の内藤新宿辺りは、新宿御苑トンネルが1991（平成3）年に開通し、交通過多な状況から脱している。

江戸

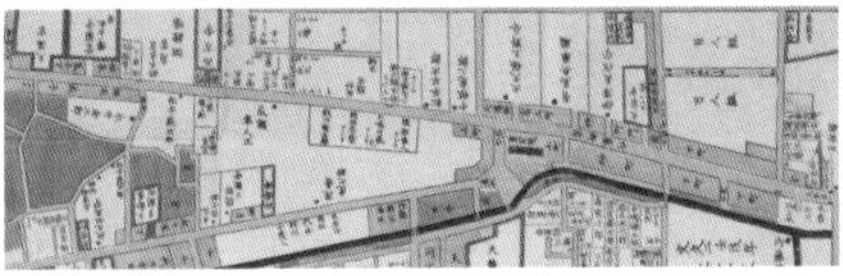

内藤新宿は甲州街道と青梅街道が分岐する交通の要

を推進する田沼意次が幕府内で実権を握ると、内藤新宿は50数年ぶりに再開し、再び賑わいを取り戻した。１８０８（文化5）年には旅籠屋50軒、引手茶屋80軒との記録が残る。

水陸の物資輸送の要

千住宿《せんじゅじゅく》〈足立区千住・荒川区南千住〉

南北の千住の発展を支えた大橋

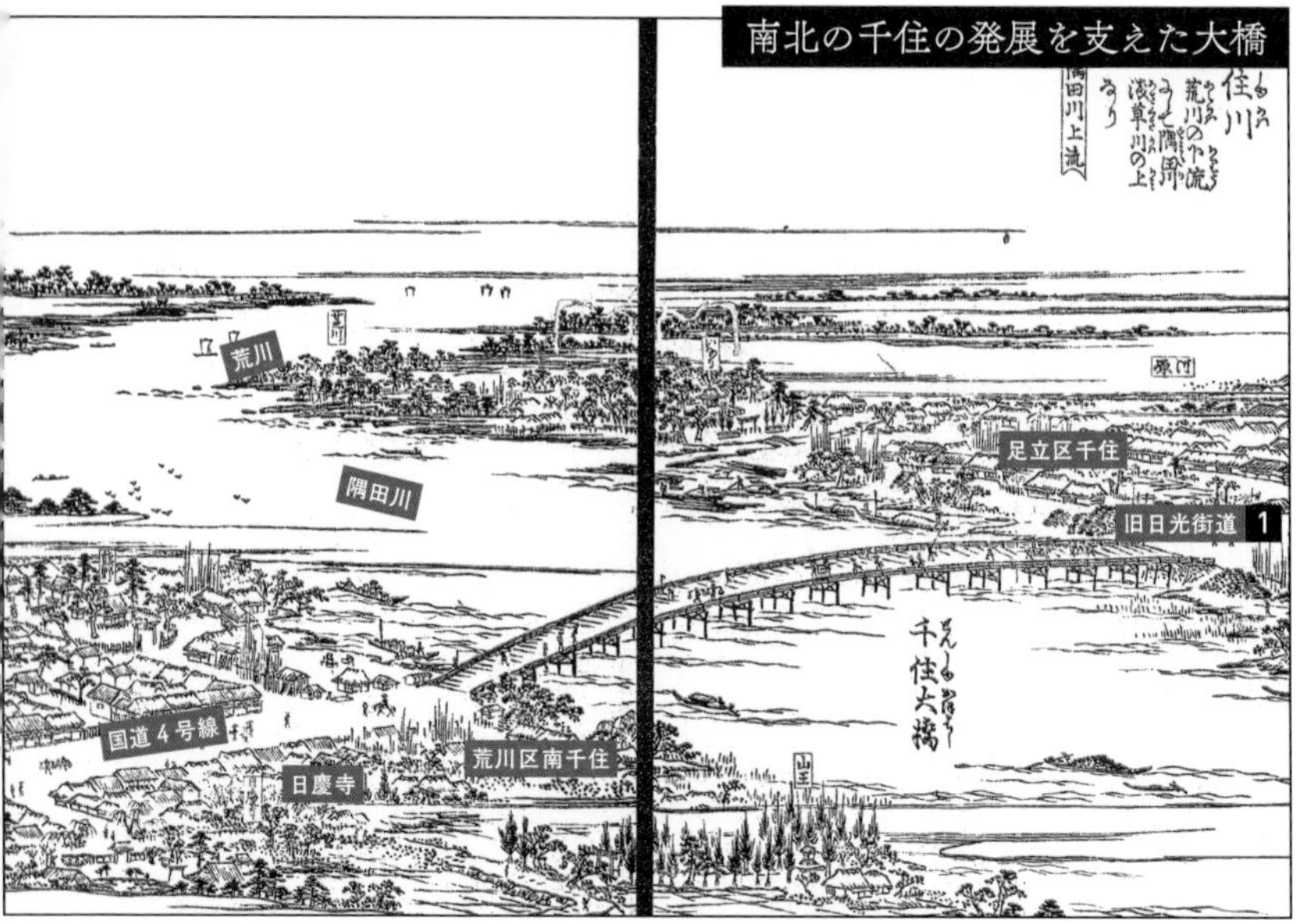

北千住水害

1910（明治43）年8月に多くの河川が氾濫し、大水害を引き起こす。北千住でも2階の床下近くまで水が上った。

旧日光街道（現宿場通り）

情緒のある木造住宅や、江戸時代から残る蔵などが点在し、商店街となった今でも当時を偲ぶことができる。青物市場（やっちゃ場）や通りを紹介する説明板があちこちに置かれている。

隅田川上流は、荒川や新川河岸の下流にあって、現在の埼玉方面から江戸への物資輸送の大動脈だった。そのため千住大橋の両側にある千住宿は、日光街道（奥州街道）と物流上重要な川が交差する地として、宿場となる以前から水陸交通が交差する要所。水戸街道も、この千住宿から分岐する。

　1594（文禄3）年、千住大橋が隅田川に唯一架けられると、千住村は急速に発展し、人馬継立の地に指定され、町場となる。その後、1625（寛永2）年に五街道の整備が進み、千住宿は日本橋からのびる日光街道と奥州街道の最初の宿場となる。本陣と脇本陣が1軒ずつ置かれた。幕末期には家は2400軒近く、人口も約1万人に達し、江戸四宿最大の宿場町となる。享保年間（1716〜35年）には、江戸三大市場に数えられる青物市場のほか、地元近隣でつくられた米を扱う米問屋街も形成され、江戸に物資を運ぶ中経地点として大いに賑わった。

　1651（慶安4）年、宿場の外れ、現

旧地よりも少し下流に架かる現千住大橋

現在地への架橋は1767（明和4）年のこと。この鉄橋は1927（昭和2）年に震災復興事業の一つとして架橋された、日本最古のタイドアーチ橋。

千住宿高札場跡

宿場通り中程の公園には、高札場（幕府や藩からの御触書、罪状などを掲げた場所）を模した門が置かれている。

千住青物市場の記念碑

青物市場のあった辺り、河原町の稲荷神社には、青物市場創立三百三十年を記念した碑（1906年）が建つ。この碑を建てる際には盛大な祭礼が行われた。

江戸

江戸の四宿で最大規模の北と南の千住宿を結ぶ千住大橋

東京

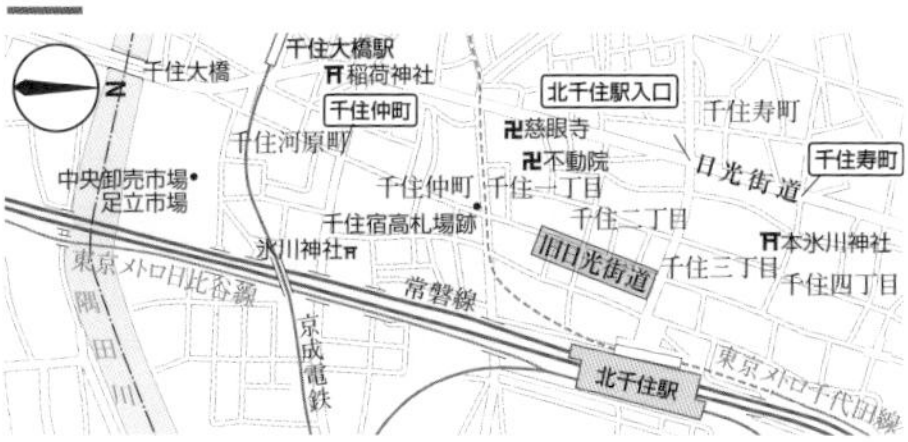

旧日光街道と千住

在の南千住2丁目付近には小塚原刑場が設置された。1667（寛文7）年に付近の土地が回向院《えこういん》に与えられ、そこに建てられた回向院の子院が刑死した人の埋葬と供養を行った。

map 15

旧中山道と不吉な名所

板橋宿《いたばしじゅく》〈板橋区本町・仲宿・板橋〉

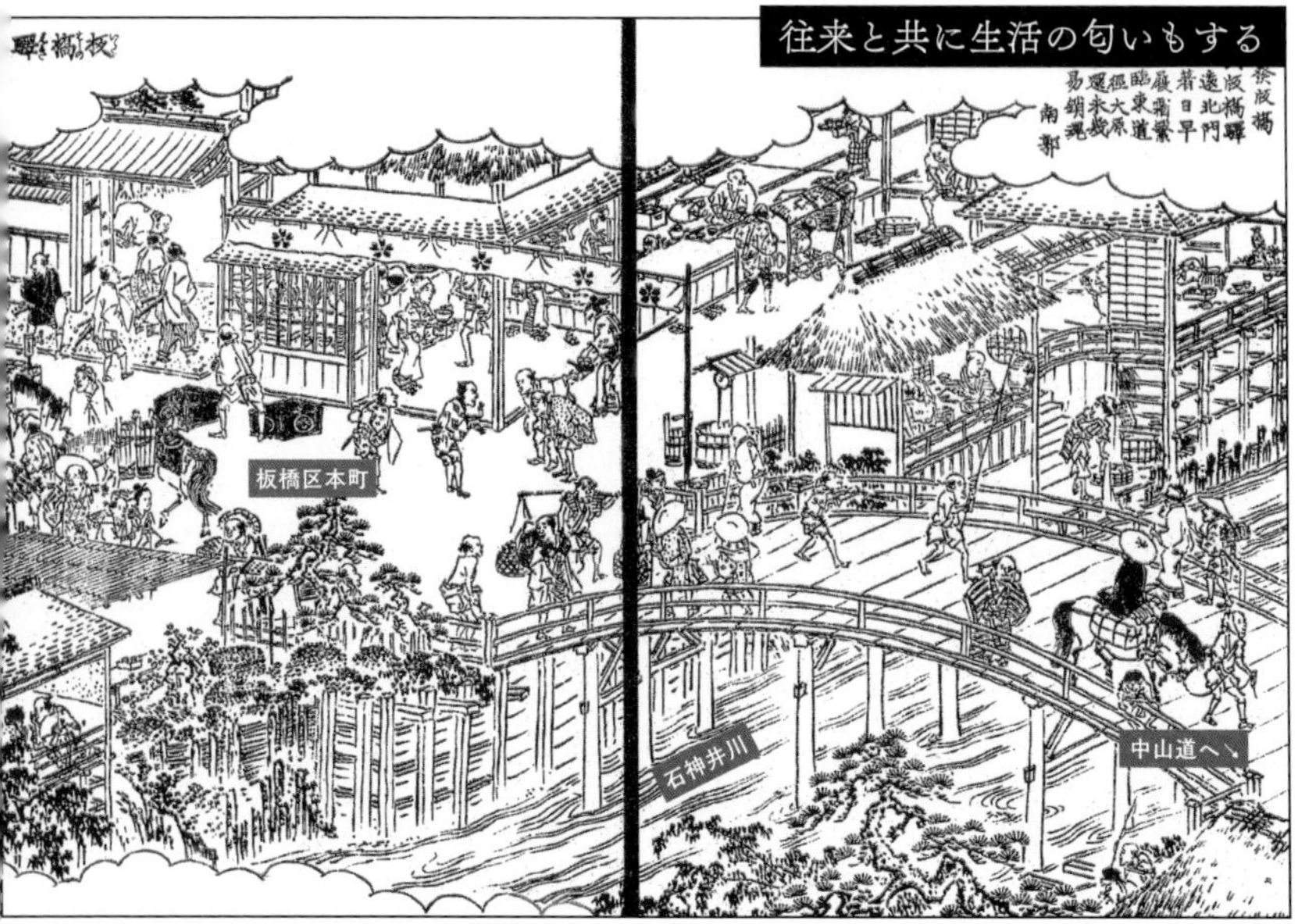

今は人気の縁切榎

不吉な名所として知られた縁切榎だが、「悪縁を切り、良縁を結ぶ」として、現在は人気がある。

旧中山道•仲宿あたり

現在は商店街として賑わい、蔵造りの建物や碑など、江戸の痕跡も点在する。

板橋宿は、中山道における江戸から最初の宿場町で、日本橋から2里の距離にある。当時、東海道を通るには川の渡しがいくつもあり、旅の支障が大きく、中山道を経由する旅人も多かった。板橋宿は3つの宿からなる南北に長くのびた宿場である。中山道が京に至る北側から上宿《かみじゅく》（現本町）、仲《なか》宿《じゅく》（現在も仲宿）、平尾宿《ひらおじゅく》（現板橋）と呼んだ。地名の由来でもある「板橋」は後に石神井川に架かり、上宿と仲宿の境目にあった。

それぞれの宿には名主が置かれ、本陣は仲宿に1軒、脇本陣は各宿に1軒ずつ設けられた。本陣のある仲宿には、人馬の継立、助郷賦課《すけごうふか》などの業務を行う問屋場、貫目改所、馬継ぎ場、番屋が置かれた。上宿には木賃宿（商人宿）や馬喰宿が建ち並んだ。平尾宿からは川越街道がはじまる。

板橋宿には、不吉な名所があった。街道の目印として植えられた樹齢数百年の榎《えのき》の大木が街道を覆うように枝を張っており、その下を嫁入り・婿入りの

旧中山道に架かる現在の板橋

シンボル「板橋」が地名となった歴史は古い。平安時代末期には地名として見られ、1889（明治 22）年に正式な町名、1932（昭和 7 年）には区名となった。

東京

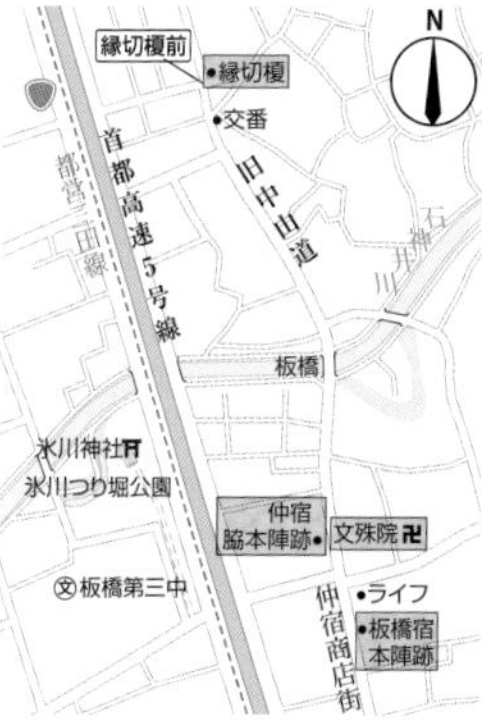

現在の旧板橋宿は旧中山道が幹線道路から外れ、交通量が少ない。

文殊院内にある板橋宿遊女の墓

板橋宿にももちろん多くの遊女たちがいた。本陣名主飯田家縁の文殊院には、遊女たちを弔う墓がある。

江戸

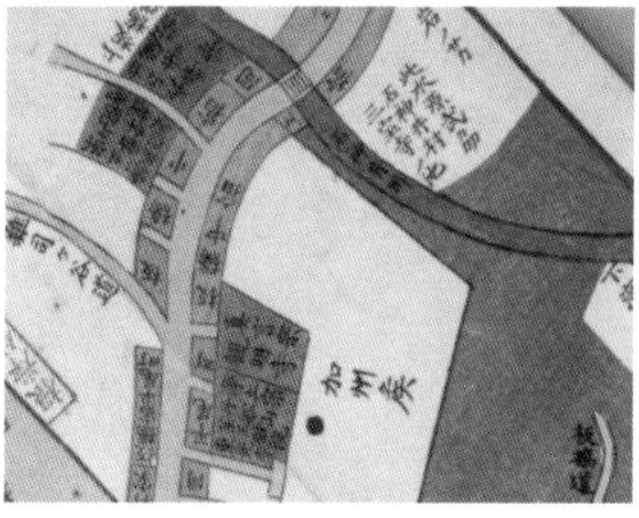

板橋宿は中山道沿いにつくられた宿場の賑わいから外れると一面の田園風景だった。宿場の北東側には金沢藩前田家の広大な下屋敷があった。

行列が通ると必ず不縁になると信じられてきた。徳川家に嫁ぐ皇女・王女たちは板橋宿を通過する必要があったが、縁切榎を避け、前もって普請された迂回路を使ったり、榎を菰《こも》でつつむなどして板橋本陣に入ったという。

図会は右手の中山道から、板橋を渡り、左手の上宿へつづく様子を描く。川沿いには座敷が設けられ、建物の間にある階段状の石段先では、女性が洗濯にいそしむ。

map 16

宿場にほど近い漁師たちの町

品川《しながわ》漁師《りょうし》町《まち》・寄木《よりき》神社《じんじゃ》〈品川区東品川1丁目〉

旧漁師町あたりの路地

生活と仕事とが密接だったこの辺りの路地は細く、数が多い。

寄木神社

本殿内の扉を開くと、その扉の内側に描かれた入江《いりえ》長八《ちょうはち》（幕末に活躍した左官職人）の鏝《こて》絵が現れる。

漁師町にあった寄木神社

境内には、「江戸漁業根元之碑」が建てられ、漁師たちとの関係の深さが窺える。

江戸時代、目黒川の河口付近は東海道と平行するように北へ大きく蛇行し、内海（現・東京湾）に注いでいた。漁師町はこの河口にあった。

品川漁師町の特色は路地である。町人地の裏長屋に通された路地とは違い、敷地の中央だけではなく、境界にも通され、非常に多い。生活の路地と、漁業のための仕事の路地とが交互にあるためだ。

町並みの一角には、かつて目黒川を背に建立された寄木神社がある。寄木神社は、江戸時代に入り、漁師町の整備による町の拡大とともに現在地に遷座した。神社本殿内の扉にある漆喰鏝《こて》絵は江戸時代の名工・入江《いりえ》長八《ちょうはち》の作で、漁師町繁栄の証。関東大震災で東京の遺作がほとんど焼失したと聞くだけに、ちょっとリッチな気分にさせてくれる。

図会には寄木神社のほか、その背後には目黒川沿いの品川河岸、南品川の宿場や、目黒川に架かる宿場と漁師町を結ぶ橋も見える。茅葺き屋根の漁師たちの家々の前には魚が並べられ、魚

今も漁師町の風情が残る東品川あたり

江戸の名産「品川海苔」は、品川の漁師たちが養殖していた海苔。その歴史は東京港建設に伴い1962（昭和37）年に終わりを告げたが、それまでは綿々と受け継がれてきた。

洲崎弁財天と呼ばれた利田《かがた》神社

目黒川と湾に挟まれた洲の先端にあった弁財天が前身。境内にある鯨塚は、1798（寛政10）年に品川沖に迷いこんだ鯨の供養碑。11代将軍家斉も見物したという。

目黒川を渡った南品川の風景

当時の旧東海道は海に沿った道であったため、潮風の影響を加味した家屋が建てられていた。「畳松岡」はその対策として用いられた、中2階構造が残る貴重な建築だ。

屋が仕入れに来る様子がわかる。手前の護岸は石積みで、その先に内海が広がる。そこに漁を終えた漁師の船が着けられている。網が干された河岸の空地は、漁師たちの作業スペースだった。

東京

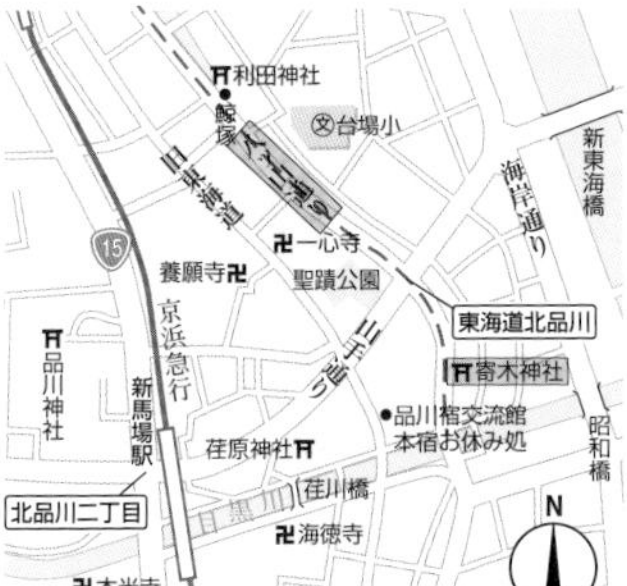

八ッ山通りに当時の湾が偲ばれる

江戸

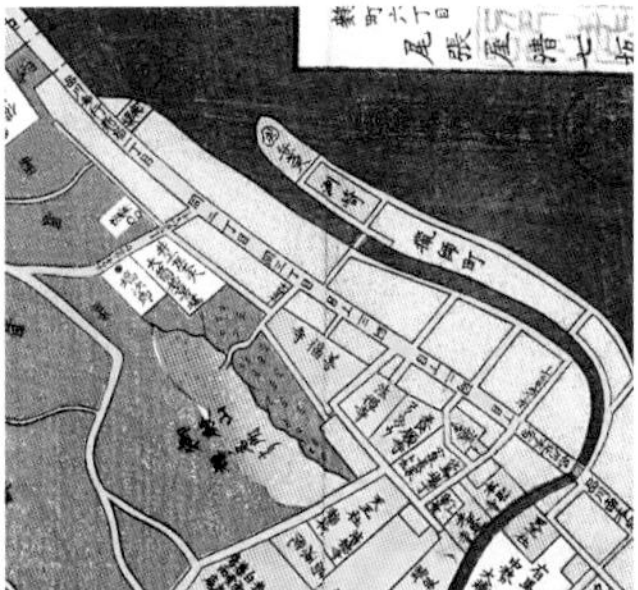

当時の目黒川の様子がよくわかる。目黒川は荏原神社の北側を流れていた。

map 17

江戸の人々の郷愁の地

佃漁《つくだりょう》師《し》町《まち》〈中央区佃1〜3丁目〉

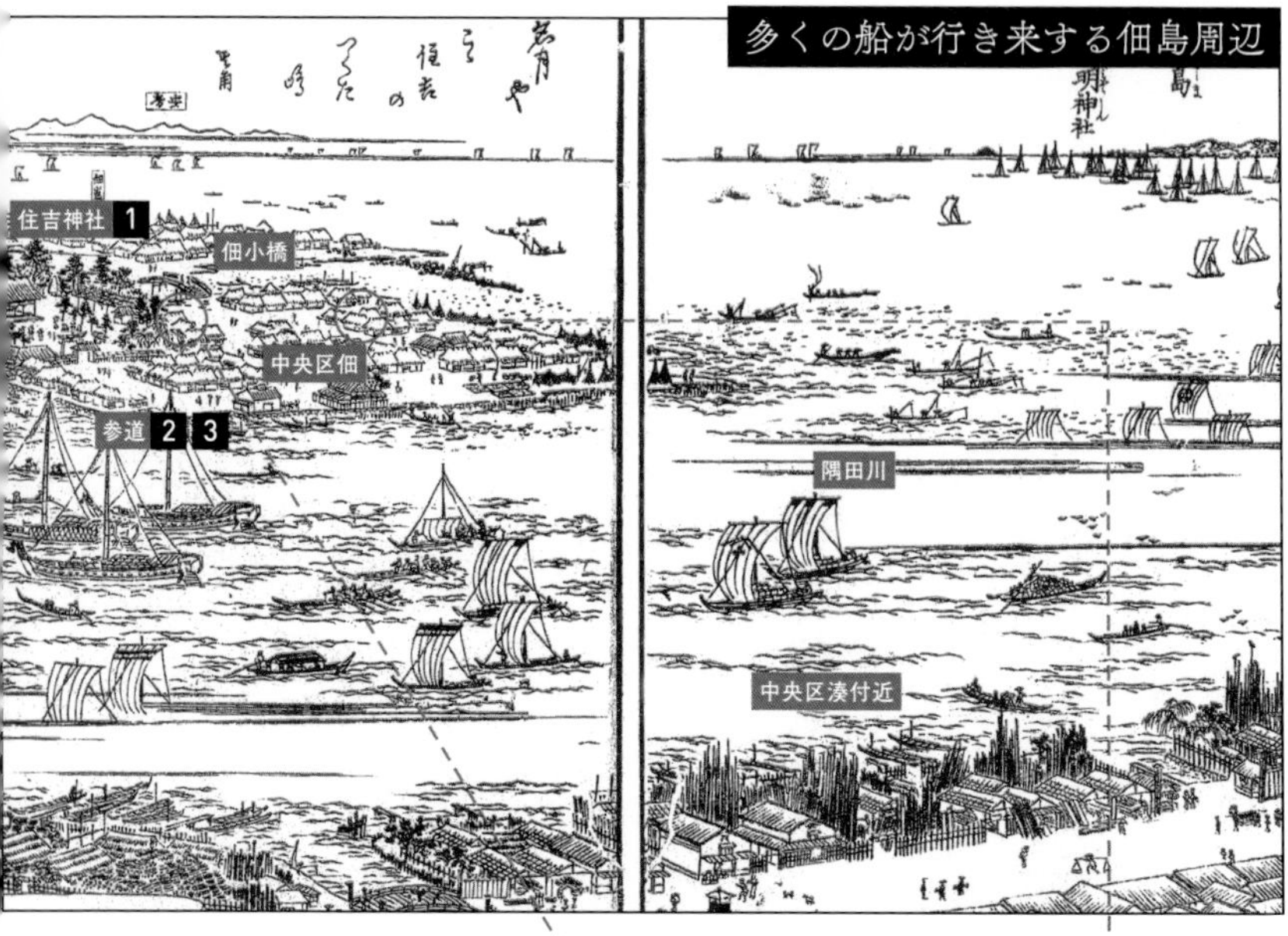

多くの船が行き来する佃島周辺

住吉神社

漁師たちとともに、大阪（大坂）の住吉神社（田蓑神社）の分神霊もやってきた。佃の産土神。

掘割に埋まる大幟《のぼり》の柱と抱木《だき》

住吉神社の例大祭で3年に1度立てられる大幟の柱と抱木を、常時は掘割中に埋めて防腐し、江戸時代から使い続ける。

数多く通されている細い路地

人がやっとすれ違えるような細い路地。こうした路地がここかしこにある。

井戸のある道

住吉神社の参道

1970年代の佃島

佃島夜景

佃の歴史は1644（正保元）年にはじまる。鉄砲洲東の干潟を埋め立て、造成してできた島に、徳川家康が大坂から漁師を呼び寄せた。町の鎮守は大坂の住吉神社から勧進したものだ。江戸にありながら、江戸ではない世界が島中に移植された。

江戸は、華やいだ元禄期（1688〜1704年）から人口が急増し、周縁の田園地帯を次々に飲み込み、巨大都市化する。そんななか、周辺の変化と無縁のように、佃だけはひなびた田舎の風情を保ち続ける。何も変わらない佃の風景に、江戸の人たちは田舎の郷愁を感じたのだ。それも江戸人が簡単に行け、見聞きできる場所だけに興味は膨らみ、訪れる。

佃川支川の奥には佃小橋が架かる

1964（昭和39）年の佃大橋竣工に先立ち、佃川は埋め立てられた。その支川のみがこうして残る。

1955年ごろの佃の渡し

東京オリンピックの年、1964年まで佃の渡しがあり、1日64往復していた。

佃天台地蔵尊

佃の細い路地を入ると、イチョウの巨木の根元に鎮座している。

建設当初のまま変わらない町の規模は、北から南まで約１５０ｍ。街区は江戸町人地の街区をひと回り大きくした程度の規模が江戸時代を通じて維持された。町の中央を南北にメインの道が通るが、メインの道にしてはせまい。その両側にある街区は短冊状に敷地が割られた。敷地の間口幅は７～８ｍで、幅１ｍにも満たないような細い路地がほぼ等間隔に通る。佃島の最北には住吉神社への参道が設けられたが、この道でさえ、一見路地と思わせる道幅だ。佃島の構造は、今もなお生き続ける。

東京

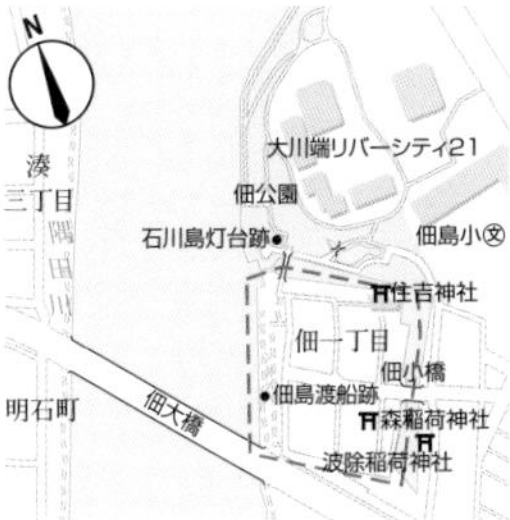

現在も江戸時代の面影が残る

江戸

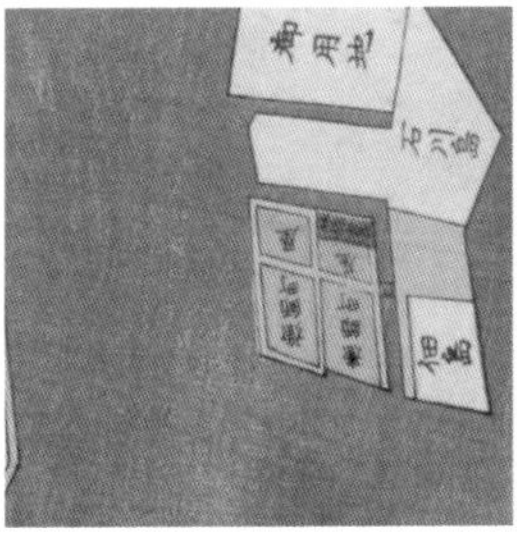

当時の佃島

佃の漁師たち

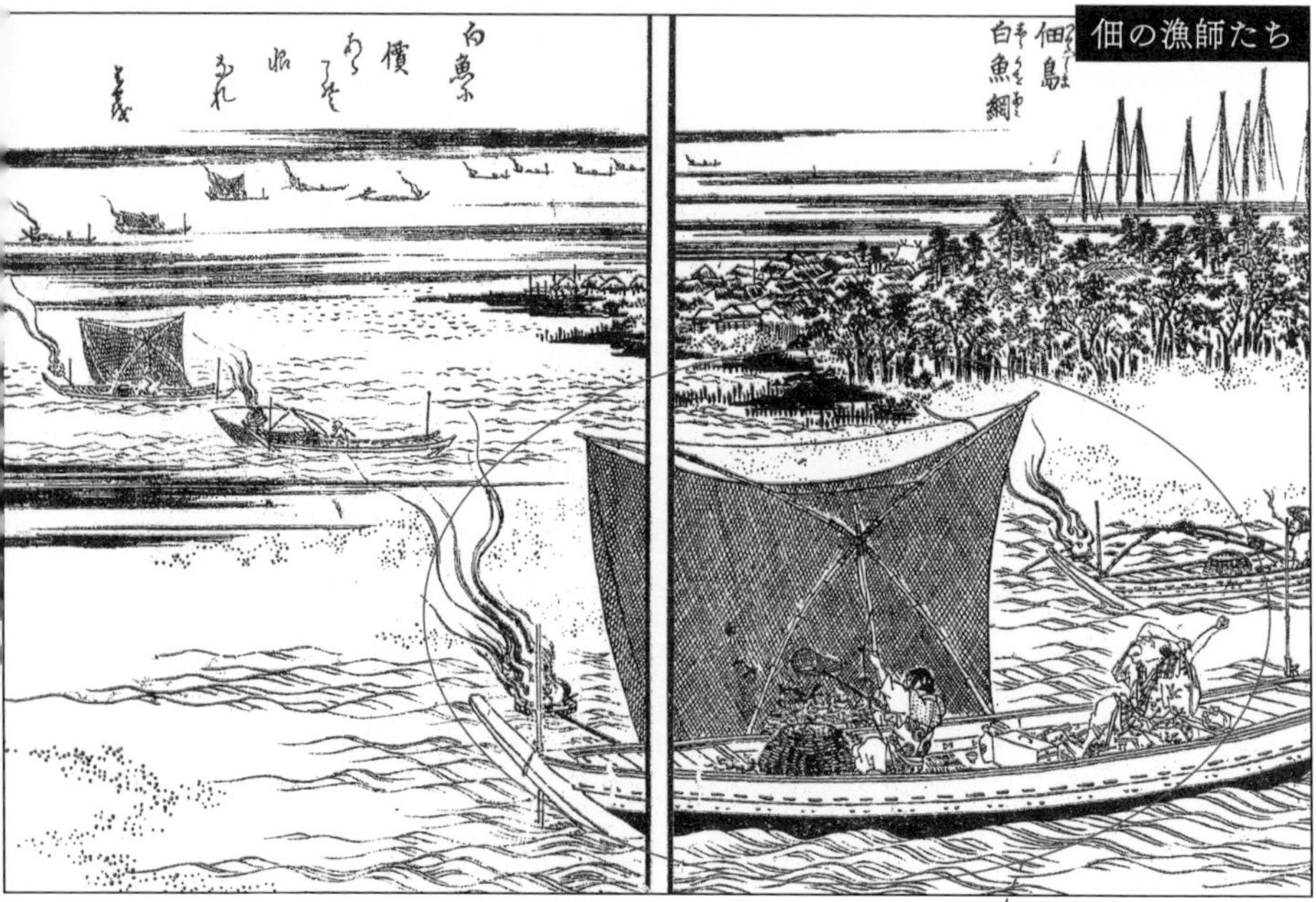

徳川将軍家とつながる白魚漁

彼らは毎年、徳川将軍家へ白魚を献上し、その余剰分を売って生計を立てていた。図会は白魚漁の様子。11月から翌年の3月まで毎晩船にかがり火をたき、四つ手網で漁をした。江戸の冬の風物詩である。

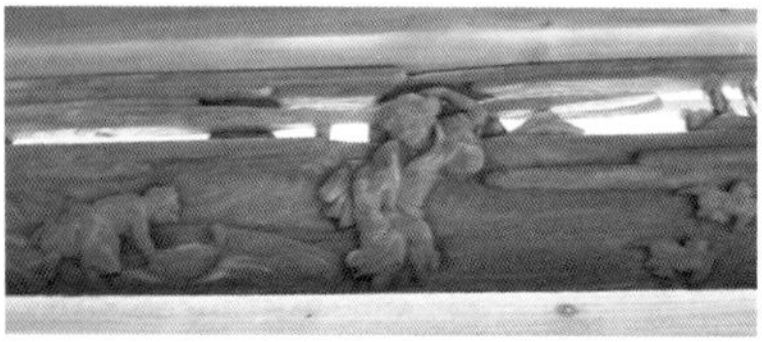

住吉神社水盤舎《おみずや》に残る佃の人々の姿

水盤舎の欄干は、海に親しみ、海に生きた佃の人々の姿を彫り込む。

住吉神社境内の船魂神社

「佃島漁業協同組合」と刻まれ、佃島の漁師たちとのつながりを感じさせる。

佃煮屋が並ぶ隅田川沿い

海が荒れて行き来できないときや漁中の保存食・常備菜としてつくられたのが始まり。現在も老舗が建ち並ぶ。

第二章 橋と坂道から望む風景

王子
川越街道
板橋宿
石神井川
日光街道(日光御成街道)
中山道
奥州街道・水戸街道
千住宿
千住宿
池袋
日暮里
護国寺
寛永寺
上野
浅草寺
18
隅田川
小石川御門
22
牛込御門
21
お茶の水
秋葉原
両国
亀戸
新宿
市谷御門
甲州街道
玉川上水
四谷御門
四谷
吹上
西の丸
19
小名木川
20
東京
二重橋
赤坂御門
虎之御門
25
新橋
大山道
渋谷
増上寺
内海
(現・東京湾)
古川
24
23
東海道
田町
26
目黒川
目黒
品川
お台場
35m～
30～35m
25～30m
20～25m
15～20m
10～15m
0～10m

人々を魅了した江戸の風景

江戸の眺望を2つのジャンルに分け、「風景」を読み解く。

橋からの眺望

鉄道や自動車が主流になる以前、江戸の城下町は歩きか船で移動することが主であり、これを基本に江戸の都市空間はつくられた。船着場や橋のたもとには、おのずと人の集まる場が誕生した。

長屋に暮らす一般庶民が船に興じることはめったにない。江戸市中で一際高い火の見櫓があっても、彼らが気軽に登ることは禁じられており、高みの見物はできなかった。だがそれでも、手軽に非日常の世界を垣間みることはできた。橋の上からの眺めは格別で、ダイナミックな風景を一般の庶民が感じられる場となっていた。日本橋の上からは、天守閣も富士山も見えたし、永代橋から筑波山が気軽に望めた。橋の上から、水面の広がりを眺めるだけでも、長屋住まいの庶民にとっては開放的な場となったはずである。橋の上で、花火などに興じることもできた。江戸の庶民は橋の上から風景を愛でる場に事欠かなかったし、橋の上が視界の広がる絶好の場であったことは間違いない。

坂からの眺望

江戸は水の都であり、同時に坂の町である。このような二重性を備えた都市は世界的にも特異で、江戸の都市空間を特徴づける。

坂道は、江戸時代から多くの人たちが愛着を持ち、色々な名前がつけられてきた。周辺の土地や建物、営みに関連した「九段坂」、「神楽坂」。坂の特徴や、坂から見える風景がそのまま名前となるケースも多く、「暗闇坂」、「胸突坂」などがある。風景をめでる坂には、「富士見坂」、「潮見坂」、「江戸見坂」が思い浮ぶ。その他にも、様々な名前の坂道が江戸の町に歴史を刻んできた。

風景をめでる坂道を一つ一つ拾いだすと、江戸の地形構造がある程度理解できる。江戸の場合、富士山は西側斜面に立たなければ勇壮な姿はまったく望めない。しかも、周辺の木々に邪魔されないなど、富士山がしっかりと目の前に位置しなければ、眺めることは難しい。江戸の人たちはそのようなポイントを好んで坂道として選び、昇り降りの苦しさを紛らわすために、魅力的な場に変えていった。

内海（現・東京湾）が望める東南の坂「潮見坂」と題した挿絵は、坂の上から見下ろした江戸市街と、その先に海が広がる構図だ。山の手にあっても、江戸は身近に海を感じられる巨大都市だった。

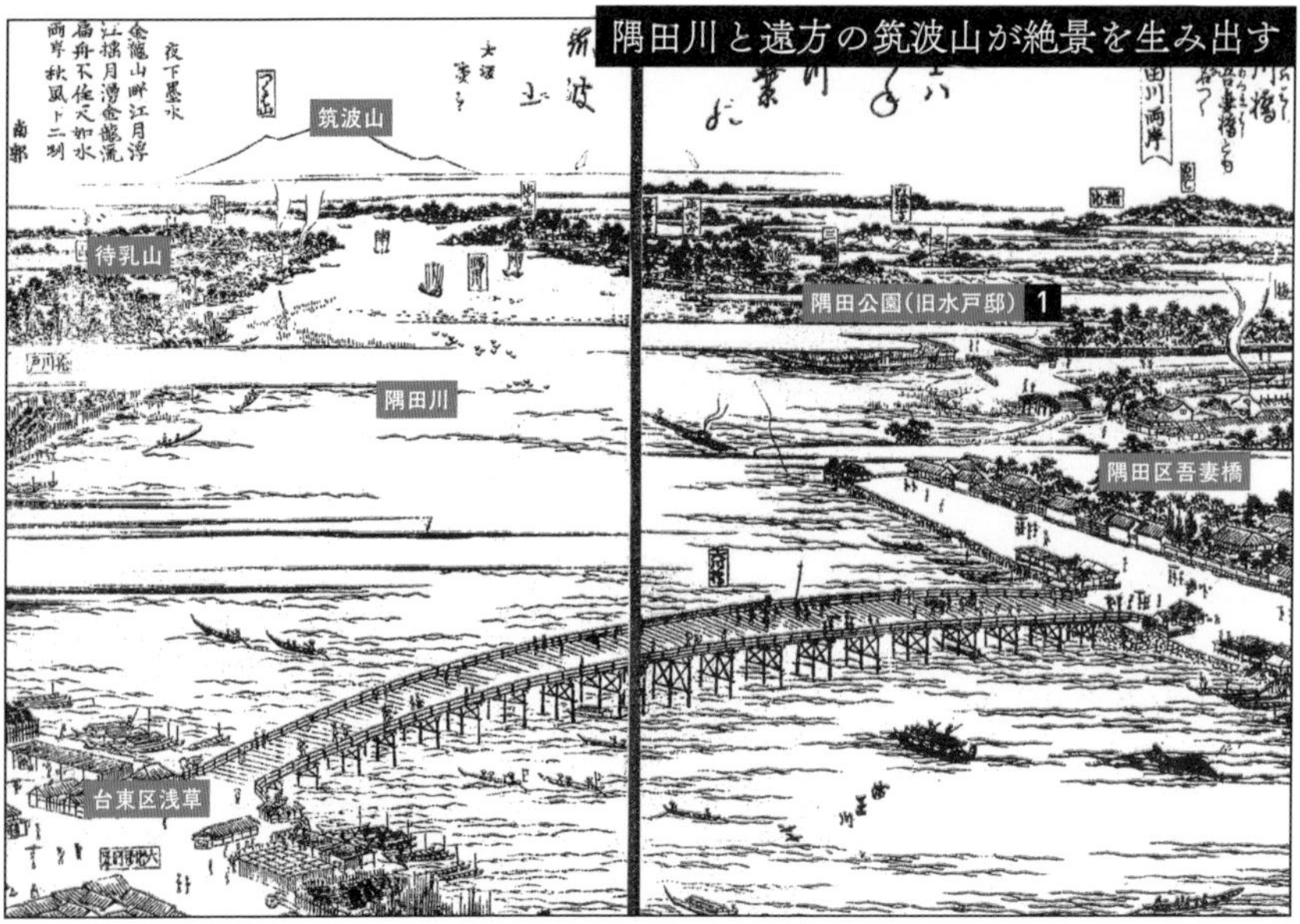

吾妻橋から筑波山方面を臨む

現在はビルや高架で筑波山は見えない。

隅田公園内の日本庭園

水戸藩下屋敷跡に造られた隅田公園。日本庭園は遺構を利用したもの。

江戸の東《あづま》の景勝地

吾妻橋《あづまばし》・筑波山《つくばさん》〈墨田区吾妻橋～台東区浅草〉

江戸時代、隅田川に架かる5つの橋の中では最後に架けられた。それまでは「竹町の渡し（竹屋の渡し）」が隅田川の両岸を結んでいた。長さは84間（約150ｍ）、幅3間半（約6・5ｍ）。民間が架設したため、武士、僧侶以外の全ての者から2文の通行料を取ったと記録に残る。1786（天明6）年に起きた大洪水では、吾妻橋が無傷で残り、架橋に関係した大工や奉行らが褒章を賜ったという。

橋の名前は、はじめ「大川橋」と名付けられた。これは隅田川を「大川」と呼んでいたことに由来する。しかし、橋周辺の人たちは、江戸の東にあることから「東橋」と呼んだ。漢字が「吾妻」となったことに関しては、「万年橋」のように慶賀名として「吾妻」があてられたという説、橋の先に「吾嬬《あづま》神社」があることからという説などがある。「吾妻橋」の正式な命名は1876（明治9）年、木橋の架け替えの際である。

木橋の吾妻橋は、1885（明治18）

朱色がまぶしい吾妻橋

架橋前から水上交通を支えた「竹町の渡し」は、1876（明治 9）年まで操業していた。現在は橋の西詰から水上バスが就航する。

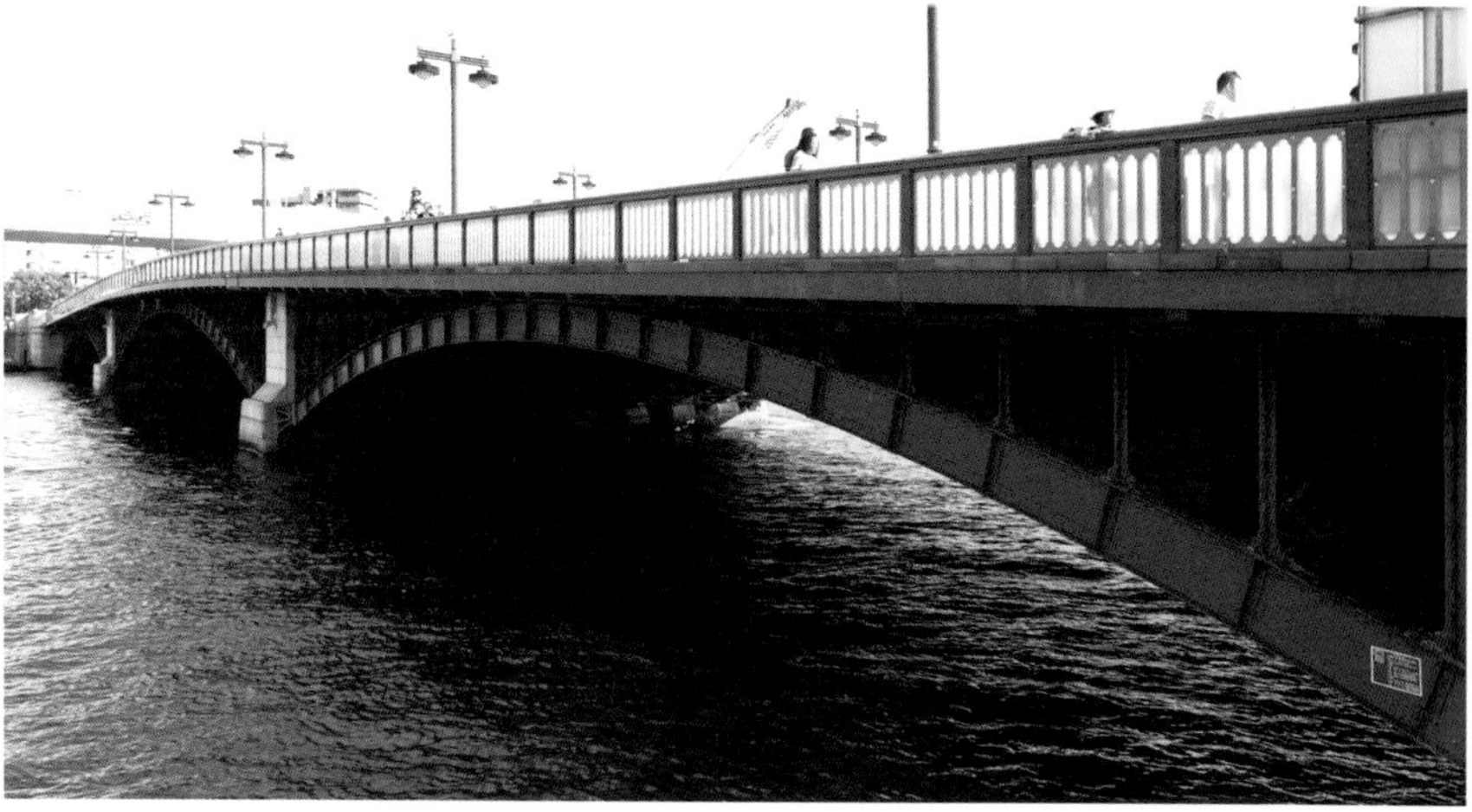

明治初期の吾妻橋

1774（安永 3）年に架けられた、最初の吾妻橋（大川橋）を撮影したもの。遠景にあって詳細は見えないが、橋脚の位置はまばらで、垂直でないものまである。妙に手作り感のある橋だ。

浅草の新旧観光スポットの中心的存在

東詰に隅田公園、西詰に浅草寺と、今も昔も見所は多い。

明治40年ごろの吾妻橋

1887（明治 20）年に架けられた隅田川最初の鉄橋。関東大震災で橋の床座が焼け落ち、一時的補修がされ、1931（昭和 6）年に現在の橋が新しく架けられた。

年7月の大洪水で流されてきた千住大橋の橋桁が橋脚に衝突し、流失してしまう。1887（明治20）年には隅田川最初の鉄橋として、鋼製プラットトラス橋が架けられた。現在の橋は関東大震災後の1931（昭和6）年に新しく架橋した。

江戸市民と助け合う橋

新大橋《しんおおはし》・富士山《ふじさん》〈中央区日本橋浜町～江東区新大橋〉

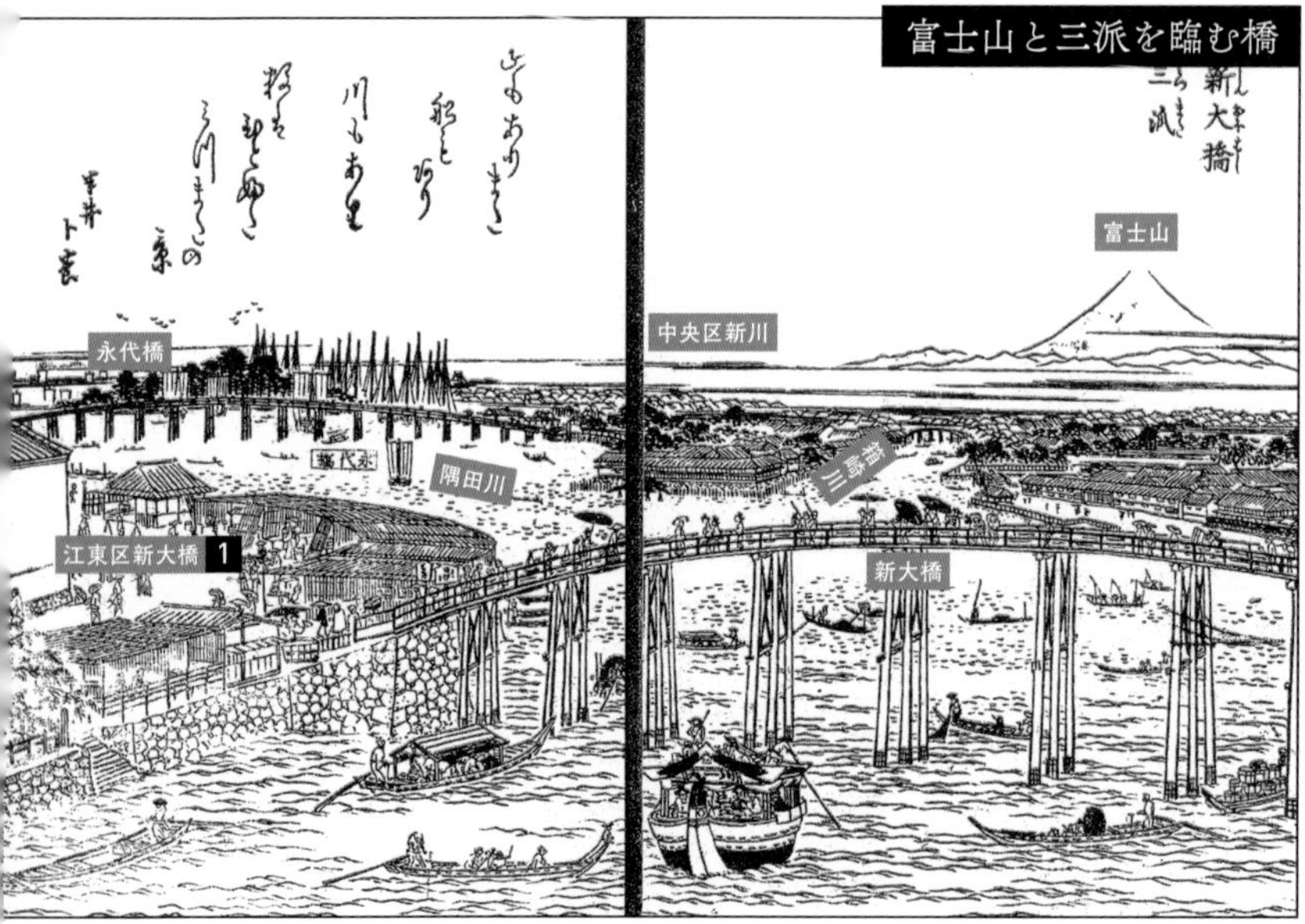

東詰めに残る明治の新大橋の親柱

1912（明治 45）年架橋の先代は 1977（昭和 52）年に現在の橋に架け替えられた。全体の 8 分の 1 が博物館明治村（愛知県）に移築・保存されている。

新大橋からの眺め

三派の内の 1 本を形成していた箱崎川は 1971（昭和 46）年、高速道路等の建設のために埋め立てられた。そのため現在見られる風景は二派だ。

隅田川3番目の橋。橋名は、「大橋」と呼ばれた両国橋に続く新しい橋であることから。5代将軍綱吉《つなよし》の生母・桂昌院《けいしょういん》が、橋の少なさによる江戸市民の不便を知り、架橋を将軍に勧めたとされる。当時の橋は現在の位置よりも少し下流につくられた。それから50年、破損、流出、焼落と維持管理費がかさむため幕府が廃橋を決める。だが、住民たちの嘆願で、町方の維持費全負担を条件に、橋が存続した。
三派《みつまた》とは箱崎川、隅田川、小名木川の合流点のこと。右後方には富士山が見える。

東京

かつてよりも少し上流にある新大橋

江戸

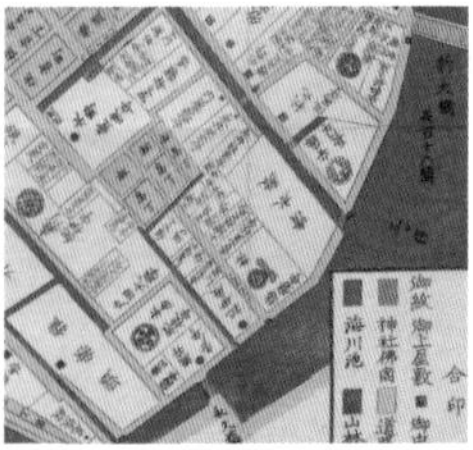

埋め立てにより架橋された新大橋は地盤が軟弱なため、幾度も橋の架け替えが行われた。

橋からの眺望

map 20

五街道の基点として賑わう
日本橋《にほんばし》・日本橋川《にほんばしがわ》〈中央区日本橋〉

絶景と賑わいの共存

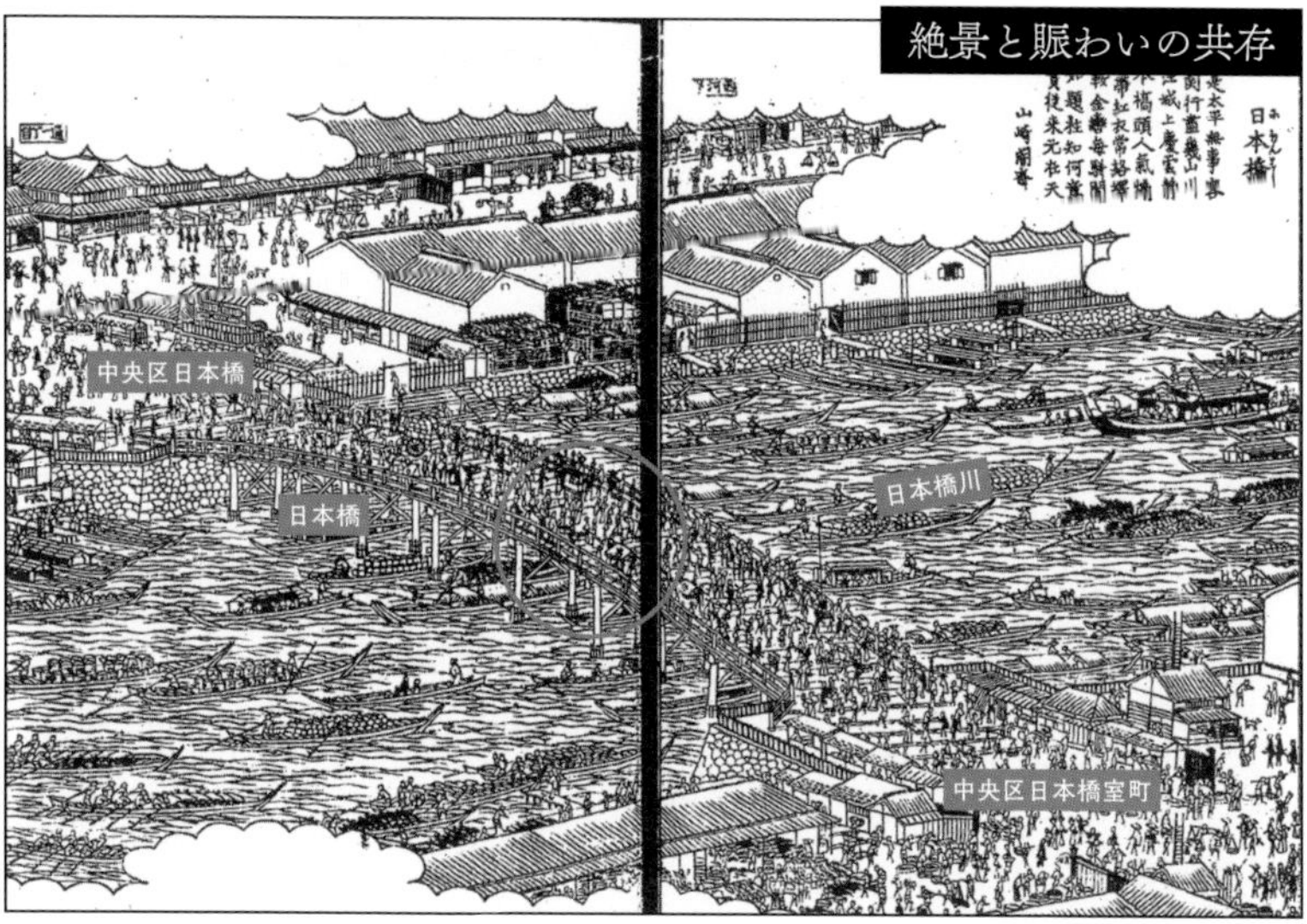

日本橋に埋め込まれた道路元標

レプリカは日本橋の北西橋詰にあるが、本物は車道中央に埋め込まれている。

冨嶽三十六景　江戸日本橋

日本橋の上から日本橋川の先に江戸城を眺める構図。北斎は天守閣跡に架空の三重櫓を描く。

江戸時代から変わらぬ帝都のシンボル

日本の道路網の始点としても重要な日本橋。現在の橋は 1911（明治 44）年に架けられた 19 代目。

徳《とく》川《がわ》家康《いえやす》の命によって全国の道路網が整備された際、初代の木橋が日本橋として架かり、1604（慶長9）年には五街道の基点となる。以降、江戸の中で最も賑わう場所として、浮世絵や名所図会に数多く描かれてきた。

私たちがよく慣れ親しむ絵は、葛飾《かつしか》北斎《ほくさい》の『冨嶽三十六景』に収められた「江戸日本橋」であろう。これには日本橋の上から見える、富士山や緑に包まれた江戸城の櫓が主として描かれ、賑わいとスピードを感じさせる図会とは対照的である。当時の人たちはこの2つを同時に体感していたであろう。

東京

現在の日本橋は1911（明治44）年に完成した石造りの2連アーチ橋。関東大震災により、アーチ下の石の一部が溶けている。

江戸

日本橋は1603（慶長8）年に最初に架けられてから、大火で焼失するたびに幾度も同じ場所で再建された

坂からの眺望

map 21

武家地創設と町人地の代替地

九段坂《くだんざか》・中坂《なかさか》・冬青木坂《もちのきざか》〈千代田区九段北1丁目〉

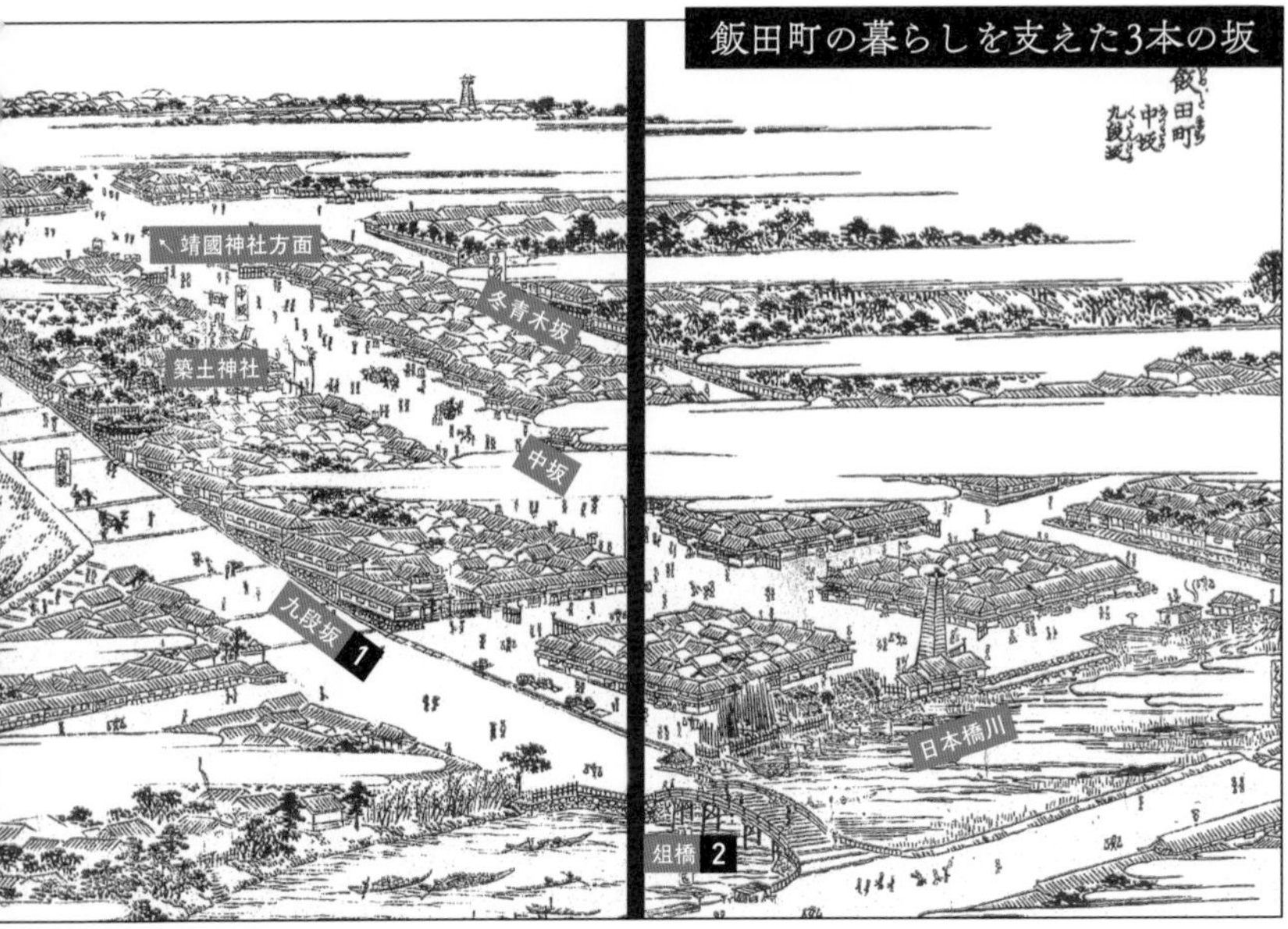

日本橋川に架かる俎橋《まないた》

橋名は2枚のまないたを渡したように見えたから、とも、近隣に台所町があったから、とも。

現在は緩やかな九段坂

理由は明治期の市電の敷設や、関東大震災後の改修など。

明治40年ごろの九段坂

九段坂を市電が上れず、勾配を緩くした市電専用の別ルートが設けられた。

太《おお》田道灌《たどうかん》の時代、飯田町あたりは、千代田村と呼ばれるのどかな農村だった。その風景と地名が変貌する時期は、徳川家康《とくがわいえやす》が江戸に入府して以降のこと。

1590（天正18）年、家康が千代田村とその周辺を視察した時、案内役を務めた村人は飯田喜兵衛《いいだきへえ》といった。彼の案内に感心した家康は、彼を名主とし、地名を「飯田町」とするように命じたという。

1643（寛永20）年の「寛永江戸全図」では九段坂の両側は町人地となっているが、元禄（1688〜1703年）の頃には両側とも武家地に変貌する。そのため、九段坂の北側には中坂が新たに通され、町人地の代替地として整備された。神田祭の山車などは、この坂を登り、江戸城へ向かった。冬青木坂は坂にあった古いもちの木が名の由来だが、実際にはもちの木と見まがう広葉樹の常盤木が、冬青木坂の北側にある磯野家屋敷内にあったという。

九段坂は江戸のはじめに出来た坂で、

町人地造営のために通された中坂

かつての九段坂の急勾配を知ることができる中坂。なだらかそうでいて、上ってみると意外と急。坂の途中には築土神社がある。

築土神社

江戸

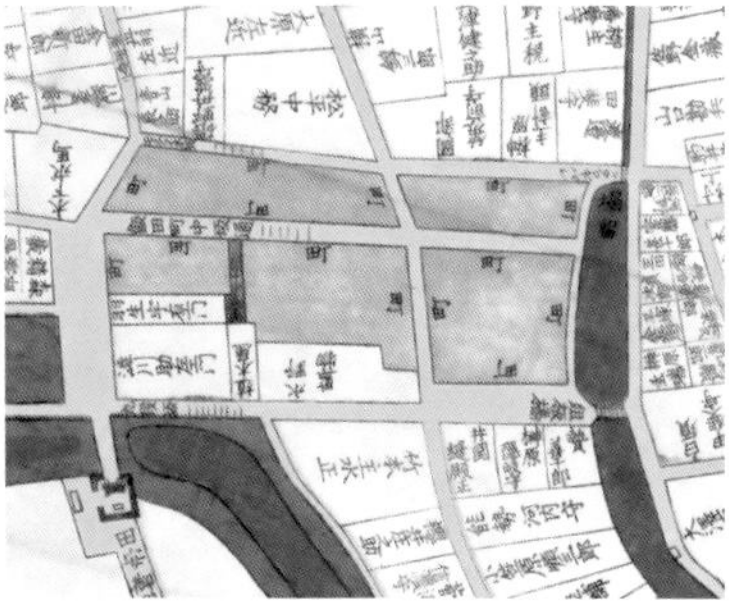

地図中の坂にも段が描かれ、当時の３つの坂がいかに急だったかが窺える。

明治初期に設置された常燈灯台

靖国神社付近にあったが、関東大震災後武道館側に移築・復元。当時は東京湾航行の目印だった。

東京

現在の３つの坂とその周辺

当初は町の名を取って飯田坂と呼ばれた。のちに、この坂に沿って九段につくられた役人の長屋ができたことから九段坂となる。坂の勾配は今よりも急で、絵にも階段状になった九段坂が描かれている。

坂と横町に残る匂い

神楽坂《かぐらざか》〈新宿区神楽坂〉

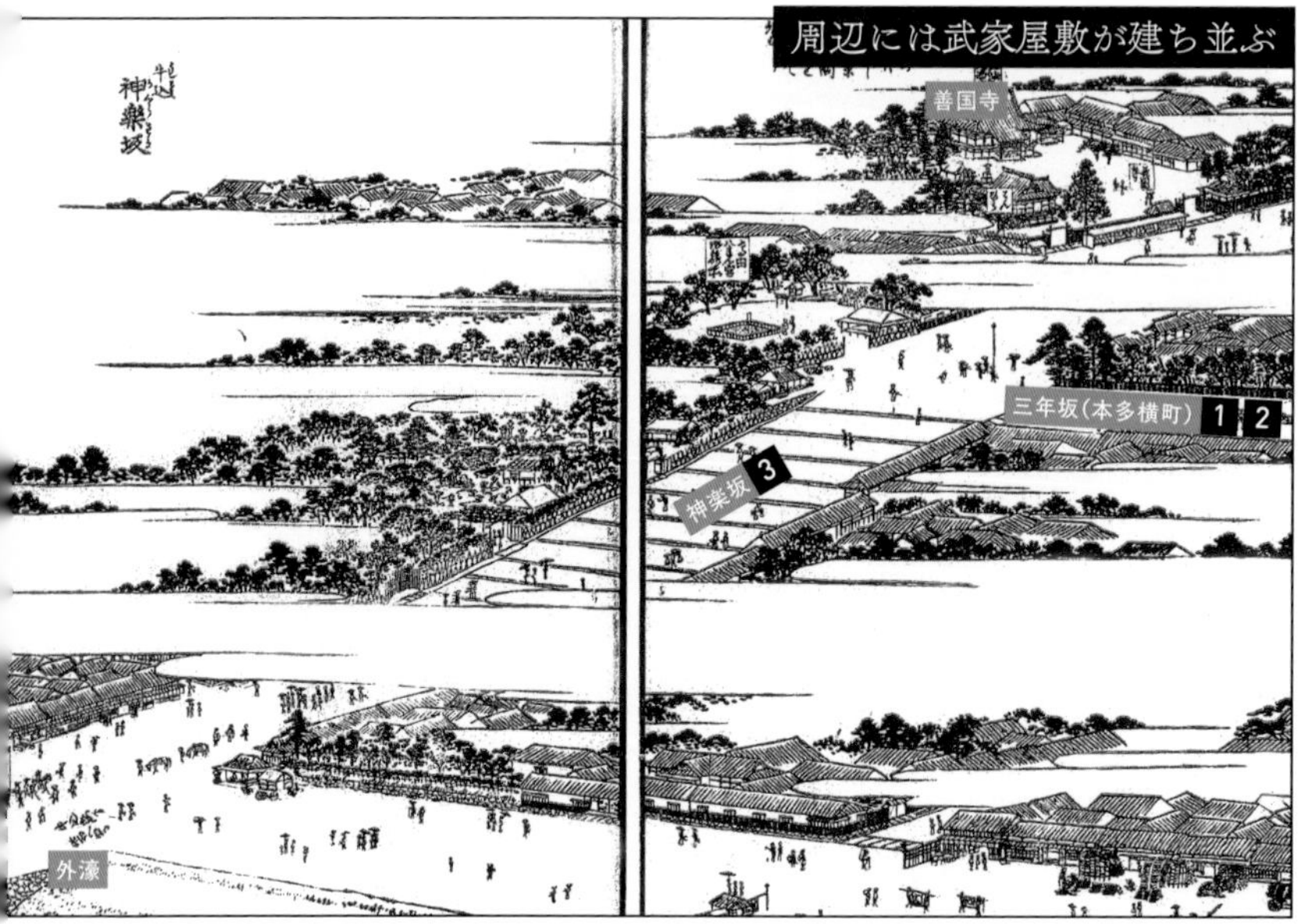

少し緩やかになった神楽坂
かつては段が必要なほど急だった。現在は時折その名残を感じる程度。

ピンコロ石を敷き詰めた路地
石畳が残る路地からは、花街や料亭街だった頃の面影が感じられる。

飲食店が建ち並ぶ本多横町
横町名は本多家の屋敷から。50店以上の飲食店が建ち並び、脇の路地に入ればかつての花街の空気が漂う。

江戸時代、大規模な都市計画が進められる中、神楽坂周辺には大名屋敷、旗本屋敷などの武家地、あるいは寺町や門前町がつくられた。この一帯の軸となる神楽坂の通りは、3代将軍家光《いえみつ》の治世（1623～51年）下、大老酒井忠勝《さかいただかつ》の下屋敷（現新宿区矢来町付近）から牛込御門に向う登城路として整備されたという。外濠に面する牛込河岸に働く人たちが寺社門前の町にくりだしたことから、神楽坂の賑わいの基礎が生まれた。

花街としての賑わいの広がりは明治に入ってから。大正期には露店が神楽坂沿いに並び、活況を呈した。その雰囲気は東京大空襲で町並みを消失させるが、今に残る。横道の細い路地には料亭が雰囲気のある町並みをつくり、風情を醸しだす。明治以降に再開発された土地だが、石畳の路地は江戸を感じさせる。

坂の名の由来には諸説あり、いずれも神楽の音色にまつわるものだ。

東京の人気スポット「神楽坂通り」

「神楽坂」の名の由来については、穴八幡宮の祭礼での神楽、若宮八幡宮の神楽、築土神社の祭礼での神楽、など、諸説がある。

牛込神楽坂之図　広重東都坂尽

権勢を誇った当時の大老酒井忠勝《さかいただかつ》の江戸城途上の道筋を力強く表現する。

神楽坂のシンボル・善国寺毘沙門堂

水戸光圀《みとみつくに》も篤く信仰したという。

東京

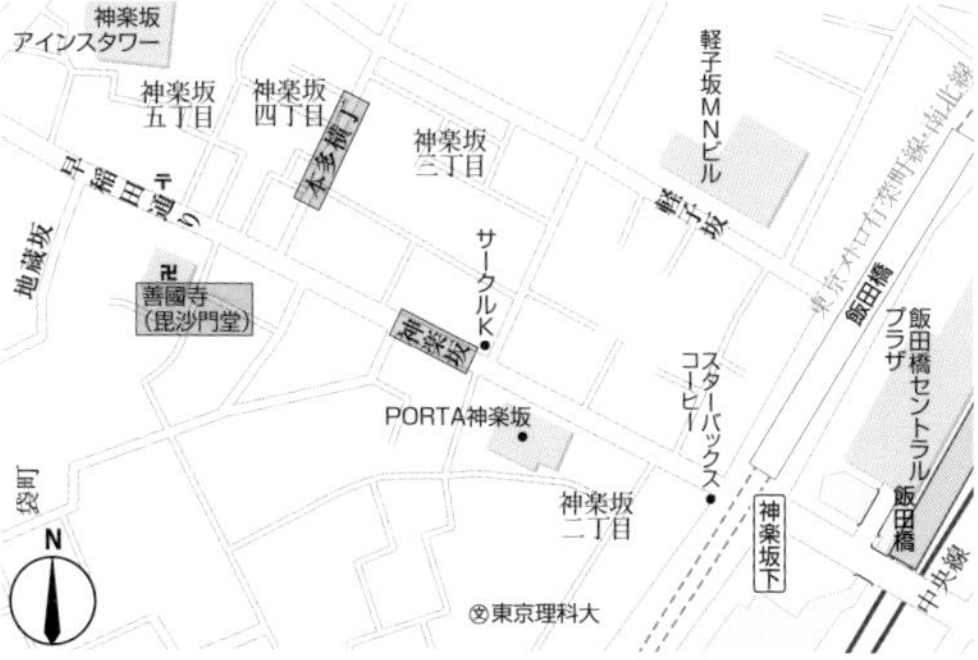

図会と並べて見てみると、位置関係は変わっていない。図会では神楽坂の南側が植溜《うえだめ》（樹木などの栽培場）となっていた。

江戸

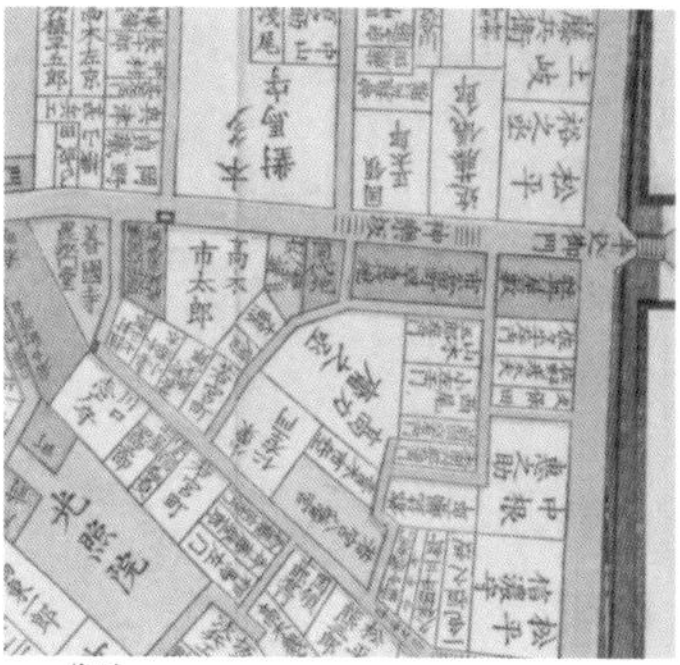

町の代地《だいち》（江戸幕府が江戸市中において強制的に収用した土地の代替地として市中に与えた土地）が植溜として使われていた。

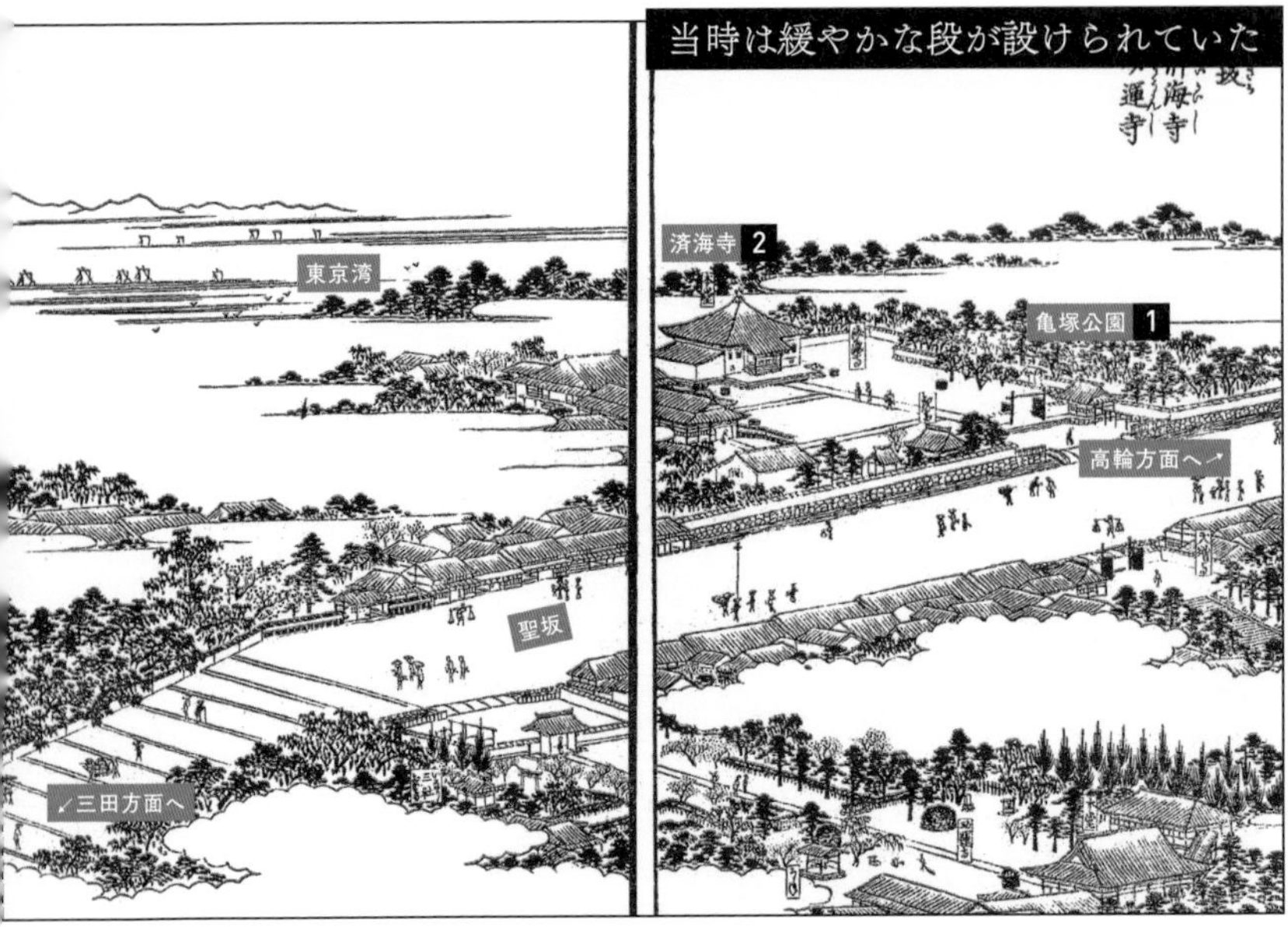

map 23

近世と近代が交錯する坂

聖坂《ひじりざか》〈港区三田4丁目〉

聖坂に面した済海寺正門

創設は1621（元和7）年。1859（安政6）年にフランス領事館となり、2年後には公使館となって1874（明治7）年まで続いた。碑が境内に残る。

急な階段でも有名な亀塚公園

江戸時代は土岐家の下屋敷、明治維新後は華頂宮家の屋敷となったこの公園には、亀塚と呼ばれる円墳がある。高さも広さも意外にあり、登りきるには少し苦労する。

聖坂は、芝・白金台地の先端部、伊皿子台地に上る長い坂である。江戸時代から大正にかけて、東京をパノラマとして眺望できる景観ポイントだった。

この坂は、中世、諸国を布教活動などでまわった高野《こうや》聖《ひじり》が開いた通行路であり、このことが坂名の由来となる。また、東北方面へ向かう鎌倉道の1つにあたり、東海道が開かれるまでは南北を結ぶ主要道路だった。当時は階段状の坂道だったことが図会から窺える。

聖坂沿いには、フランスと縁のある済海寺や、江戸と明治で主を変えた屋敷跡の亀塚公園など、近世と近代が交差する歴史の舞台となった。

江戸時代に建てられた亀山碑

亀塚に関わる伝承が記してある。建てたのは土岐頼熙。

三田方面から長く続く聖坂

永井荷風は『日和下駄』の中で、大都となった東京を眺望し、理解できる場のひとつとして、この聖坂を上げている。

東京

聖坂は潮見坂（64 頁）の坂下と合流する。付近には寺院が大変多い。

江戸

絵地図の寺院群は古く、明暦の大火以前から寺町を形成していた。

map 24

潮見坂《しおみざか》〈港区三田4丁目〉

巨大都市江戸と江戸前の海

潮見坂標柱

現在は海が見えず、「潮見」の名が残るだけとなっている。

潮見坂に見る江戸の姿

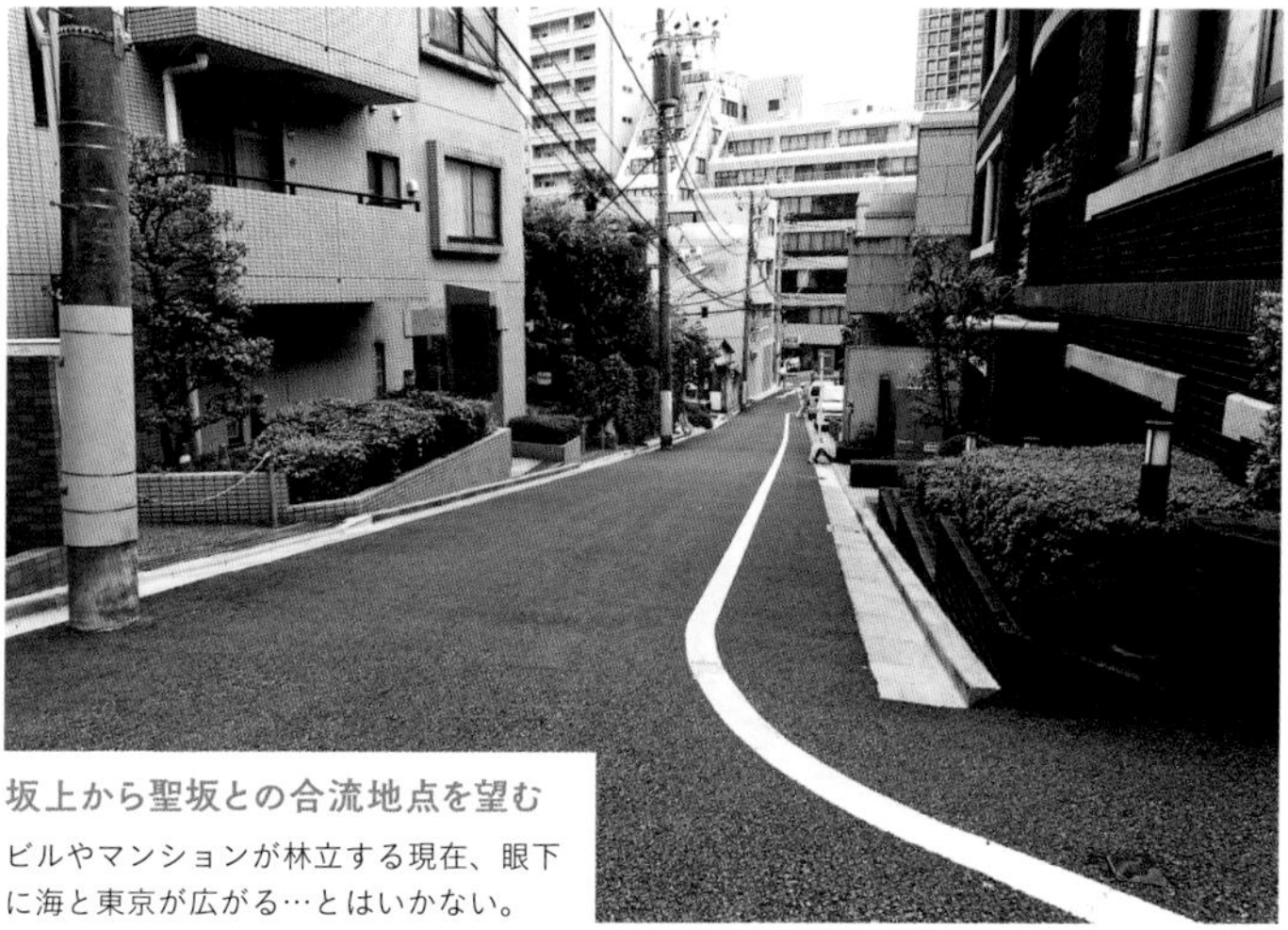

坂上から聖坂との合流地点を望む

ビルやマンションが林立する現在、眼下に海と東京が広がる…とはいかない。

この「潮見坂」の図会には、江戸の地形的な特色が見事に凝縮され、しかも、さりげないのどかな眺望風景として仕上げられている。

江戸は地形が入り組む台地と低地で構成され、それらを結ぶ坂道が数多くつくられた。西に向かって下る坂道では富士山を臨め、江戸市街に向かって下る坂道は巨大都市江戸を俯瞰できる。東に向かって下る坂道では、広大な江戸前の海を眺望でき、潮見坂の名が付けられた。

この潮見坂は、海の眺望を知らせるだけにとどまらない。坂道と海の間に挟まれた甍《いらか》の波は、江戸の巨大都市空間を暗示させる。広大な内海と、そこに浮かぶ小舟、帆を張った舟、帆を休める千石船。これらは巨大都市を支えるエネルギー源を運ぶ。そして何よりも、坂道は、大小の様々な川による浸食によって誕生した高低差を人間が結びつけたものだ。「潮見坂」の絵を見ていると、江戸の自然と人が織りなす多様な有り様を想起させてくれる。

武家地と溜池に囲まれていた坂

汐《しお》見《み》坂《ざか》〈港区虎ノ門2丁目〉

汐見坂とその周辺

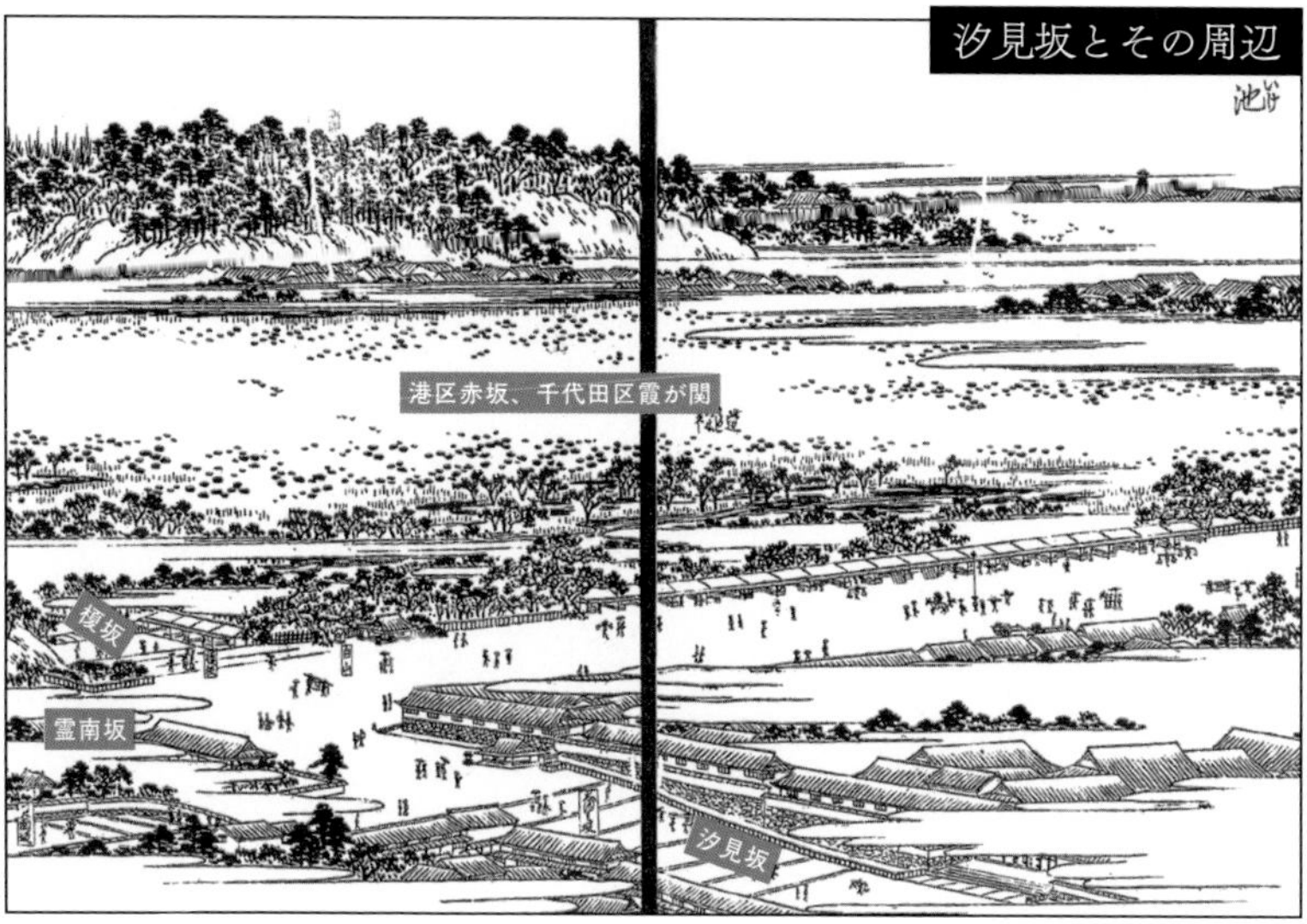

傍らに松平大和守の屋敷があったため、「大和坂」とも呼ばれた。この辺りは武家地が占め、大和守邸の坂を挟んだ向かい側には松平肥前守の屋敷もあった。

溜池が大きく描かれているが、それもそのはず。長さ約1・4㎞、幅は45〜190mと、不忍池《しのばずのいけ》（104頁）に次ぐ大きさだったのだ。溜池は江戸城の防備のための外濠、兼、江戸の上水源（水道の発祥）として整備された。2代将軍秀忠《ひでただ》の働きによって、四季折々を感じられる観光地として庶民にも親しまれた。3代将軍家光《いえみつ》は子どもの頃に泳いでいたという。しかし、玉川上水が完成し、江戸城防備や上水の必要性も低くなるにつれ、少しずつ溜池は埋め立てられ、明治の終盤には細い水路が残るだけとなる。昭和期にはその水路も埋め立てられてしまった。

汐見坂上の風景

右手の国立印刷局は松平肥前守屋敷跡、左手のホテルオークラは松平大和守屋敷跡に建つ。

東京

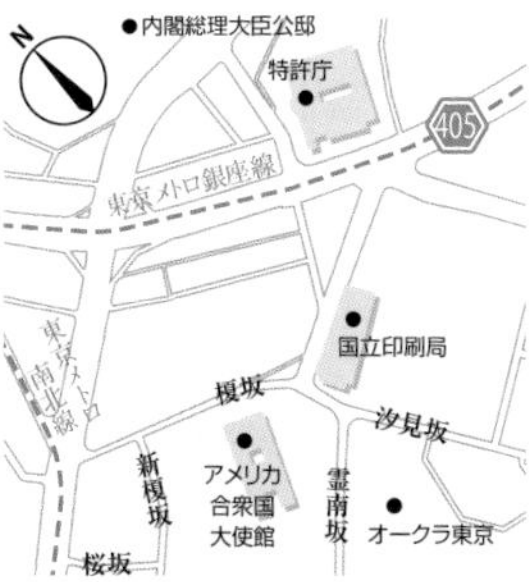

3つの坂が交わる場所には、現在アメリカ大使館や国立印刷局、ホテルオークラなどが建ち並ぶ都心の一等地となっている。

江戸

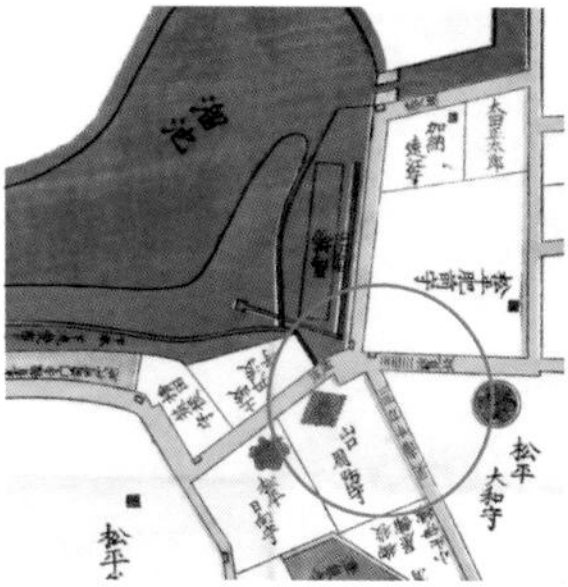

台地から江戸城へ向かう3つの坂道の結節点が溜池の辺り。榎が植えられ、坂名にもなった。

茶屋からの絶景富士
茶屋坂《ちゃやざか》・富士見茶亭《ふじみちゃや》〈目黒区中目黒・三田〉

茶屋坂は、落語『目黒のさんま』の舞台ともなった。茶屋坂を登りきったあたりには「富士見茶亭」があり、この茶屋には、歴代の将軍が目黒に鷹狩りに来た時に立寄った。3代将軍家光《いえみつ》は茶屋を営む彦四郎の人柄を大変気に入り、親しく「爺、爺」と話しかけたことから、この茶屋を人々は「爺々が茶屋」と呼ぶようになったらしい。10代将軍家治《いえはる》が立寄ったときには団子と田楽を作って差し上げたという。

少し冷めた見方をすれば、将軍が立ち寄る茶屋に、配下の者が周到に選びだしたキーパーソンの配置だったとも考えられる。

新旧の茶屋坂

現在の新茶屋坂は交通量の多い表通り。江戸の勾配を残す旧茶屋坂はその裏でひっそりと生き残っている。

東京

現在は影をひそめる旧茶屋坂

江戸

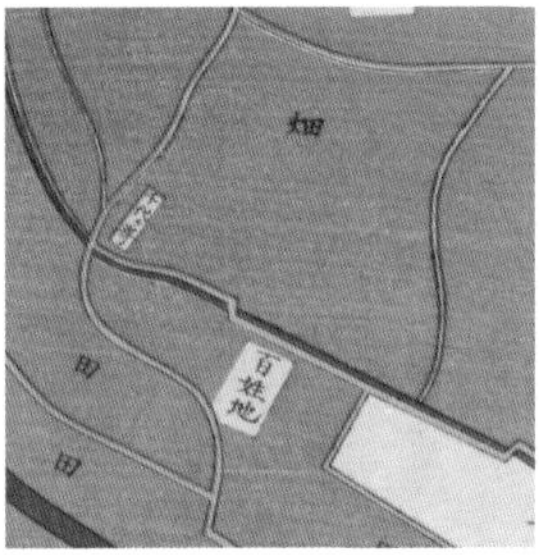

江戸時代は全面農地が広がる風景だった。

第三章 エリア別、江戸の名所

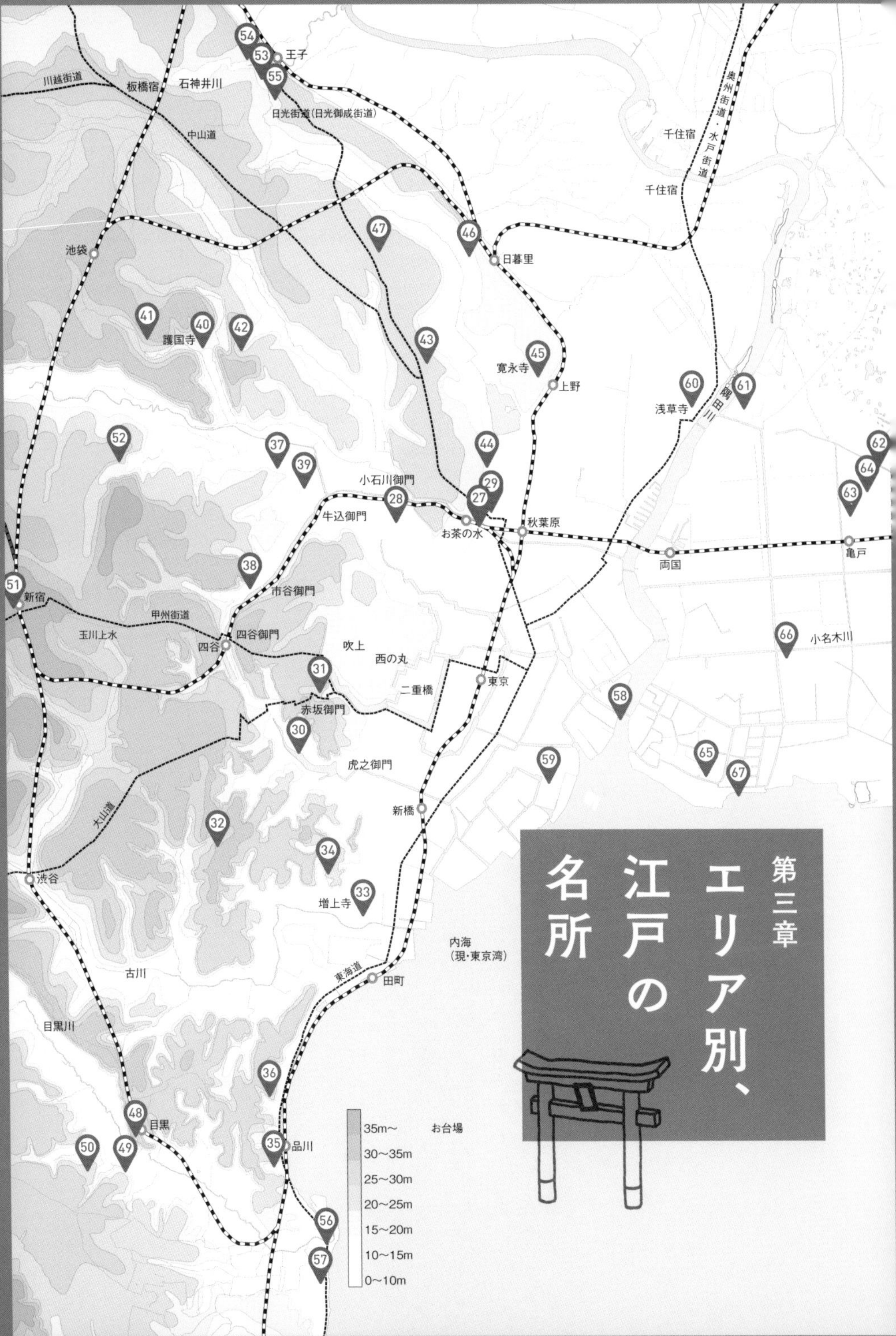

王子
川越街道
板橋宿
石神井川
日光街道（日光御成街道）
中山道
奥州街道・水戸街道
千住宿
千住宿
池袋
日暮里
護国寺
寛永寺
上野
浅草寺
隅田川
小石川御門
牛込御門
お茶の水
秋葉原
両国
亀戸
新宿
市谷御門
甲州街道
玉川上水
四谷御門
四谷
吹上
西の丸
二重橋
東京
小名木川
赤坂御門
虎之御門
新橋
大山道
渋谷
増上寺
内海
（現・東京湾）
東海道
田町
古川
目黒川
目黒
品川
お台場
35m〜
30〜35m
25〜30m
20〜25m
15〜20m
10〜15m
0〜10m

江戸の名所と地理的環境の関係

中心部にある商工業地の周辺は主に武家地だった。この章では、武家地と呼応しながら、江戸時代あるいはそれ以前から息づく場所のあり様を、寺社を中心に探る。寺社は画一的に分布しているわけではない。その場所の歴史を背負いながら、町や村の文化拠点、あるいは賑わいの場となっていった。また、寺社は地理的環境とも巧みに呼応し、名所としてのあり様も見事に演出してきた。『江戸名所図会』に携わった人たちの眼差しもそこにあるように思う。その魅力と特色を探るために、江戸を5つのゾーン、14のエリアに分けて考えたい。

第1のゾーンは、「神田エリア」、「永田町・赤坂エリア」。これらの共通点は天下祭。江戸庶民にとって、誇りだが日常的には空虚な江戸城をリアルなものにしてくれる。江戸を祝祭空間一色にして、江戸城と江戸城下の町が一体化するドラマチックな場をつくりだす。

第2のゾーンは、「芝・高輪エリア」、「四谷・市谷エリア」、「護国寺エリア」、「谷根千・上野エリア」。山の手といわれる台地部に形成されている。ここには、太田道灌の時代に創建、あるいは再建された古社がある。「四谷・市谷エリア」には太田道灌ゆかりの寺院が多く、他のエリアには徳川家が庇護した寺社が立地する。

第3のゾーンは、「目黒エリア」、「新宿・高田野馬場エリア」、「王子エリア」。川、崖などの自然地形と田園風景が主体となり、点景として寺社の森が風景の核をつくり出していた。名所化する寺社の境内には滝や池、眺望のきく高台が訪れる人々を魅了する。寺社には門前ができ賑わいを生む。

第4のゾーンは、「品川エリア」。江戸の都市環境を語る上で、江戸前に広がる内海は欠かせない。品川の歴史は古く、中世まで遡る寺社は多い。その前面には、遠浅の海、内海の自然が広がる。海を眺望する場、そして、古くからの営みの場だった。

第5のゾーンは、「浅草・向島エリア」、「本所・亀戸エリア」、「深川エリア」、「隅田川河口エリア」。江戸時代は、台地の「山の手」に対する対語として低地の「川の手」という言葉が使われていた。江戸の都市拡大、特に明暦の大火（1657年）以降の市域拡大によって、江戸市街の郊外から周縁に変化したエリアである。寺社が拠点となって各エリアを発展させていった。

第1、第2、第5のゾーンは、江戸城と江戸の中心商業地を取り巻く外周エリア。第3、第4のゾーンはその外側に展開する。

谷深い神田川の背後に悠然と構える学問の聖地

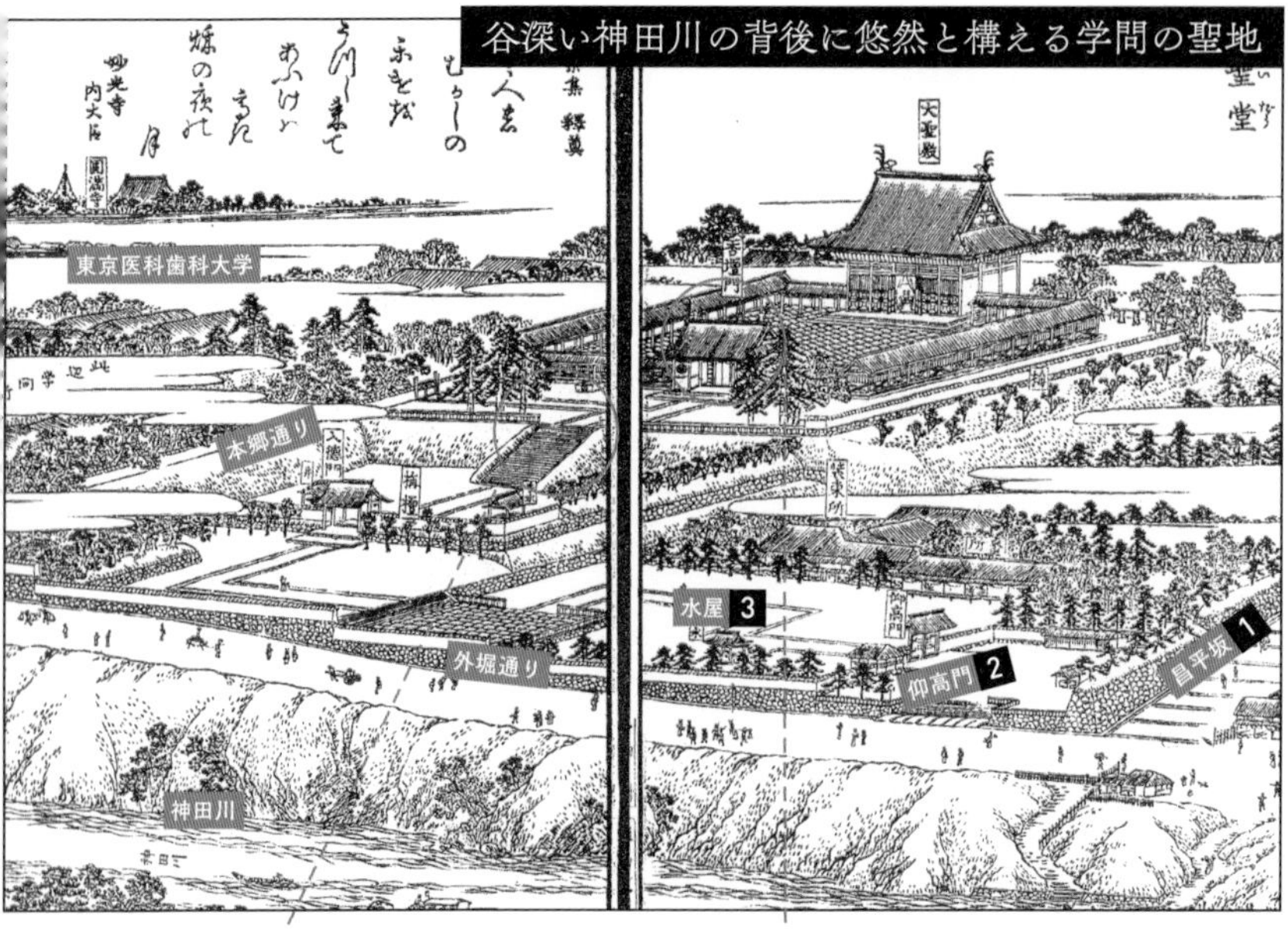

神田エリア

map 27

東大・筑波・お茶女の原点

湯島聖堂《ゆしませいどう》〈文京区湯島1-4-25〉

杏壇《きょうだん》門を経て大成殿へと続く

石段を上り中のほうへと進んでいく時の風景は、江戸時代と変わらない。

シックな色合いが美しい杏壇門

「杏壇」もまた孔子に関連する名。山東省にある孔子の教授堂の遺址の名だ。

昌平坂の名を受け継ぐ

図会にも段が描かれているように、当時は急で、団子のように転んでしまうことから「団子坂」とも呼ばれたという。

湯島聖堂は、儒学者・林羅山《はやしらざん》が上野忍岡《しのぶがおか》（現上野恩賜公園）の私邸内に孔子廟と教育施設を建立したことにはじまる。1690（元禄3）年には5代将軍綱吉《つなよし》がこれを「大成殿」と改称し、自ら額の字を執筆した。この時から、付属する建物を含め全体を「聖堂」と呼んだ。翌年には林家の学問所が湯島に移転する。

その後は度々起きた火災と、幕府の実学重視への転換が影響し、再建されずに荒廃した状況が続く。しかし、松《まつ》平定信《だいらさだのぶ》が「寛政異学の禁」（1790年）を断行すると、聖堂の役目が見直される。1797（寛政9）年には、林家の私塾から幕府の官立教育機関となり、孔子が生まれた村の名である「昌平」を取り、昌平坂学問所とした。これ以降、聖堂は湯島聖堂の中でも大成殿だけを指すようになる。

大成殿は明治以降も残るが、昌平坂学問所は教育・研究機関として生まれ変わる。幕府天文方や種痘所《しゅとうしょ》が後の東京大学となり、東京師範学校（現筑波大

湯島聖堂の中核、大成殿

大成殿の額は5代将軍綱吉の筆だったが、関東大震災で消失。現在のものは伏見宮博恭王によるもの。

江戸時代から残る水屋

関東大震災を乗り越え、江戸時代のまま残っている。

湯島聖堂の正門、仰高門《ぎょうこう》

「仰高」は論語の一節で、「孔子の教えは仰ぎ見ると高い」といった意味がある。

学）や東京女子師範学校（現お茶の女子大学）も産声をあげた。

　1922（大正11）年に国の史跡に指定されたが、翌年の関東大震災で入徳門と水屋以外の建物が焼失する。現在の大成殿は1935（昭和10）年、関東大震災後の再建。設計は伊東忠太《いとうちゅうた》。

東京

現在は湯島聖堂敷地内の北西側を本郷通りが貫いており、一部敷地が削られている

江戸

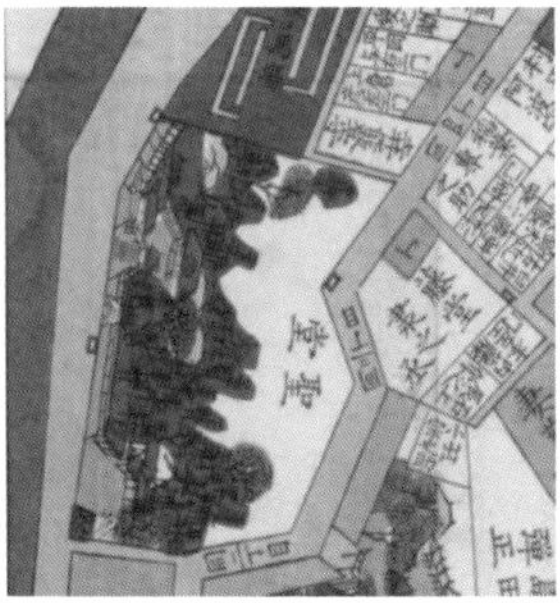

当時の湯島聖堂周辺

神田
エリア

map 28

渓谷をつくり出した水道インフラ

水道橋《すいどうばし》〈千代田区三崎町〜文京区本郷〉

橋名の由来の掛樋と水番小屋

三崎稲荷神社

江戸時代には水道橋のすぐ近くにあったが、甲武鉄道（現 JR 中央線）の延長に伴い、現在の位置に移った。

神田川と護岸

1970 年代に始まった護岸工事で、神田川の様子は大きく変わった。

橋の下から懸樋跡をみる

懸樋のあった辺りを水道橋下からのぞく。図会には負けるが、なかなか都心らしからぬ景色だ。

神田上水に架かる懸樋《かけひ》は、神田上水の水を神田川の対岸にある神田、日本橋の町人地などに運ぶためにつくられた。水道橋は、この橋の少し上流に神田上水の懸樋があったことから名付けられた。

神田川は1620（元和6）年に平川の河道から切り離される。神田山を切通し、直接隅田川に流す大規模な開削工事が行われた。太田道灌《おおたどうかん》が開基したとされる吉祥寺は、神田川開削後、水道橋に面した通りに表門を構えた。このことから旧名を吉祥寺橋ともいったと図会の解説には記してある。その後吉祥寺は本郷に移転し、今はない。

神田山を削ってつくられたために、水道橋から昌平橋にかけては、深い谷筋を神田川が抜ける。その両側の土手がいつしか木々に覆われ、自然の渓谷さながらの風景となった。身近なところで渓谷美を堪能しようと船を繰出す人は多かった。この土手沿いには、三崎稲荷と呼ばれる古い稲荷神社がある。社名は、この地が昔三崎村といったこと

水道橋から望む神田川

現在、近くには東京都水道歴史館（運営：東京都水道局）があり、江戸時代の水道技術の高さや、その後の歴史を知ることができる。

つたが絡まる水道橋

まるで渓谷…とは、言いがたいものの、現在も神田川には緑が広がる。水道橋近くのレリーフや記念碑を見れば、当時を学ぶことができる。

懸樋（明治初期）

懸樋そばの建物には水番人がおり、鰻屋を副業とした。

東京

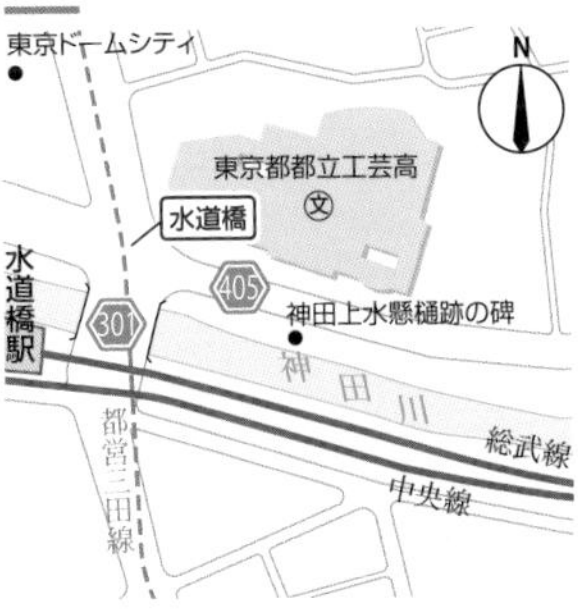

現在、神田上水懸樋跡の碑が神田川沿いの一画に設けられている。

江戸

当時の神田上水懸樋と水道橋

に由来し、神社も地名も、現在まで残り続ける。

図会に描かれるように、懸樋から水を汲む人も多く、生活に密着していた。

今も賑わう江戸総鎮守

神田《かんだ》明神《みょうじん》・神田《かんだ》祭《まつり》〈千代田区外神田2-16-2〉

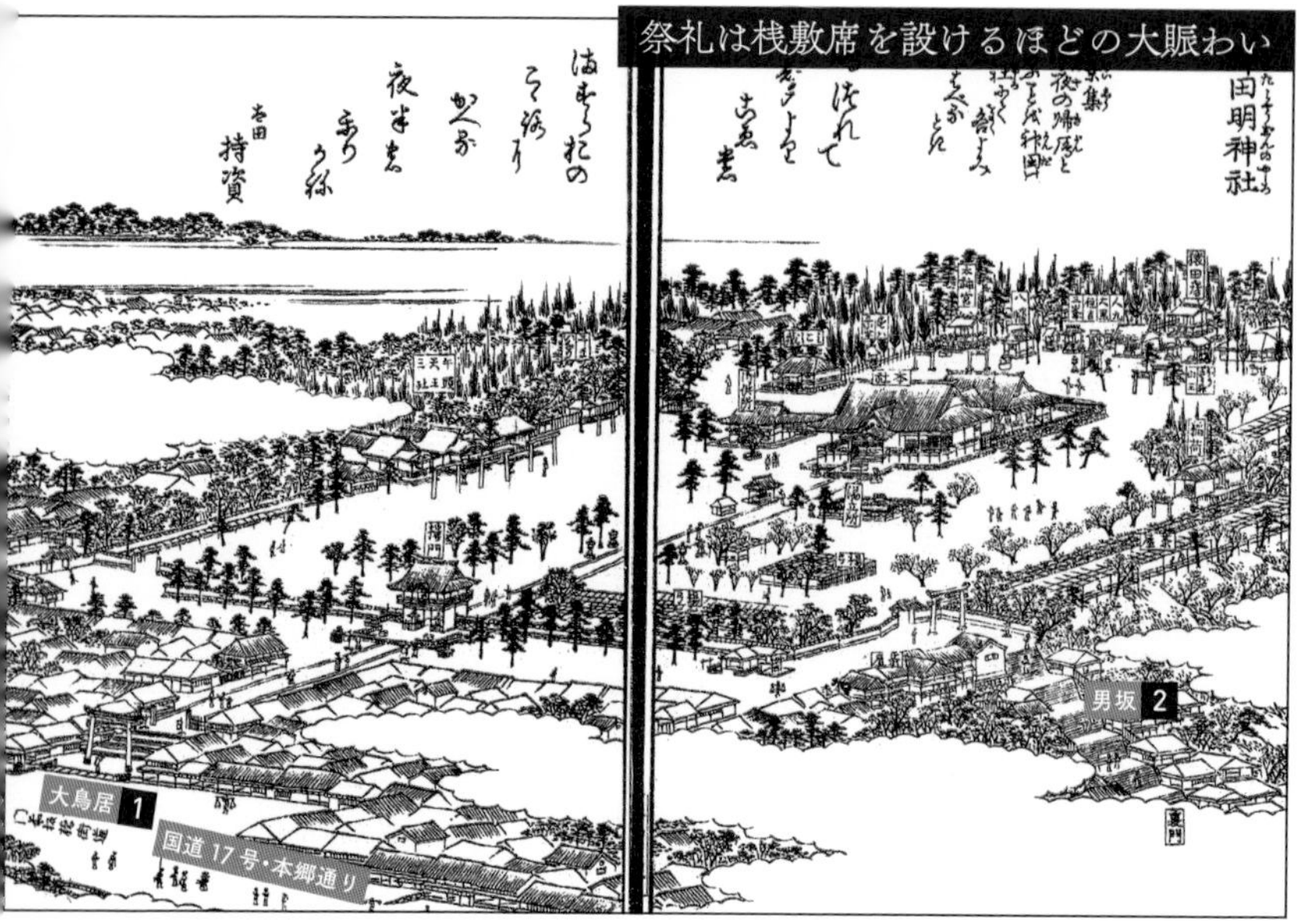

祭礼は桟敷席を設けるほどの大賑わい

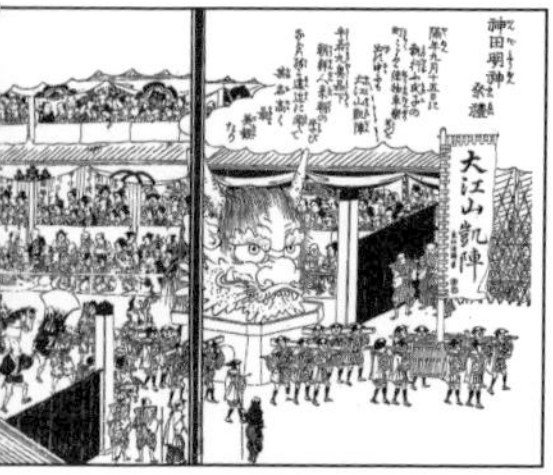

神田明神において現在の社紋である「流れ巴」は、水の渦を意味し、安房国《あわのくに》から内海（現・東京湾）を渡り移住してきた海の民と結びつく。海の民は、日比谷入江の奥、砂州でできた微高地にいとなみの場を求め、柴崎村（現千代田区大手町）に集落を形成し、安房神社の分霊を祀った。この土地に訪れた平将門《たいらのまさかど》は、柴崎村の神社に太刀や神馬を奉納した。後には社殿を再建、祭田を寄附した記録まで残るという。この神社が後の神田明神である。

将門の乱（940年）後に、迫害を受けた将門の一族を柴崎村の住民はあたたかく迎える。相馬郡にある神田山《からだやま》に埋葬されていた将門の遺体は境内に埋葬し塚を立てた。かつての将門からの温情に返礼した形だ。神田明神は2度の移転を経て現在地に鎮座するが、もとの千代田区大手町には、この塚が現在も将門塚として残る。明治以降、神田明神は主祭神に大己貴命《おおなむちのみこと》、配神を将門と位置付けたが、江戸時代までは平将門の霊を主祭神として祀ってきた。

神田明神の祭礼「神田祭」は江戸時代、祭礼の際に江戸城内へ山車などが練り込み、将軍も楽しんだ、山王祭とならぶ天下祭だった。往来での祭り見物客は、一間庇《ひさし》に桟敷《さんじき》席を設けて見物した。

通りに面した大鳥居
天下祭を擁する神社に相応しい、堂々とした鳥居。

男坂
江戸時代は石坂と呼ばれ、明治時代に入り男坂となる。

江戸総鎮守の名に相応しい社殿

現在の社殿は1934（昭和9）年の造営。1945（昭和20）年の東京大空襲を耐え抜き、今に至る。

神田明神祭の行列

山車と大勢の人が練り歩く行列には、見物客が殺到する。

東京

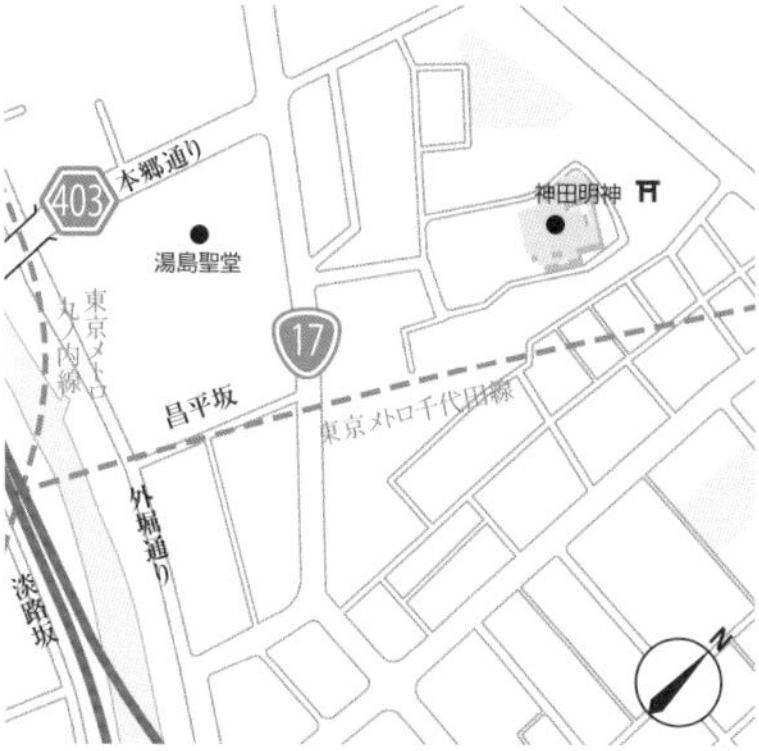

現在の神田明神に向かう参道は、表のほか、男坂、女坂、裏参道（旧女坂）がある。

江戸

当時の神田明神周辺。神田明神への参道は2カ所だけだった。

威厳ある江戸の総氏神

日枝神社《ひえじんじゃ》・山王祭《さんのうさい》〈千代田区永田町2-10-5〉

江戸城を大改造した際、城内の紅葉山から

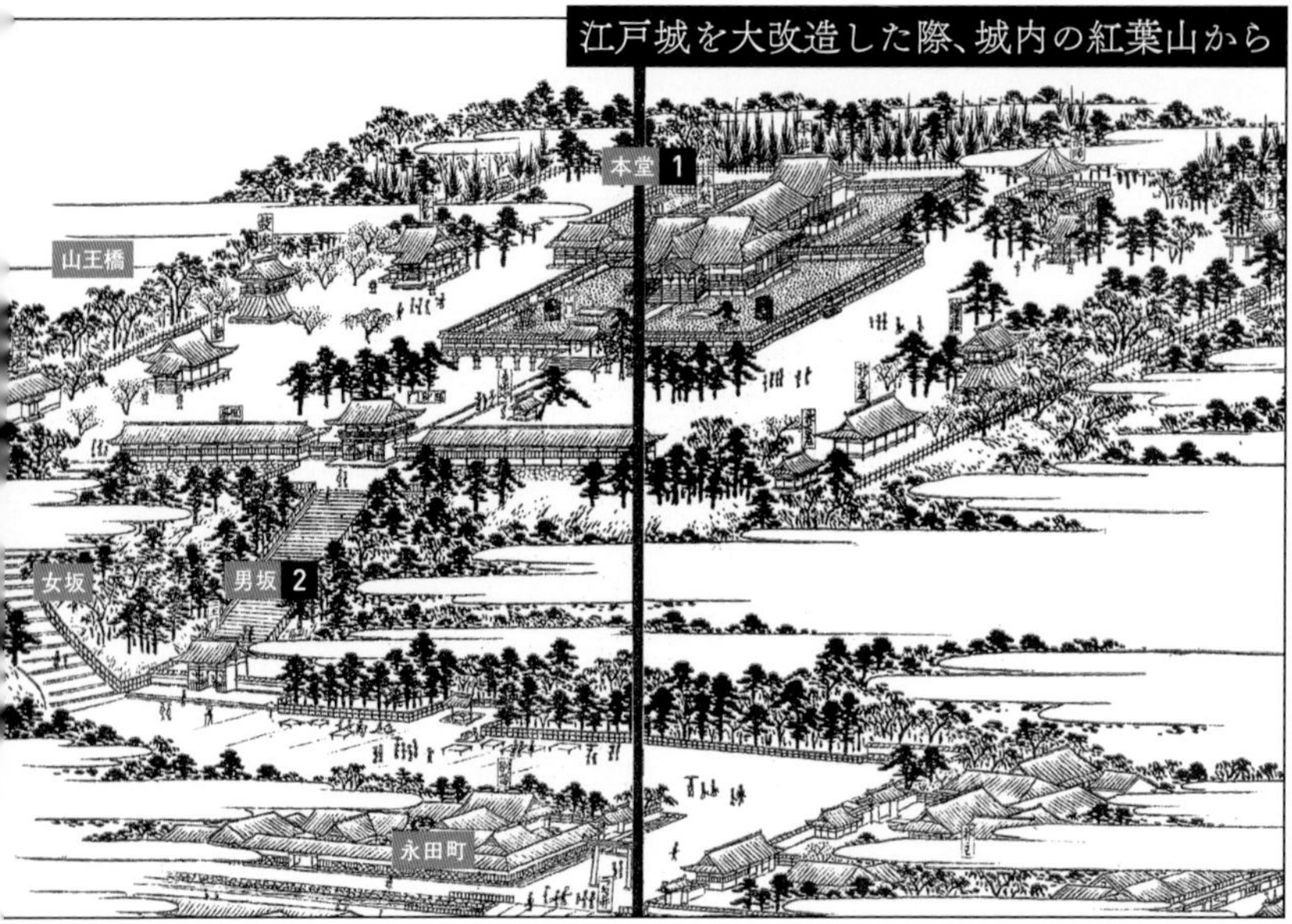

山王祭の山車《だし》行列の様子

アップと俯瞰とで描かれた図会からは、山王祭を楽しむ人々と、賑わう町の様子が伝わってくる。

男坂と鳥居

図会と変わらない傾斜の男坂。鳥居は特徴的な「山王鳥居」。

門から本堂をのぞく

家綱により造営された社殿は東京大空襲で消失。再建は昭和33（1958）年。

日枝神社は、将軍の産土神《うぶすながみ》として保護され、参詣を得た。それ以前、江戸氏が江戸の守護神として山王宮を祀ることに始まる。太田道灌《おおたどうかん》が江戸城を築城する際は、そこへの鎮護として川越日枝神社を勧請した。徳川家《とくがわいえ》康《やす》が江戸に入府した後も、城内の鎮守として保護され、2代将軍秀忠《ひでただ》の代に城外に遷祀《せんし》された（現千代田区隼町、国立劇場付近）。この時から、広く一般庶民も参拝できるようになり、江戸の総氏神として崇敬されるようになる。

1657（明暦3）年の大火により、社殿が炎上すると、時の将軍家綱《いえつな》は赤坂の溜池を臨む丹波福知山藩邸地を社地に充て、社殿を権現造で造営した。現在も日枝神社が鎮座するこの地は、江戸城から見て裏鬼門にあたる。

隔年で行われる祭礼天王祭は、神田祭とともに、将軍のお目通りを許された天下祭りである。図会では御旅所に向かう行列を描く。商家の前の庇下はどこも桟敷に変わり、見物人が行列を楽しむ。行列する通りに通じる道には

境内へと続く緩やかな女坂

江戸時代、坂を上った先には小高い丘があり、夜に星がよく見えたことから「星ヶ岡」と呼ばれた。跡地には現在、東急キャピトルタワーが建つ。

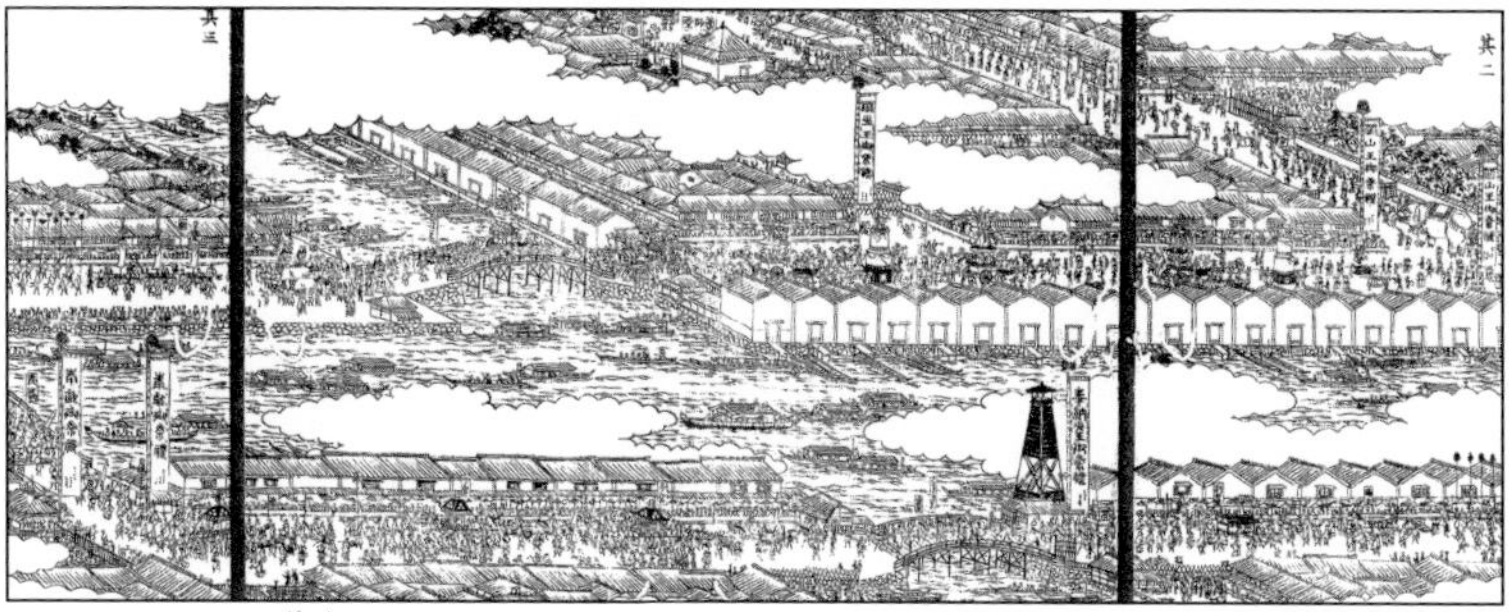

街中を練り歩く山車《だし》の行列

行列と見物客とでひしめく江戸市中。

東京

現在も日枝神社に向かう参道は健在で、山王坂と呼ばれる。

江戸

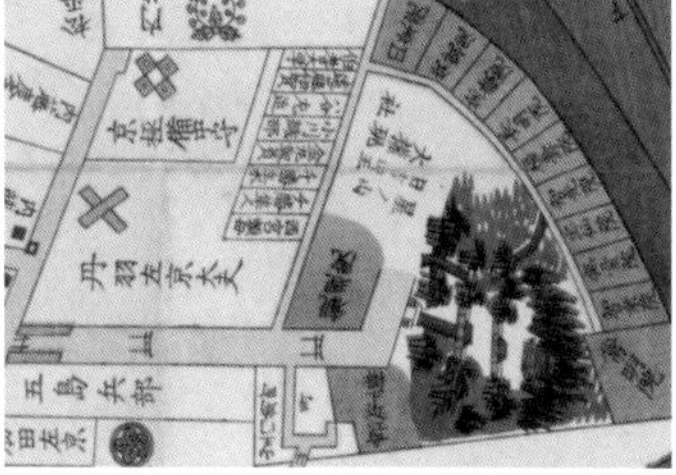

当時の日枝神社周辺

柵が施され、見物人が溢れかえる。祭りの時は、商いがないため、河岸に働く人の姿はない。川に浮かぶ船はどれも屋形船であり、そこからのんびりと祭り見物と洒落《しゃれ》込む。

神田祭といえば大江山鬼の首

神田祭の行列は、未明、御茶の水河岸を通り昌平坂を上り、右に本郷竹町の方へ曲って、本郷通りへ出る。神田明神の前から湯島の坂を下り、筋違御門へ向かうと、神田須田町鍋町、飯田町を通り、中坂を登って田安御門から江戸城御曲輪内へ入る。竹橋御門から出た神輿は、一橋家上屋敷の敷地内へ入り、奉幣《ほうへい》する。これは、この敷地が神田明神の旧地だった縁による。

晩景の頃には山車は終わり、神輿のみで氏子域を廻る。最後は湯島の河岸より聖堂脇の坂を上り、神田明神に戻り還輿《かんよ》する。

神田祭と山王祭

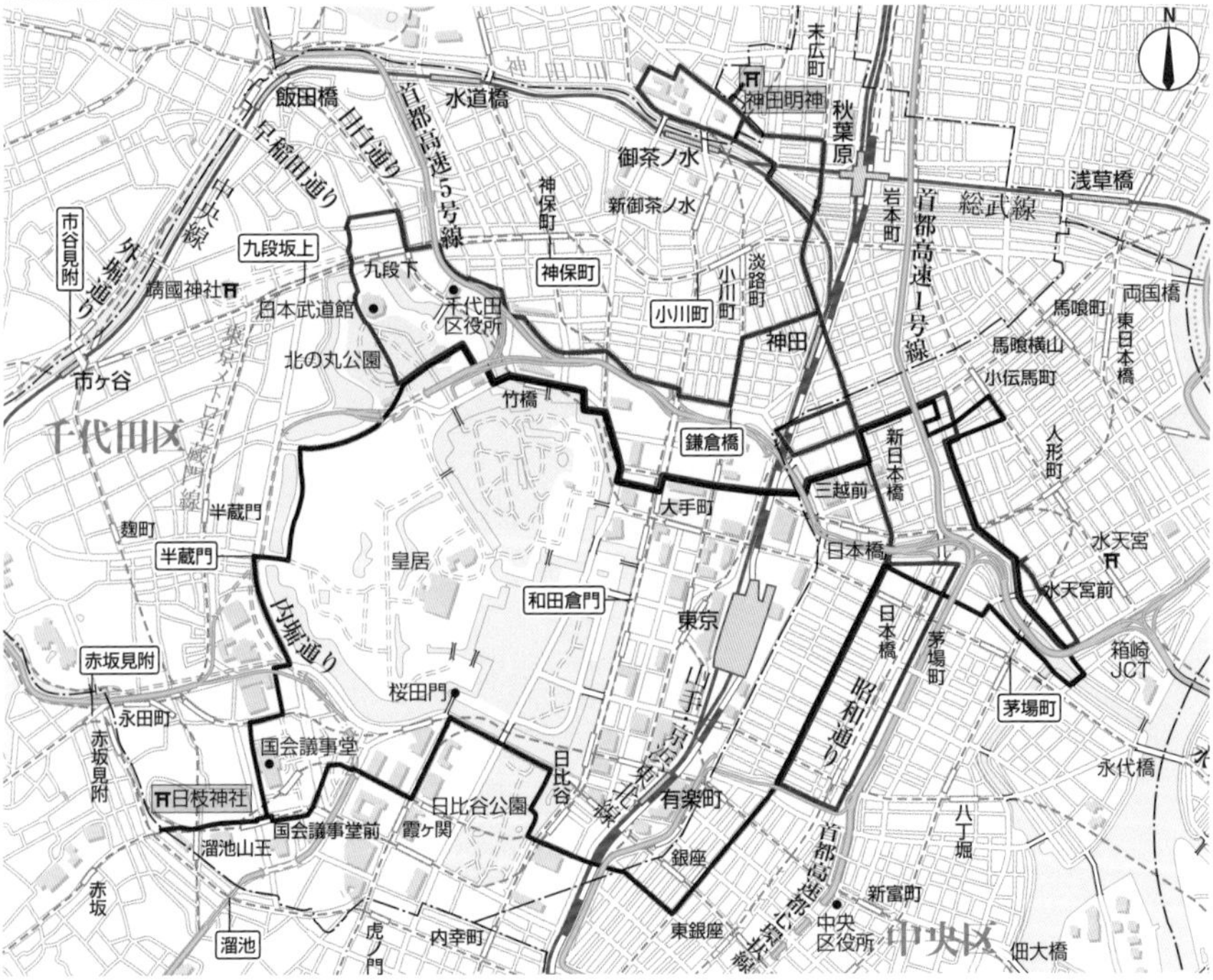

神田祭のルート　山王祭のルート

江戸時代の渡御ルート

山王祭の目玉、神幸祭《じんこうさい》

山王祭の山車練り物は、未明に日枝神社を出ると、井伊家上屋敷の裏手から武家地を抜け、御堀（桜田濠）端の通りから右手にある半蔵門より御内廓へ入る。将軍御上覧所の前を抜け、竹橋御門を出て常磐橋御門まで来ると、山車練り物は退散する。

その後行列は、氏子域の町人地を巡り、途中、御旅所で奉幣と神饌を献上する。山下御門に入ってからは、日比谷御門の御堀端から、桜田御門前の通りを南に進む。広島藩浅野家上屋敷と福岡藩黒田家上屋敷の間の霞が関坂を上がり、日枝神社へと向かい還輿する。

map 31

江戸城からきた地名の由来

平河天満宮《ひらかわてんまんぐう》〈千代田区平河町1-7-5〉

平河天満宮は、太田道灌《おおたどうかん》が川越城築城の際に祀っていた三好野天神を江戸城内に勧請、創建したことに始まる。徳川家康《とくがわいえやす》の江戸入府後、江戸城本丸が修築されることになり、城門外に移った。城内の梅林坂辺り（現平川濠の梅林御門付近）が旧跡という。移動先（現在地）は、当初、境内周囲を旗本屋敷が取り囲んでいたが、明暦の大火以降、町人地に変貌した。

石段を上がり、鳥居をくぐる現在の光景は、図会に描かれた世界と重なる。同鳥居は千代田区内で最も古く、その先に置かれた狛犬も現存する。天満宮のシンボル、梅も健在。

昔を伝える鳥居と狛犬

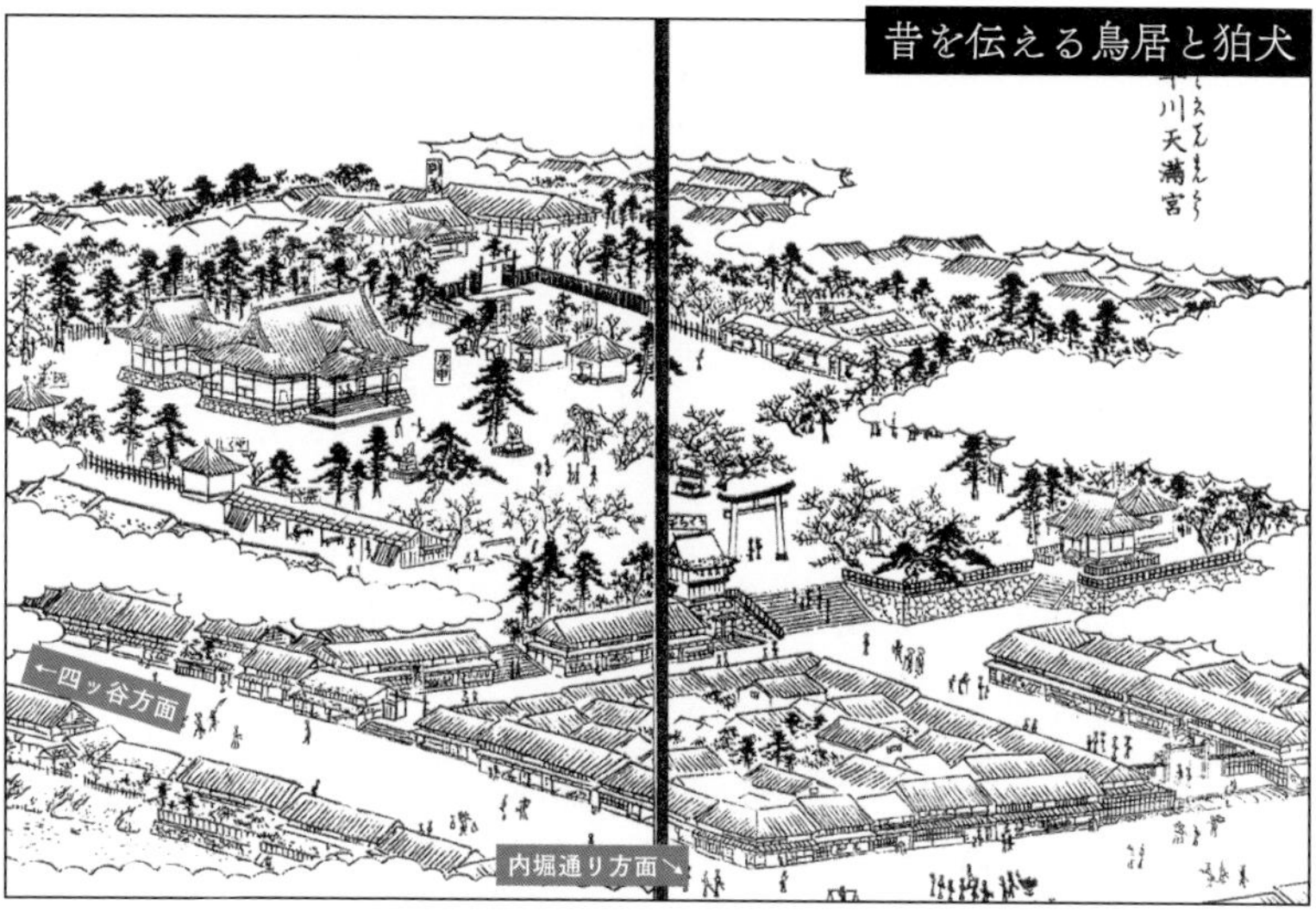

オフィス街の真っただ中に鎮座

江戸時代には武家屋敷に囲まれていた平河天満宮。建物と時代は変わったが、サラリーマンの街に囲まれている点では同じ。

狛犬

石像の銘文には、1801（享和元）年に麹町周辺の人々によって奉納され、1852（嘉永5）年の再建とある。

東京

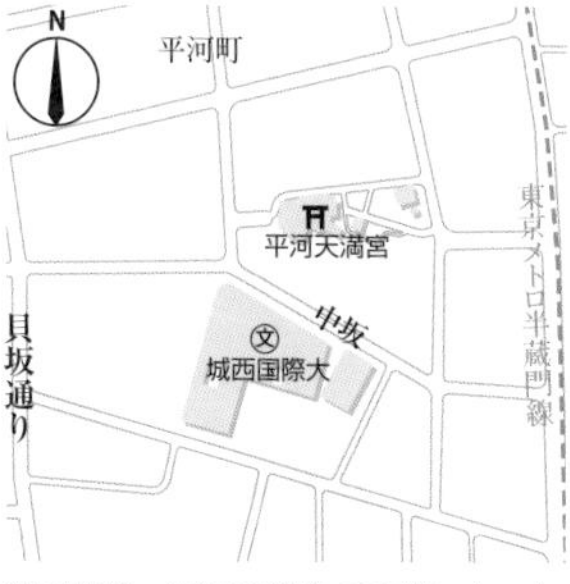

江戸時代、平河天満宮の南側にあった馬場の一部は、現在城西国際大学のキャンパス

江戸

当時の平河天満宮周辺

江戸七氷川の筆頭を務める

赤坂氷川神社《あかさかひかわじんじゃ》〈港区赤坂6-10-12〉

緑深い鎮守の杜は江戸時代から

朱塗の柱が美しい

外観だけでなく、格天井や屏風に代表される内装も壮麗。都重要文化財。

寺に見られる形式の門

本殿前にある楼門は、神社では珍しく、寺によくある形。

江戸時代から残る手水舎

氷川神社の創立起源は、村上天皇の時代、951（天歴5）年にまで遡る。場所は武蔵国《むさしのくに》豊島郡《としまごおり》人次ヶ原《ひとつぎがはら》、現在の赤坂4丁目の一ツ木台地に祀られたとされる。その約100年後、後冷泉天皇の時代から頻繁に祭礼が行なわれるようになった。1066（治暦2）年に関東で起こった大干ばつがきっかけという。干害に苦しむ村人たちが、氷川神社で雨乞いの祈りを捧げたところ、雨が降ってきたことから、祭礼が始まったそうだ。

江戸時代に入ってからは、徳川家に厚く信仰され、保護されてきた。8代将軍吉宗《よしむね》は1729（享保14）年に老中水野忠之《みずのただゆき》に命じて現在地に社殿を造営させた。翌年には一ツ木台地から現在地への遷宮が行われ、将軍自ら参拝した。現在の社殿はこのときのもの。以後、14代将軍家茂《いえもち》まで、歴代の将軍から社領安堵の朱印状が下され、麻布氷川神社、渋谷氷川神社、簸川《ひかわ》神社などとともに江戸七氷川に数えられ、その筆頭となった。

木々に囲まれた清らかな境内

境内には勝海舟ゆかりの稲荷神社を祀る。4つの稲荷神社を合祀していることから、四《し》合《あわせ》稲荷神社と呼ばれる。

図会男坂上の鳥居

男坂を登ると鳥居がお出迎え。しかしまだ本殿は遠い。

浅野土佐守邸跡の札

忠臣蔵で有名な浅野《あさの》内匠頭《たくみのかみ》夫人瑶泉院の実家。内匠頭切腹の際、夫人がここに引き取られたという。現在は少し開けた空き地になっている。

表参道側の鳥居

現在は直接本殿の正面からも入れる。

東京

本氷川坂は現在も趣のある風情を醸す

江戸

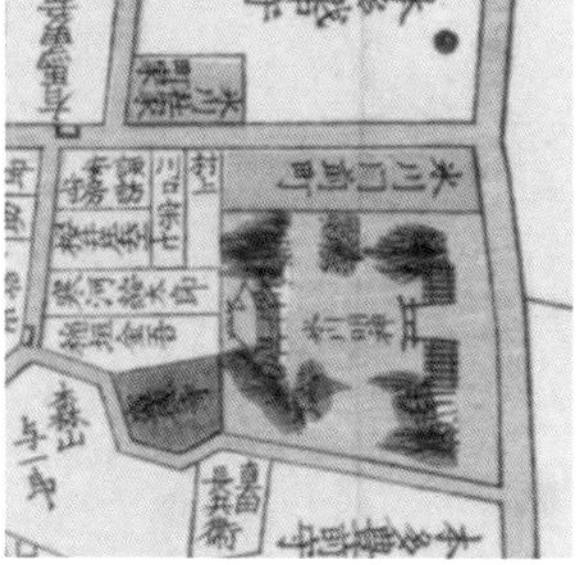

当時の赤坂氷川神社周辺

図会には、現在も配置関係の変わらない、境内の様子が詳細に描き込まれている。惣門を入って左手、雲で隠された辺りには門前の茶屋が並び、参拝客で賑わう風景があった。

芝・高輪
エリア

map 33

芝に鎮座する徳川の菩提寺

増上寺《ぞうじょうじ》〈港区芝公園4-7-35〉

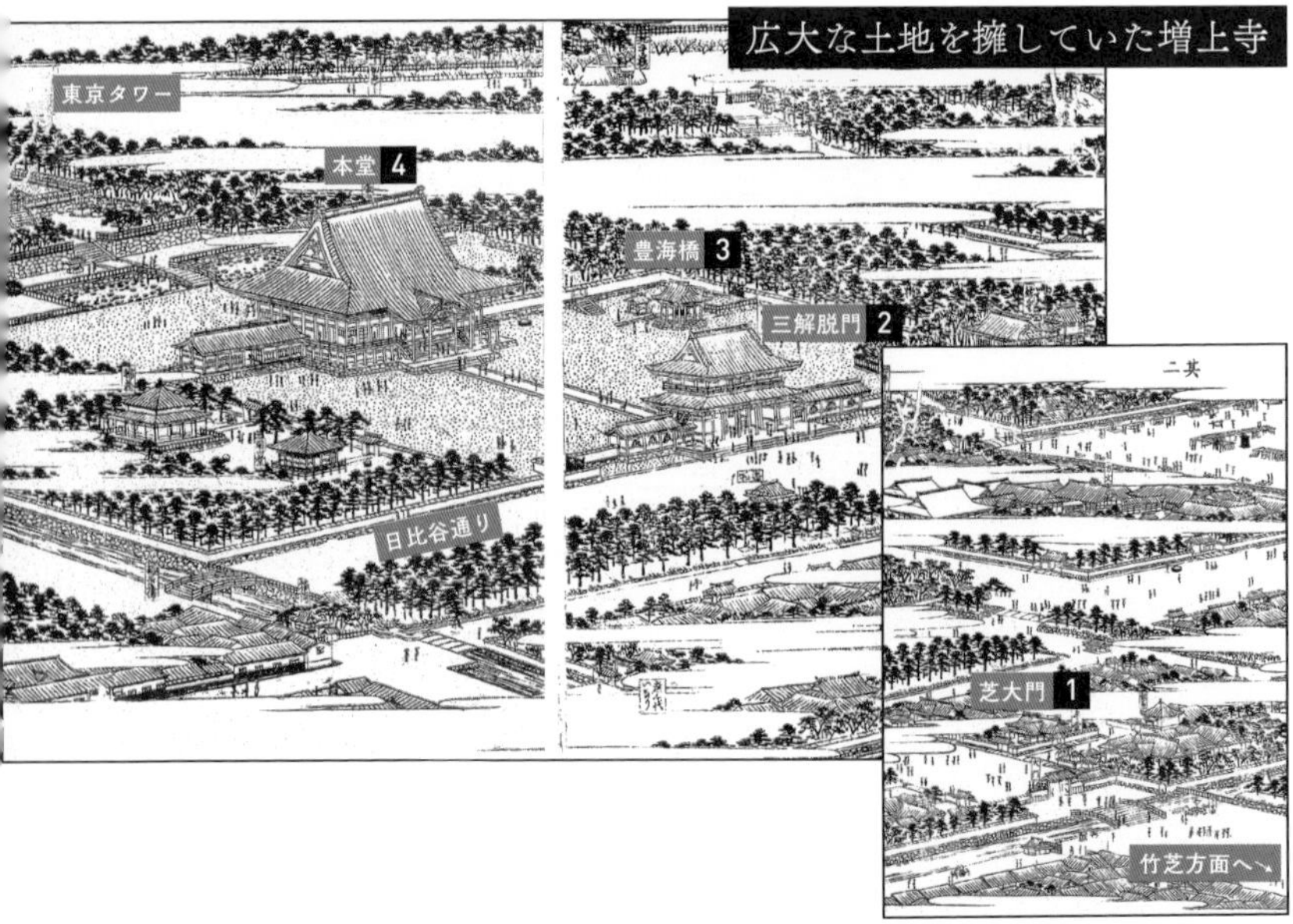

三解脱門《さんげだつもん》と本殿前で行われる雅楽の演奏と舞

王朝の雅が披露される光景は、天皇の勅《ちょく》使《し》を迎える徳川将軍の重要な玄関の寺と分かる。

葵の紋が誇らしげな芝大門

徳川の菩提寺である証がまぶしい芝大門。長く、車道にできるほど広い参道は当時のままだ。

増上寺の前身は、800年代、空海の弟子が武蔵国《むさしのくに》貝塚（現千代田区麹町・紀尾井町付近）に建立した真言宗光明寺。その後、室町時代に浄土宗に改宗、増上寺と改めた。

徳川家との出会いは徳川家康《とくがわいえやす》の江戸城入府の際、増上寺の前で慈昌《じしょう》と対面したことだといわれている。徳川家の菩提寺となった増上寺は、貝塚から一時日比谷に移り、1598（慶長3）年に現在地の芝に広大な敷地を与えられた。家康は東海道の守りを固める重要な寺院として位置づけ、菩提寺にするとともに、学問所及び養成所である檀林を設置するなど、増上寺に重きを置いた。

江戸時代から変わらず人気の高い『忠臣蔵』では、天皇の勅使を迎える際、吉《き》良《ら》上野介《こうずけのすけ》が浅野内匠頭《あさのたくみのかみ》に故意に重要な変更事項を教えなかったことから、殿中刃傷を招くことになる。この事件からさかのぼること20年前、浅野内匠頭の叔父が増上寺で刃傷事件を起こしているという不思議な因果もある。

超高層ビル上階から見た増上寺

増上寺が持つ土地は縮小されているものの、かつての増上寺境内には今もなお緑が広がり、当時の広さを感じることができる。

徳川家の威容が偲ばれる本堂

威風堂々たる本堂の背後には、土地提供を受けた東京タワーが見える。

こちらも江戸時代のもの・大梵鐘

東日本最大級にして、江戸三大名鐘のひとつ。あまりの大きさに、鋳造は7回を要したという。

明治維新後の神仏分離令の影響で規模が縮小され、境内は芝公園となった。東京大空襲では徳川家霊廟、五重塔をはじめとした遺構を失う。戦後の東京タワー建設時には、墓地の一部を土地として提供した。

東京

増上寺は小さくなっているが、土地や道の使い方は引き継がれているものも多い。

江戸

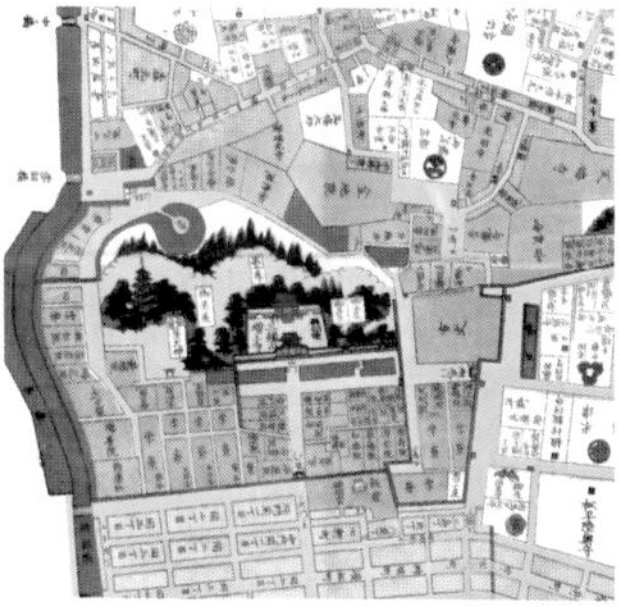

当時の増上寺周辺

map 34

江戸城裏鬼門を担った八幡

西久保八幡神社《にしくぼはちまんじんじゃ》〈港区虎ノ門5−10−14〉

度重なる焼失を乗り越えて

境内で大相撲

度重なる火災の合間、3度ほど境内で行なわれた大相撲には、有名な阿武《おうの》松緑《まつみどり》之助《のすけ》も参加した。写真の本殿は建て替え前の姿。

江戸

当時の西久保八幡神社周辺

東京

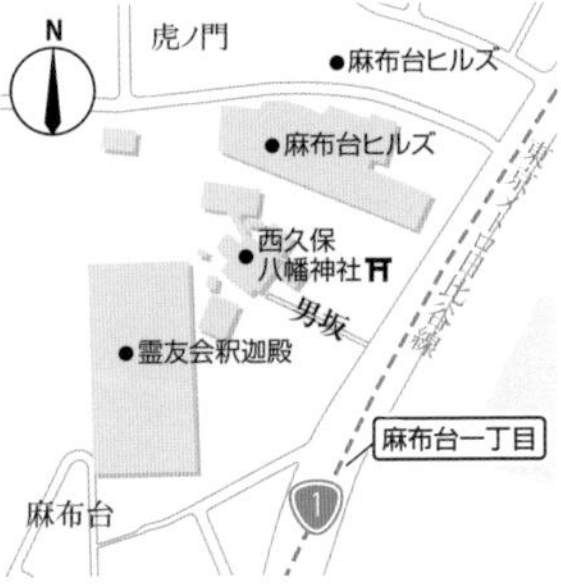

現在の西久保八幡神社周辺は大規模な再開発が進められ、風景が大きく変化した。

寛弘年間（1004〜1012年）に霞が関あたりに創建され、1457（長禄元）年、江戸城築城と同時に現在地に遷された。当時、新橋から増上寺の門前あたりまでが一面遠浅の海で、東海道は増上寺の裏手（現桜田通り）を通り江戸に抜けた。このため、西久保八幡神社には江戸城の裏鬼門として街道筋を押さえる役割があった。

社殿は、2代将軍秀忠《ひでただ》の正室、江《ごう》が関ヶ原の戦いの戦勝祈願成就のお礼として、子の家光に建立を遺言して造営させたものだ。焼失した東京大空襲の後も造りはそのままに再建され、国道1号線拡幅工事に伴う一部移築がなされた。また、近年は本殿が新築。現在の姿となる。

神社への入り口

桜田通りから少し入ると、鳥居と急な男坂が見える。坂を上った先の閑静な景色は、都会の喧噪を忘れさせる。

芝・高輪エリア

map 35

高山稲荷神社《たかやまいなりじんじゃ》〈港区高輪4-10-23〉

高山から江戸湾品川沖を一望

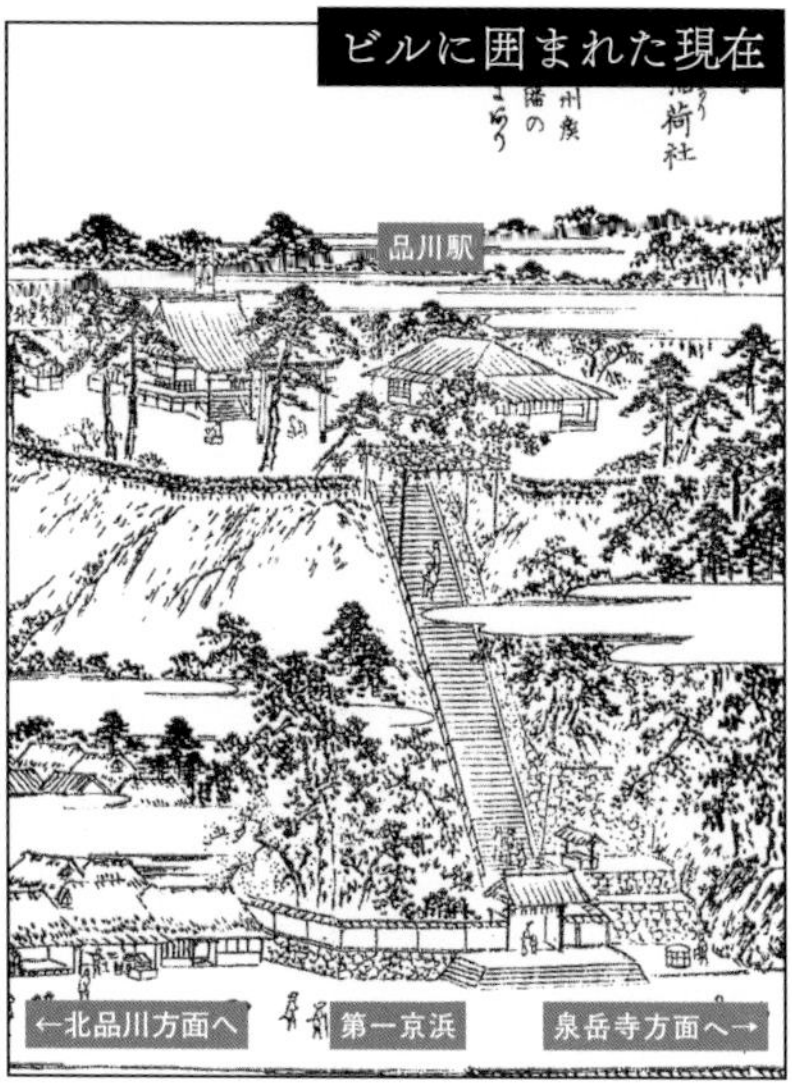

ビルの谷間、歩道ぎりぎりに建つ

かつては長い階段の先、山の上にあったため、江戸―房総を行き来する舟の目標ともなった。

東京

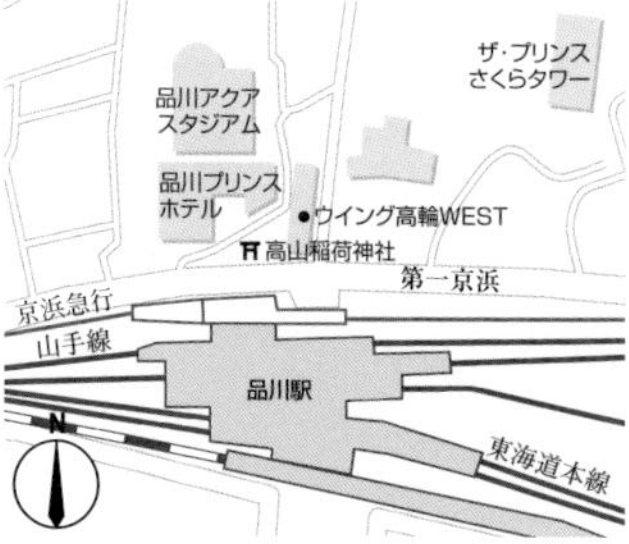

現在海は見えず、第一京浜と品川駅・周辺施設が立ちふさがっている。

江戸

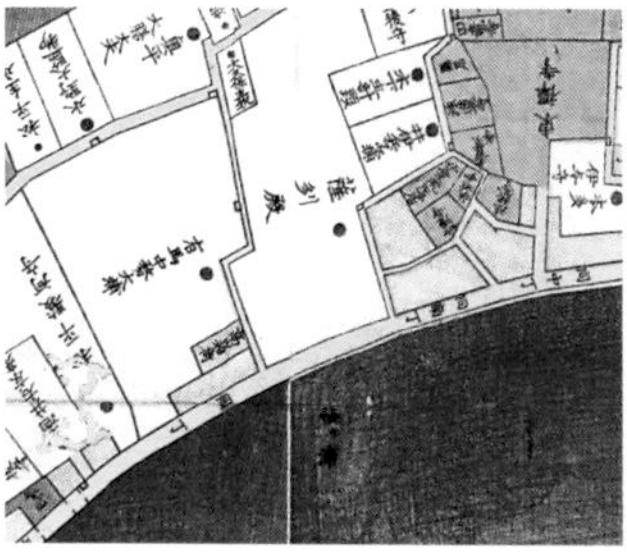

高山稲荷、とある眼前には海が広がっている。

高輪周辺は小高い丘陵で、社殿は二百数十段の石段を上った山の上にあった。そのため、高（い）山（の）神社と称されたと伝えられてきた。

明治初年、社に近い有馬家の下屋敷を手に入れて邸宅を構えた毛利元徳《もうりもとのり》が広大な敷地を寄進し、社の規模が拡大する。高山稲荷神社がクローズアップされたのもこの頃。明治天皇が江戸城入城のために、京都から江戸へ向かう際、ここで休息した。天皇は高山稲荷神社の高台から、江戸湾を一望したことだろう。

関東大震災後の国道拡張では、境内地が削られ参道も失う。社も高台の下、ビルの谷間に埋もれるように建つ。

『忠臣蔵』義士たちが眠る
泉岳寺《せんがくじ》〈港区高輪2-11-1〉

当時から整然佇む四十七士墓所

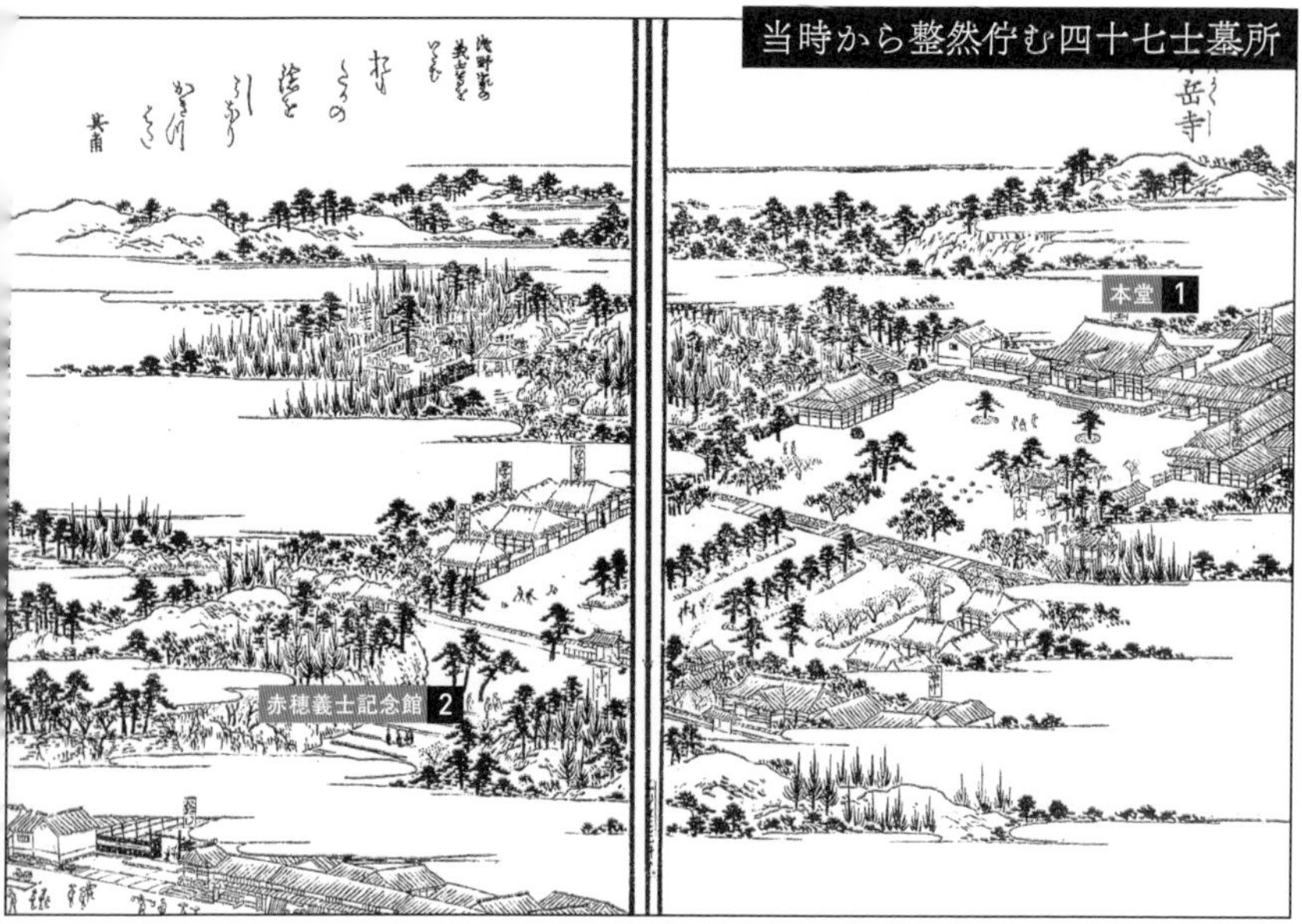

2 四十七士ゆかりの品々が展示されている記念館

1 風格のある泉岳寺本堂

戦後に再建された本堂には、ご本尊のほか、大石内蔵之介の守り本尊も納められている。

1612（慶長17）年に徳川家康《とくがわいえやす》が外桜田に門庵宗関《もんなんそうかん》を招いての創建。1641（寛永18）年に起きた寛永の大火では本殿が焼失してしまうものの、その後、3代将軍家光《いえみつ》の命により、毛利・浅野・朽木・丹羽・水谷の5大名が現在の高輪の地で再建に尽力する。このような縁もあって、境内には浅野家代々の墓所がある。

浅野家で有名人といえば、元禄赤穂《あこう》事件として後年歌舞伎などに取り上げられた浅野内匠頭《あさのたくみのかみ》（浅野長矩《ながのり》）。泉岳寺には彼のほか、吉良邸へ討入りした大石《おおいし》内蔵之助《くらのすけ》をはじめとする赤穂浪士も葬られ、現在も多くの参拝客が訪れる。毎年4月初旬と12月14日には義士祭が催される。赤穂義士ゆかりの品を所蔵する「赤穂義士記念館」もある。だが、これには逸話が残る。義士の討入りの後、当時の住職は義士の所持品を売り払って収益を得ていたという。そのことに世間の批判が集まると、あわててこれらを買い戻したそうだ。

図会に描かれた江戸時代後期、階段

今も墓参者が絶えない赤穂浪士の墓

「四十七士」として有名だが墓の数は48基。家の事情で討入りに参加できないことを理由に切腹した萱《かや》野《の》重実《しげざね》の供養碑も含まれる。

江戸後期に建てられた山門

東京大空襲をくぐり抜け、当時の姿を今に伝える山門には、1階天井に銅彫りの龍がはめ込まれ、2階に十六羅漢が安置されている。

四十七士墓所に向かう立派な参道

参道奥の門は浅野家鉄砲洲上屋敷の裏門を移築したもの。

状の坂の上、中門を入った両側には、僧侶の寄宿・修学する学寮が並ぶ。僧が掃除をする姿も細かく描き込む。本堂を正面に見て左側の少し小高い森の中に赤穂義士の墓所が設けられた。場所は現在も変わらない。

東京

東海道から泉岳寺本堂へ向かう道筋は現在もあまり変わっていない。

江戸

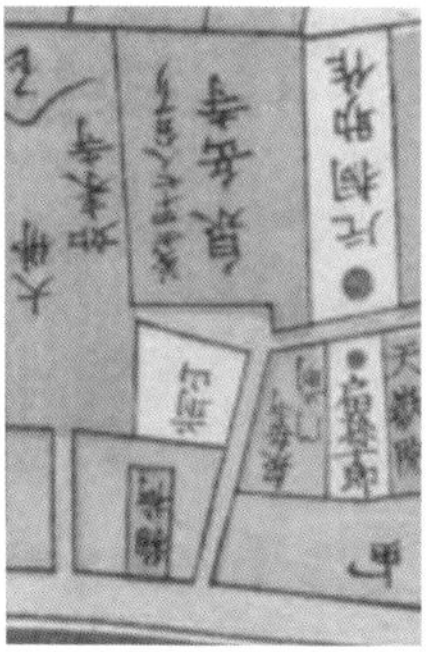

当時の泉岳寺周辺

四谷・市谷
エリア

map 37

神田、日枝と並ぶ江戸の三社

赤《あか》城《ぎ》神《じん》社《じゃ》〈新宿区赤城元町1-10〉

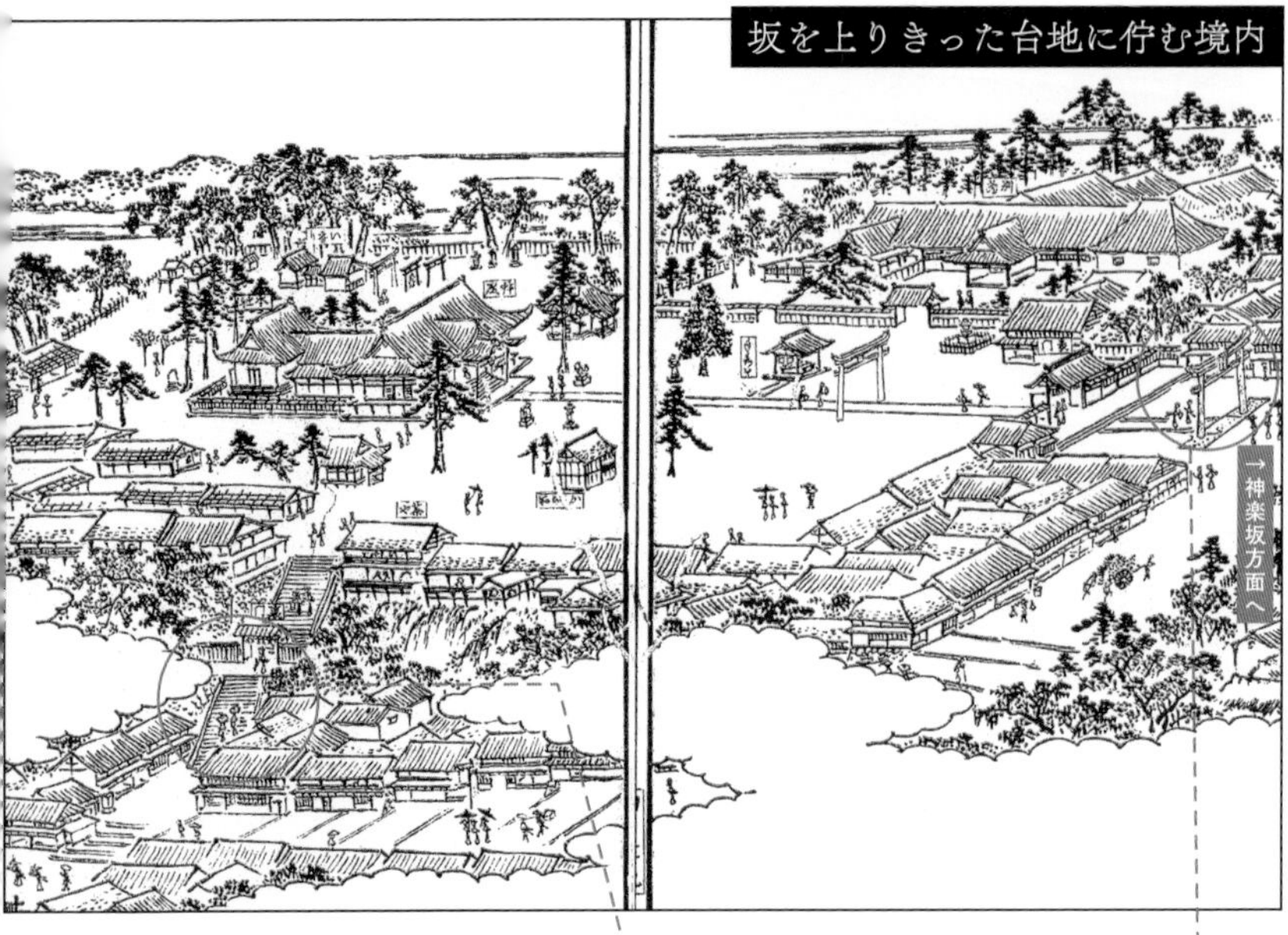

坂を上りきった台地に佇む境内

図会そのものの北参道側の景色
裏にまわって北参道を見てみると一転、こちらには江戸の急斜面が色濃く残る。参道下の赤城坂もなかなかの絶壁だ。

階段奥に赤城神社が見える
赤城坂から赤城神社に向かう北参道の石段

牛込の坂に面した表門の鳥居
表参道には朱色に輝く鳥居が置かれている。

赤城神社の歴史は古い。1300（正安2）年、群馬県赤城山麓の豪族が牛込に移住した時、出身地の鎮守である赤城神社を現在の早稲田鶴巻町への分祀が始まりという。そこには現在、元赤城神社が残る。

赤城神社の神威を大切にした太田道《おおたどう》灌《かん》は、1460（寛正元）年、牛込台（現飯田橋駅付近）に遷座させた。さらに1555（弘治元）年、現在の光照寺（新宿区袋町15）のあたりに居城・牛込城を構えた牛込氏がさらに遷座させ、現在の場所に落ち着いたという。

1683（天和3）年になると、徳川幕府により赤城神社が江戸大社の列に加えられ、牛込の総鎮守と崇められた。祭礼の際に山車や練物が江戸城内に入ることを許されたため、赤城神社は、日枝神社、神田明神と共に、「江戸の三社」と称された。

赤城神社は牛込台地の突端付近に位置し、牛込御門から神楽坂を上りきった、比較的平坦な台地上に境内がある。画面右手、神楽坂側からの参道は平坦

赤城神社再生プロジェクト

2009（平成21）年、上記プロジェクトによって赤城神社は生まれ変わった。デザイン監修は氏子でもある隈研吾。

東京

現在の赤城神社周辺。本殿と参道・北参道との位置関係は昔と変わらず残っている。

江戸

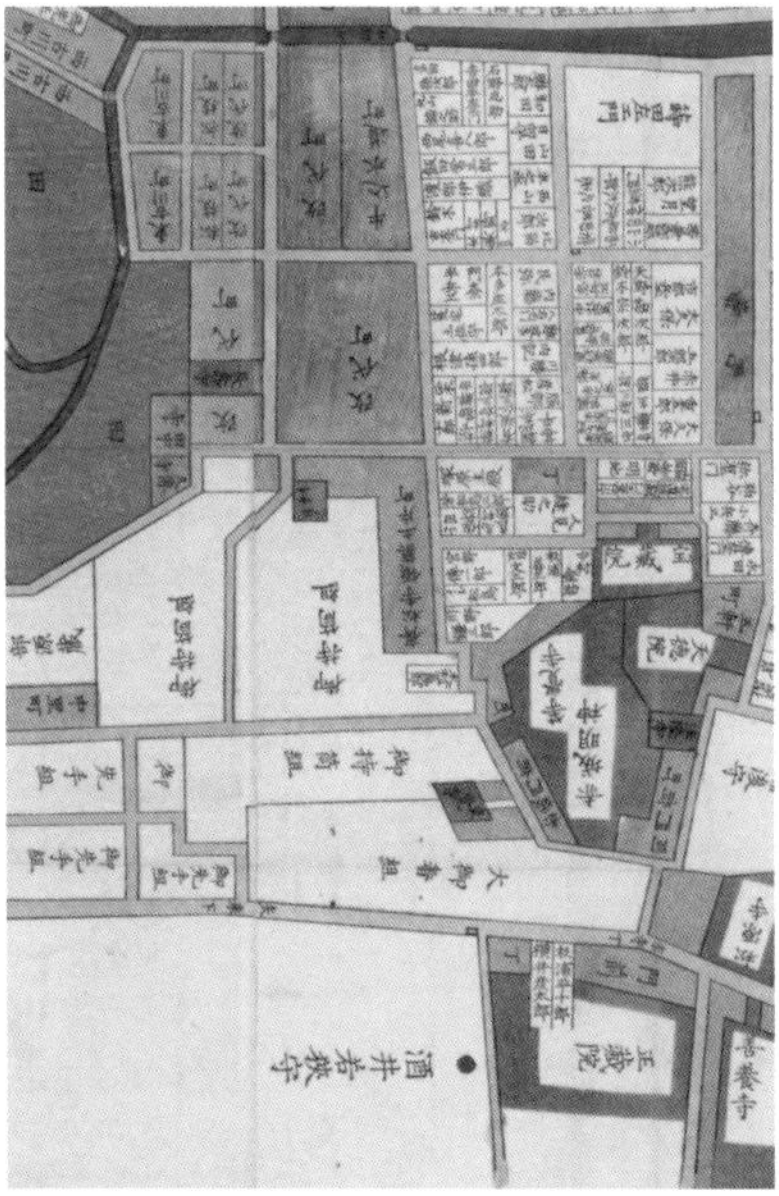

当時の赤城神社周辺

だが、社殿の背後の北側と西側が急な崖となっており、西側からは急な石段を何段も上がらなければならない。この傾斜は現在も健在だ。

茶屋や芝居小屋が並んだ

市谷亀岡八幡宮《いちがやかめがおかはちまんぐう》〈新宿区市谷八幡町15〉

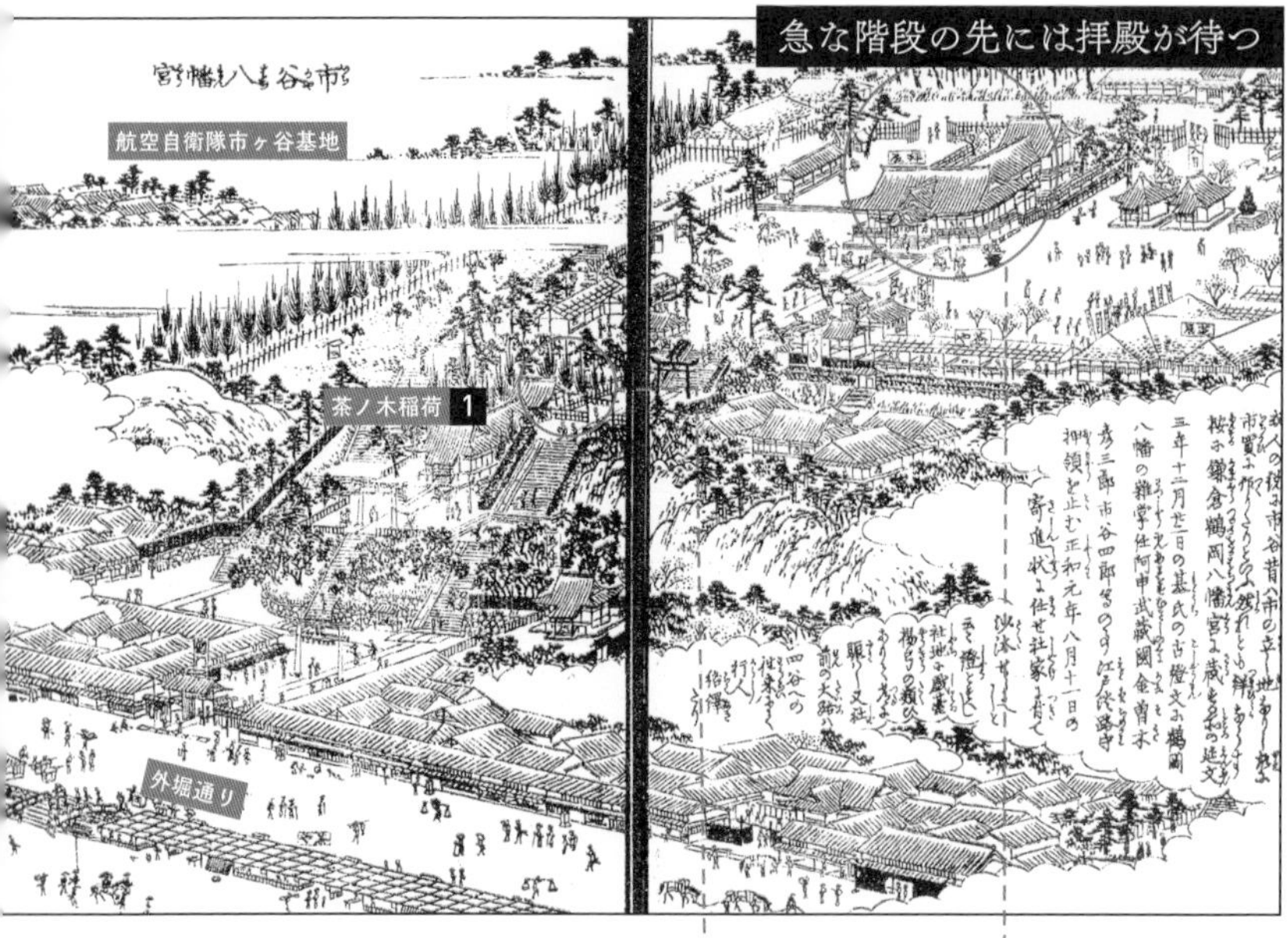

こちらも階段途中の茶ノ木稲荷

もともと祀られていた茶ノ木稲荷。

急階段の途中にある金毘羅宮《こんぴらぐう》

金毘羅宮には交通安全・海上守護のご利益がある。多くの船が飯田濠まで行き来していた。

百度石や力石など見所も多い

百度参りのための百度石、力比べのための力石など、当時の賑わいを想像できる。

太《おお》田道灌《たどうかん》は関東平野の要に江戸城を築くと、江戸城西方の守護神として、市谷御門内に鶴岡八幡宮の分霊を勧請した。これを鶴に対して亀、亀岡八幡宮と称した。

天正年間（1573〜92年）に戦火で破壊され荒廃したが、別当の源空《げんくう》が小規模ながらも自力で再建する。外濠が完成すると、その外側にある市谷の稲荷神社地内に遷座。この稲荷神社は、現在、市谷亀岡八幡宮石段の中程にある茶ノ木稲荷で、弘法大師《こうぼうだいし》が御鎮祭したと伝えられる。この辺りは当時、市買村と呼ばれ、田を守る稲荷神を鎮守として祀られてきた。

その後、由来を聞いた徳川家が莫大

境内にある出世稲荷大神

夢枕に稲荷大神を見た侍が欠かさずお参りしたところ、大名にまで出世したとか。

東京大空襲の爪痕

かつては高さ約 15m、周囲約 5m の巨大な神木が立っていたという。江戸を探す中、戦災や震災で失われた遺物に悔しい思いをする機会は多い。

江戸

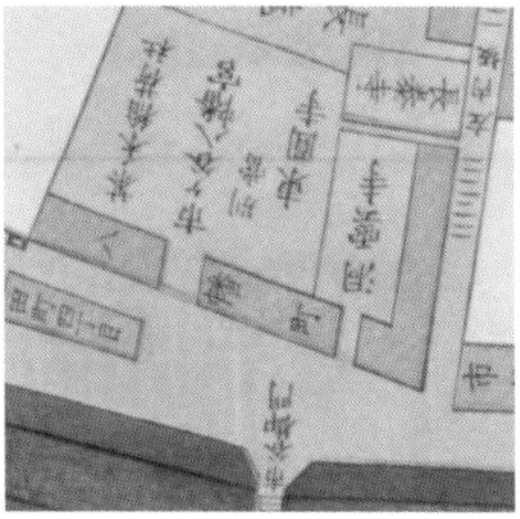

当時の市谷亀岡八幡宮周辺

振り返ると靖国通りと外濠が

急な階段からは外濠まで見下ろすことができる。

珍しい銅製の鳥居

新宿区内ではここにしかない銅製の鳥居。寄進した 442 人の名と職業が刻まれている。

東京

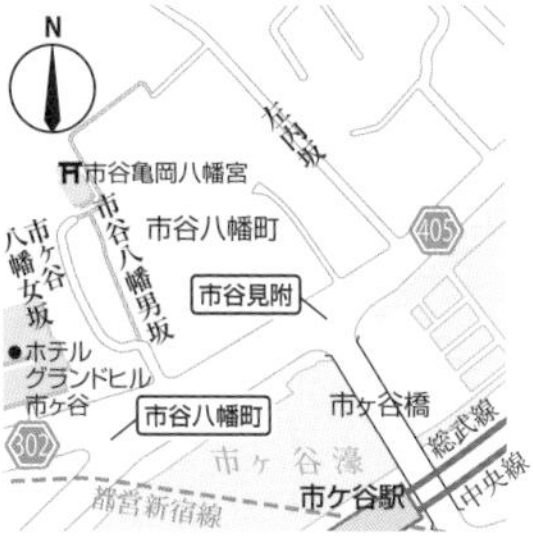

牛込台地斜面に潜む市谷亀岡八幡宮は、現在も神秘的な雰囲気で迎え入れる。

な援助をしたことで、社は賑わいを取り戻す。祭礼の時には境内や石段に、茶屋、芝居小屋、相撲小屋、仲見世、露店が軒をつらねた。しかし、1872（明治5）年には、これらのほか仏殿までも取り壊され、江戸時代の喧燥がうそのように静かになる。東京大空襲では巨大なクスノキの神木も含めて全焼したが再建した。ただし、現在は往事よりも幾分淋しい佇まいである。最近ではペットと参拝できる場所として話題を呼び、人気が出てきた。

map 39

急斜面の上で1200年

筑土《つくど》八幡神社《はちまんじんじゃ》〈新宿区筑土八幡町2-1〉

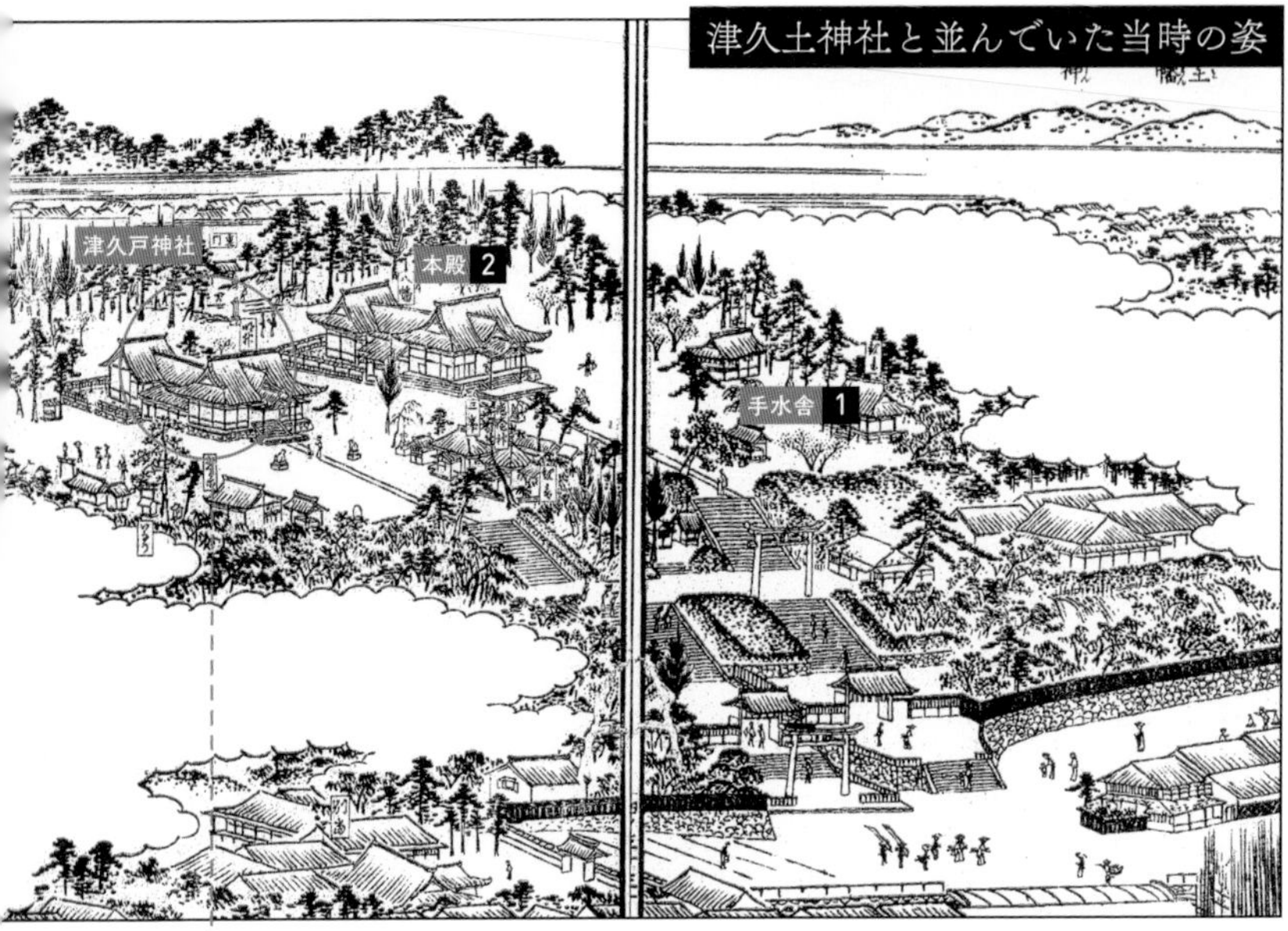

九段に移転した津久土神社（現築土神社）

中坂に面したビルの間に鎮座。狛犬は江戸時代のものを今もそのまま置いている。

入母屋造が美しい本殿

朱塗の柱と青い銅葺き屋根のコントラストが印象的。

2つの柱が対になっている手水舎

四隅に柱が２本ずつの変わった構造。

神田川河岸の低地を臨む台地の際に立地する。筑紫の宇佐神宮の土を礎にしたことから「筑土」の名がつけられたと伝えられる。嵯峨天皇《さがてんのう》の時代（809〜823年）、付近に住む信仰心の厚い老人の夢に八幡神が現われ、そのお告げにより祀られたという。その後、ここへ訪れてその由を聞いた最澄《さいちょう》の弟子は、最澄の作とされる阿弥陀如来像を安置したとの伝承がある。時代が下り文明年間（1469〜87年）になると、この地を支配した上杉朝興《うえすぎともおき》が社殿を建て、周辺地域の鎮守とした。

図会中、筑土八幡神社の左に隣接する津久土神社は、1616（元和2）年、江戸城田安御門付近にあった田安明神が移転してきたものだ。しかし、1945（昭和20）年の東京大空襲で全焼したため千代田区九段北に移転し、築土神社として現在に至る。

一方、筑土八幡神社は、現在でも変わらぬ場所に鎮座し続ける。狭い空間に凝縮された神楽坂や本多横丁を通り抜けて行き、急な参道の階段を登りつ

階段途中の存在感ある鳥居

1726（享保 11）年、下館藩主の黒田直邦によって奉仕された石造鳥居。新宿区内最古の鳥居。

ユニークなデザインの庚申塔《こうしんとう》

奉納されたのは 1664（寛文 4）年。2 匹の猿と桃が彫られたこの構図は全国的にも珍しい。

江戸

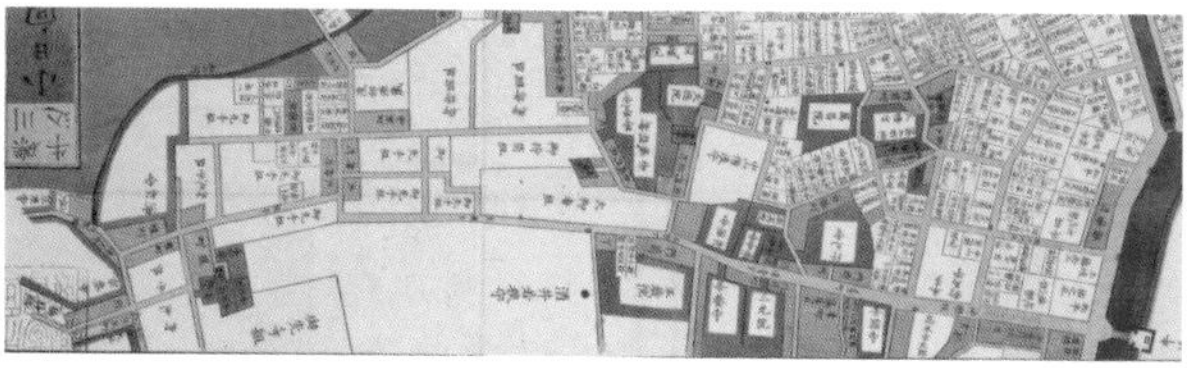

当時の筑土八幡神社周辺。「八幡宮」、「筑土明神」の名で 2 つの神社が併記されている。

東京

筑土八幡神社と築土神社、それぞれの現在地

めれば、対象的に開放された気持ちにさせられる。急な斜面は江戸時代から変わらない風景で、土留め対策として設けられた石積みの擁壁を図会の中に見ることができる。

最盛期には広さ2700石

護国寺《ごこくじ》〈文京区大塚5-40-1〉

「くびれ」が美しい、多宝塔

1938（昭和13）年の再建。

観音堂と呼ばれる本堂

本堂の中には御本尊だけでなく、桂昌院の御髪も安置されている。

台座部分から入る、かなり大きな鐘楼

1682（天保2）年の寄進。護国寺建立の経緯が銘文から読み取れる。

護国寺は、1681（天和元）年、母である桂昌院《けいしょういん》の願いを受けた5代将軍綱吉《つなよし》が亮賢《りょうけん》に高田薬園の地を与え、桂昌院の祈願寺として建立したことにはじまる。亮賢は、桂昌院と綱吉が館林城《たてばやしじょう》にいた頃から信頼されており、綱吉が将軍となった後、住職として招かれる。高田薬園は、1636（寛永13）年に来日した朝鮮使節献上の薬草を栽培するため、開設された。麻布薬園（現・港区南麻布）も同時期の開設。

護国寺は、江戸時代の火事、大正の関東大震災、昭和の戦火をくぐり抜け、江戸の面影を伝える貴重な場所だ。明治と大正にそれぞれ起きた火災で境内の建物の多くが焼失したが、観音堂（本堂）は元禄以来、変わらぬ姿を見せてくれる。近江三井寺より移築された月光殿も、桃山期の美しい建築様式を今に伝え、創建当時のものと伝えられる仁王門や惣門のほか、薬師堂、大師堂、多宝塔、忠霊堂、中門など、多くが保存・再建された。

現在、護国寺に隣接する皇族専用の

音羽通りに面した入口、仁王門

広大な寺地を擁していた護国寺に相応しい仁王門。切妻造の丹塗。

大正時代に再建された大師堂

1701（元禄 14）年造営の旧薬師堂を修理、移築したもの。過度な装飾を避けた渋い造り。

高層ビルの上階から。本堂の銅板がよくわかる

図会のように俯瞰した写真からは、火災・戦災・震災を乗り越え再建された護国寺の、江戸時代と変わらない姿を見ることができる。

おしゃれな手洗水盤

大正までは湧水で自噴していた珍しいもの。

東京

現在も護国寺は緑に包まれ、趣のある雰囲気を醸し出す。

江戸

当時の護国寺周辺

墓地、豊島岡墓地は、1873（明治6）年、明治天皇の第一皇子が亡くなったことをきっかけに、護国寺の敷地東半分を明治政府に召し上げられ、造営したものだ。

江戸三大鬼子母神のひとつ

鬼子母神堂《きしもじんどう》（法明寺《ほうみょうじ》）〈豊島区雑司ヶ谷3-15-20〉

ケヤキ並木を通り抜け、いざ鬼子母神堂へ

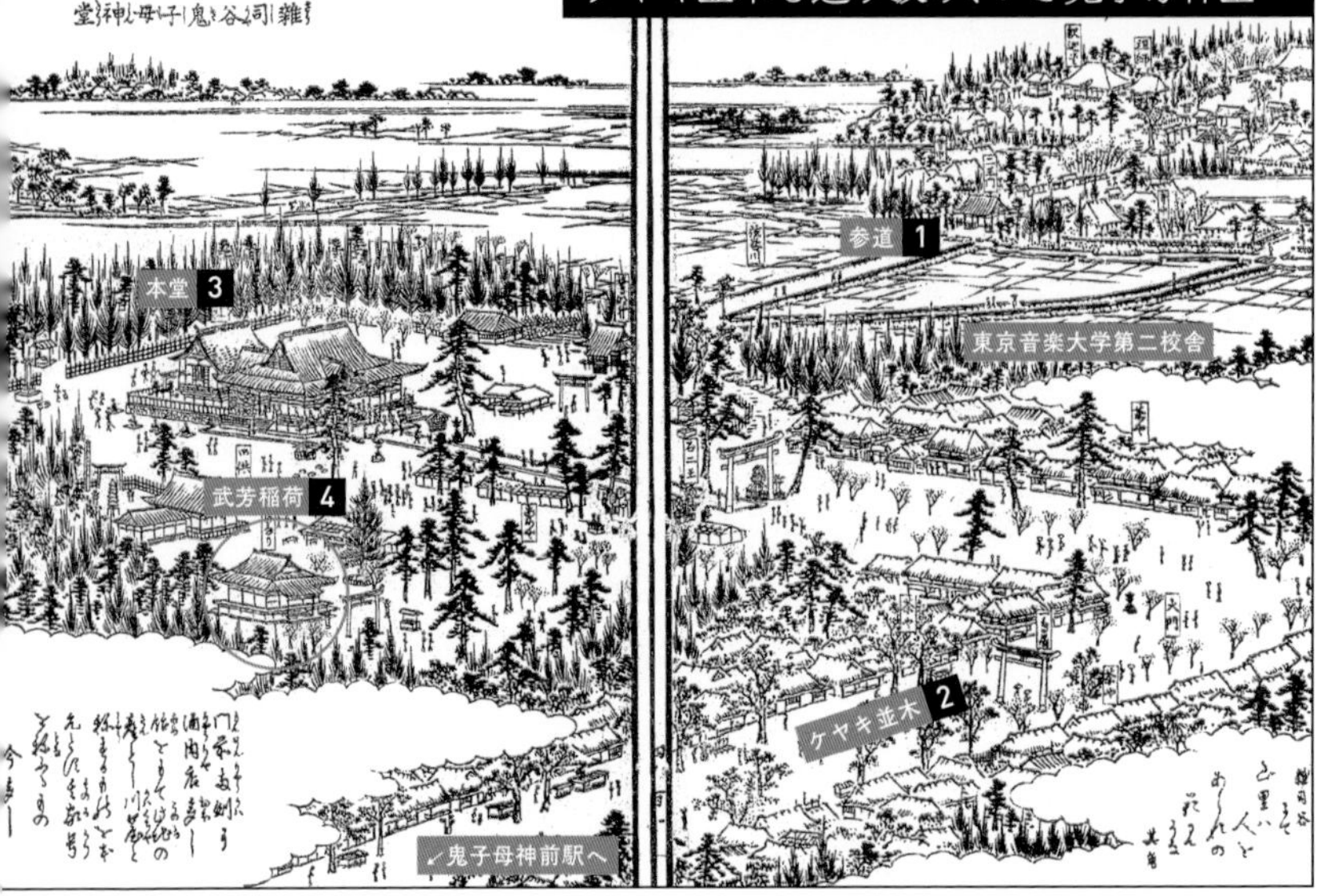

権現造の重厚な本堂

1976（昭和51）年に大修理が行なわれたほかは江戸時代から変わらない。

都電鬼子母神前駅から続くケヤキ並木

ケヤキの中には樹齢400年を超えるものもあるという。かつてと同じように、参拝客を優しく迎え入れてくれる。

法明寺への参道

本院である法明寺へと北東に続く参道。

鬼子母神は、法華経の守護神として日蓮宗・法華宗の寺院で祀られることが多い。ここ法明寺の鬼子母神堂は、「恐れ入谷の鬼子母神」で知られる台東区入谷の真源寺や、千葉県市川市の遠寿院の鬼子母神とともに、江戸三大鬼子母神と称されてきた。

法明寺鬼子母神堂におさめられる鬼子母神像は、室町時代、雑司ヶ谷村小名清土《せいど》（現文京区目白台4-42-23）から掘り出され、星谷の井と呼ばれる井戸（護国寺の西にある谷）で清められた後、東陽坊という寺に納まったという。この寺は後に大行院と改称、その後、法明寺に合併された。掘り出された場所には、現在、清土鬼子母神堂がある。

東陽坊の鬼子母神は、霊験あらたかだったことから信仰が盛んとなり、1578（天正6）年「稲荷の森」と呼ばれていた現在地に、村人たちがお堂を建て今日に至る。現在も残る本殿は、1664（寛文4）年の建立で、その後拡張されたものだ。

現在、都電鬼子母神前駅を下りた先

鬼子母神に安産･子育を祈願

子どもをとって食べていた鬼子母神。釈迦の戒めで改心し、安産･子育の神となった彼女に角は無く、「鬼子母神」と表される。

鬼子母神境内の武芳稲荷堂

倉稲魂命《うけみたまのみこと》を祀る古社。この辺りは古くは稲荷の森と呼ばれていた。連なる朱色の鳥居が美しい。

江戸

当時の鬼子母神堂周辺

東京

法明寺鬼子母神堂と、鬼子母神像が掘り出された跡（清土鬼子母神堂）の位置関係

にあるケヤキ並木の参道は、図会の手前に描かれた参道にあたる。この辺りから本堂前の鳥居まで茶屋が並んでおり、そのひとつ「上川口屋」は、現在も同じ場所で店を出し続ける。

map 42

江戸七氷川唯一の「簸川」

簸川《ひかわ》神社《じんじゃ》〈文京区千石2-10-10〉

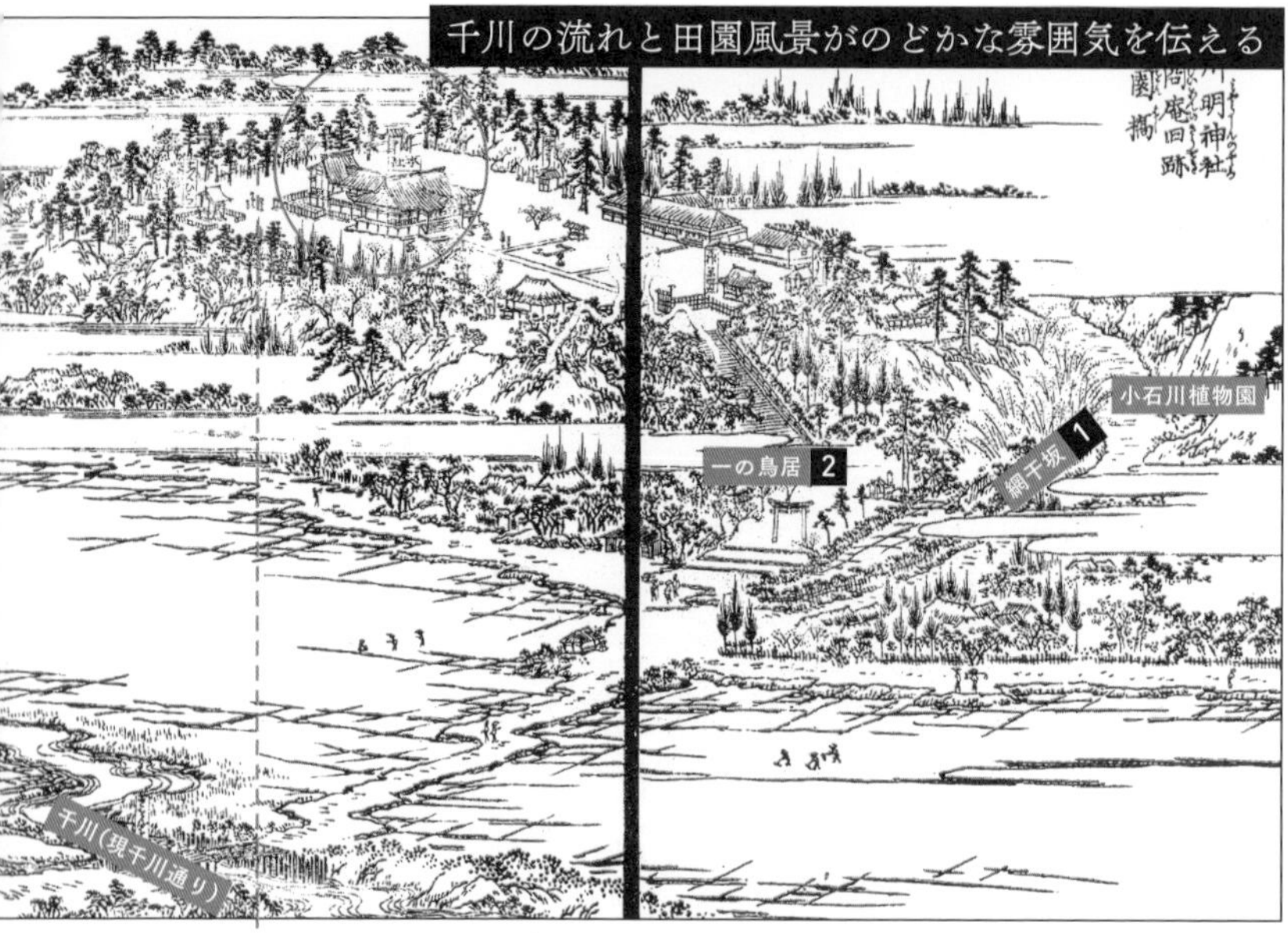

千川の流れと田園風景がのどかな雰囲気を伝える

本堂の裏手には氷川坂

微高地に建てられた本堂の裏手には氷川坂がある。坂に囲まれた境内は、ここが台地であることを思い出させてくれる。

一の鳥居

現在、階段を上った先には二の鳥居も建てられている。

網干坂

千川（現千川通り）から千石方面へと上る。

簸川神社は、旧小石川村の鎮守として祀られてきた。紀元前473年の創建と伝えられる。「氷川」ではなく『簸川』と書く神社は非常に珍しい。大正時代、「氷川は出雲国の『簸川』に由来する」という説に則り、氷川から改めた。江戸時代は氷川大明神と呼ばれ、江戸七氷川に数えられた。

もともとは現在地より南東方向にある水源地（現小石川植物園内）に鎮座していた。だが、承応年間（1652〜55年）に水源地一帯が5代将軍綱吉《つなよし》の別邸、小石川白山御殿となったことで、敷地内にあった氷川明神社は現在地に遷座する。御殿はその後、小石川御薬園となり、明治に東京帝国大学（現東京大学）が開設されると、その付属施設となった。これが現在の小石川植物園である。小石川植物園の東側にある日本庭園は御殿時代の遺構として残る。

図会の右に描かれた坂は網干坂。白山台地から千川の流れる谷に下る坂道である。縄文海進の頃、この谷の入江

住宅地の中に突如現れる入口

江戸時代に田園地帯だった周囲は、現在住宅地となっている。時代を超え、多くの人に愛され続ける。

江戸

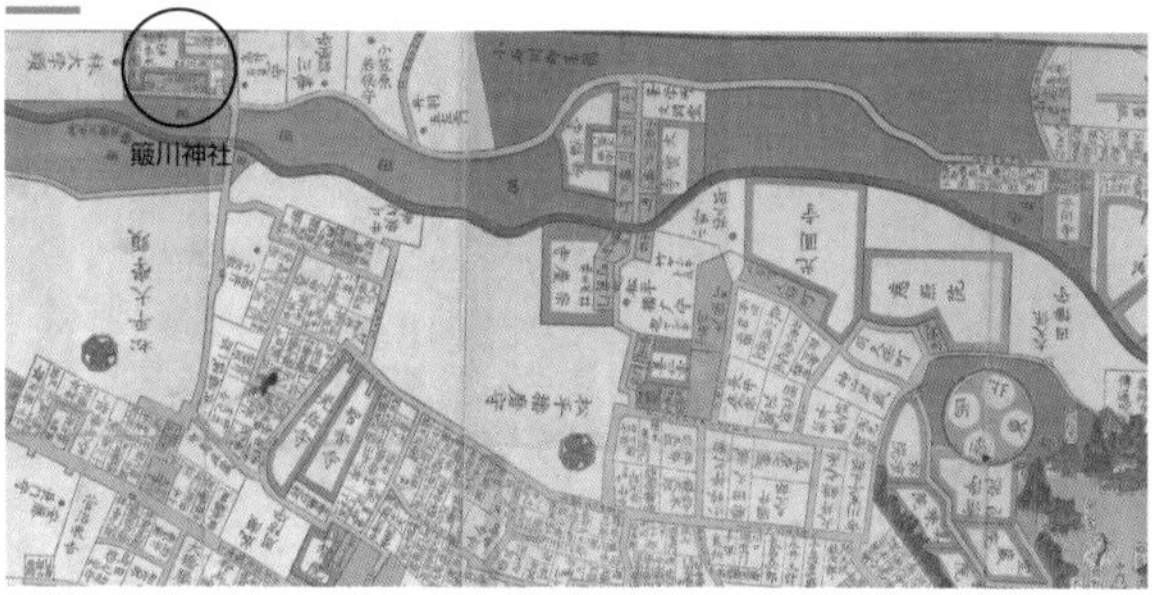

簸川神社は、小石川が蛇行して流れる水田地帯を見下す斜面に建つ。江戸が開発されるずっと前の風景を思い描かせる。

徳川幕府の薬草園跡、小石川植物園

氷川神社、御殿、御薬園と変遷してきた小石川植物園には、御殿の遺構を利用した日本庭園が整備されている。

東京

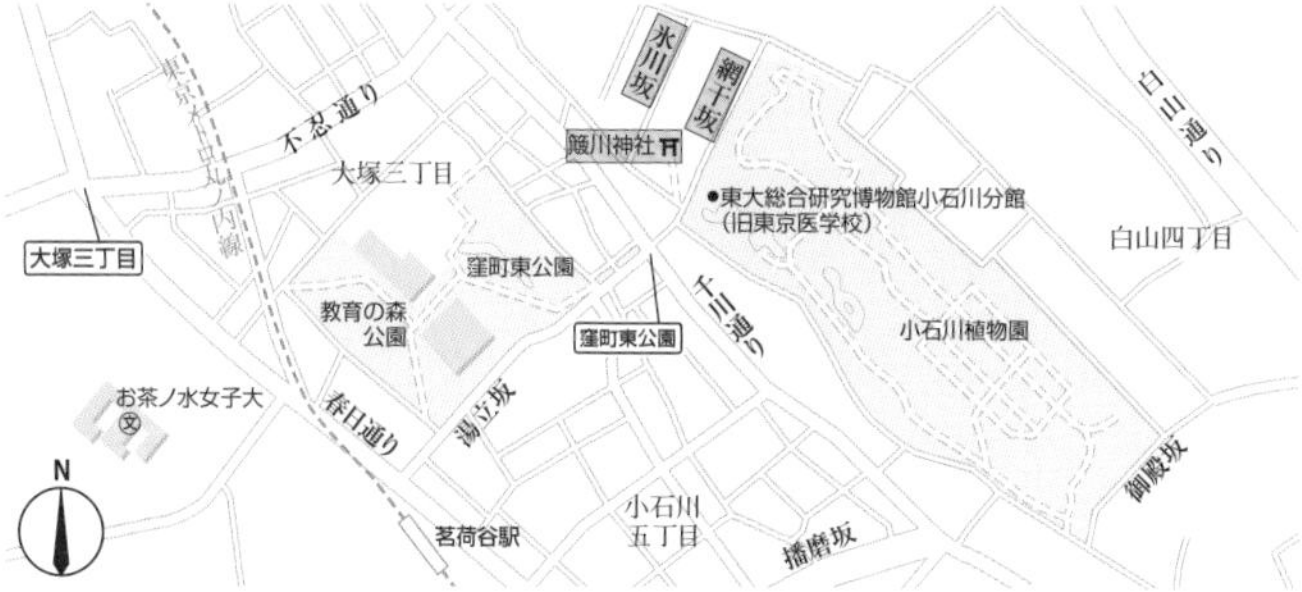

簸川神社と網干坂、小石川植物園の関係

には漁船の出入りが多く、漁師たちが網を干していたことから、この名がついたとされる。台地下では、千川の水を利用した水田が広がっており、農作業をする人々の姿も描かれている。

6代将軍家宣ゆかりの神社

根《ね》津《づ》神社《じんじゃ》〈文京区根津1－28－9〉

つつじ庵をはじめ、自然豊かな根津神社

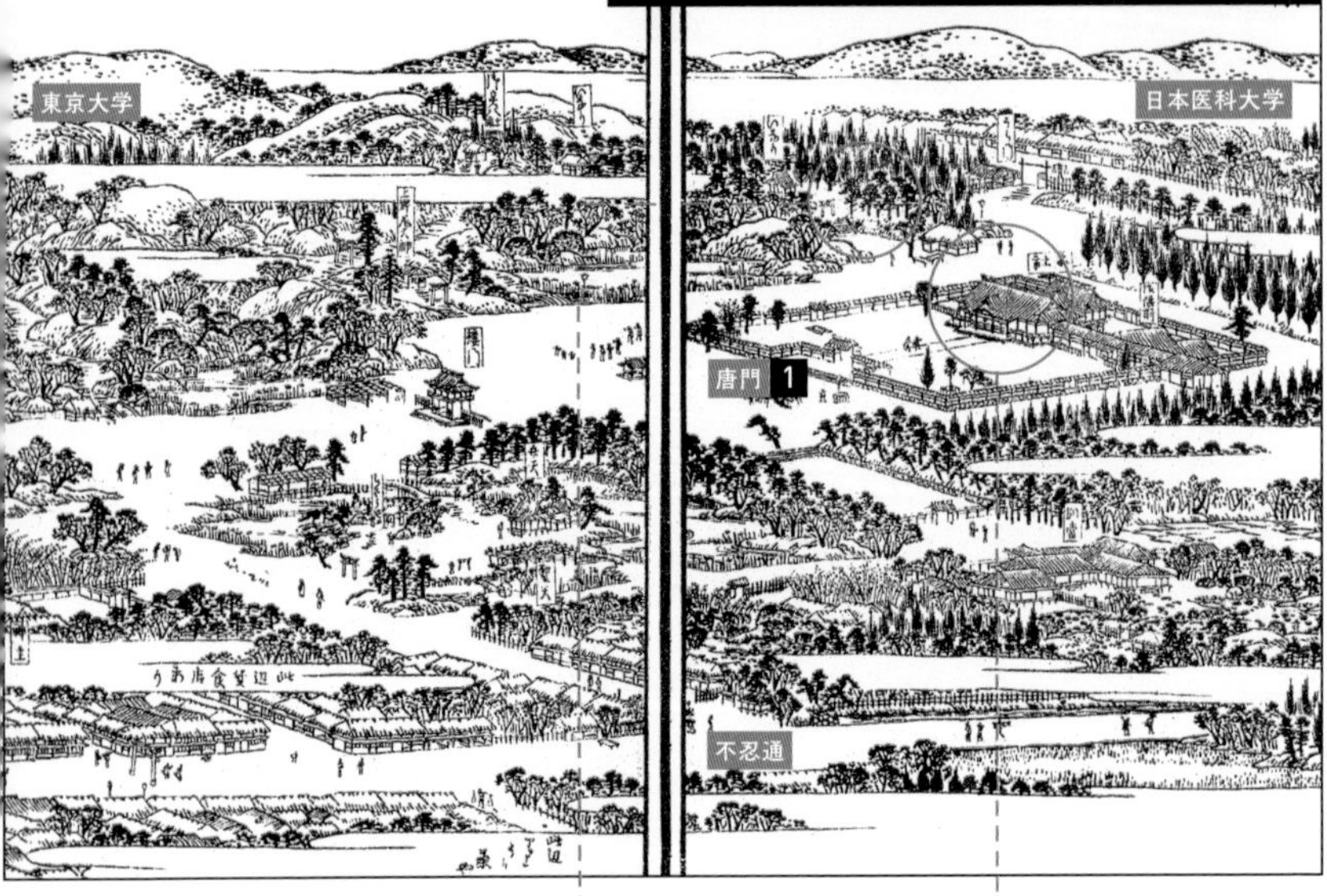

乙女稲荷神社へと続く千本鳥居

奉納され集まった鳥居は社殿の両側に広がり、神秘的な空気を醸し出す。

権現造の華麗な拝殿

江戸期造営の神社の中では最大級の拝殿。当時からそのまま現存する重要文化財。

根津神社は、日本武尊《やまとたけるのみこと》が千駄木に創祀したとされる、歴史の長い古社である。

6代将軍家宣《いえのぶ》は、甲府徳川家、綱重《つなしげ》の江戸根津屋敷で生まれる。家宣にとって、根津神社は産土神《うぶすながみ》だったことから、家宣が将軍世嗣に定まると、1706（宝永3）年、5代将軍綱吉《つなよし》は、根津神社を千駄木村から江戸根津屋敷跡に遷座し、権現造《ごんげんづくり》の社殿を奉建した。このため現在も、境内には家宣の産湯井が残る（非公開）ほか、綱重が屋敷に植えたつつじが前身であるつつじ苑が毎年見事な花を咲かせる。社殿造営には諸大名が動員され、天下普請といわれるほどの建設工事で、築山泉水などがこらされた。

家宣とその実子の家継が在位した間は、徳川将軍家の崇敬を集め、1714（正徳4）年に行われた例祭では、江戸城内に神輿が入ることを許された。しかし、8代将軍吉宗《よしむね》の代になると庶民の祭りとなり、天王祭や神田祭と比べると華やかさは失われる。

神社を囲む透かし塀

創建以来、現在の鎮座地は3代目。1706（宝永3）年以降は現在地に落ち着く。

つつじの名所ならではのつつじまつり

徳川綱重ゆかりのつつじ苑は、現在も「文京つつじまつり」として賑わう。

唐門と呼ばれる門も重要文化財

創建当時には天井に、墨江の龍が描かれていた。

東京

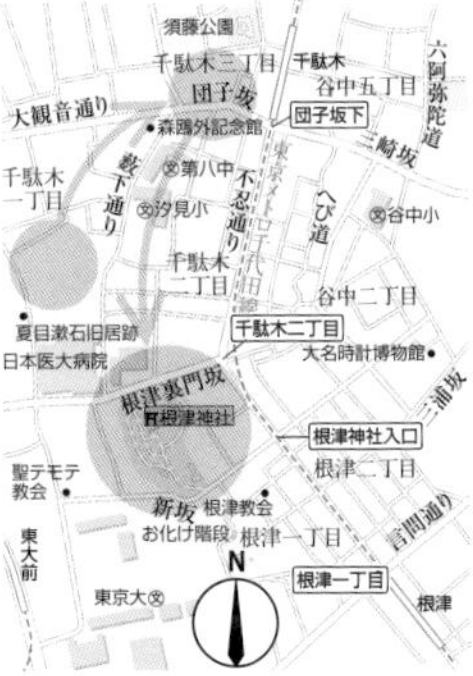

根津神社の遷座の変遷

江戸

当時の根津神社周辺。神社前から南に立派な門前が賑わいをつくる。

図会は、大名屋敷を思わせる、庭園が広がる境内の様子を描く。谷の窪地と周囲を木々に囲まれた環境は、花街としても賑わった門前と別世界の静寂な場をつくりだす。

参拝客の多い境内には茶屋や芝居小屋も並ぶ

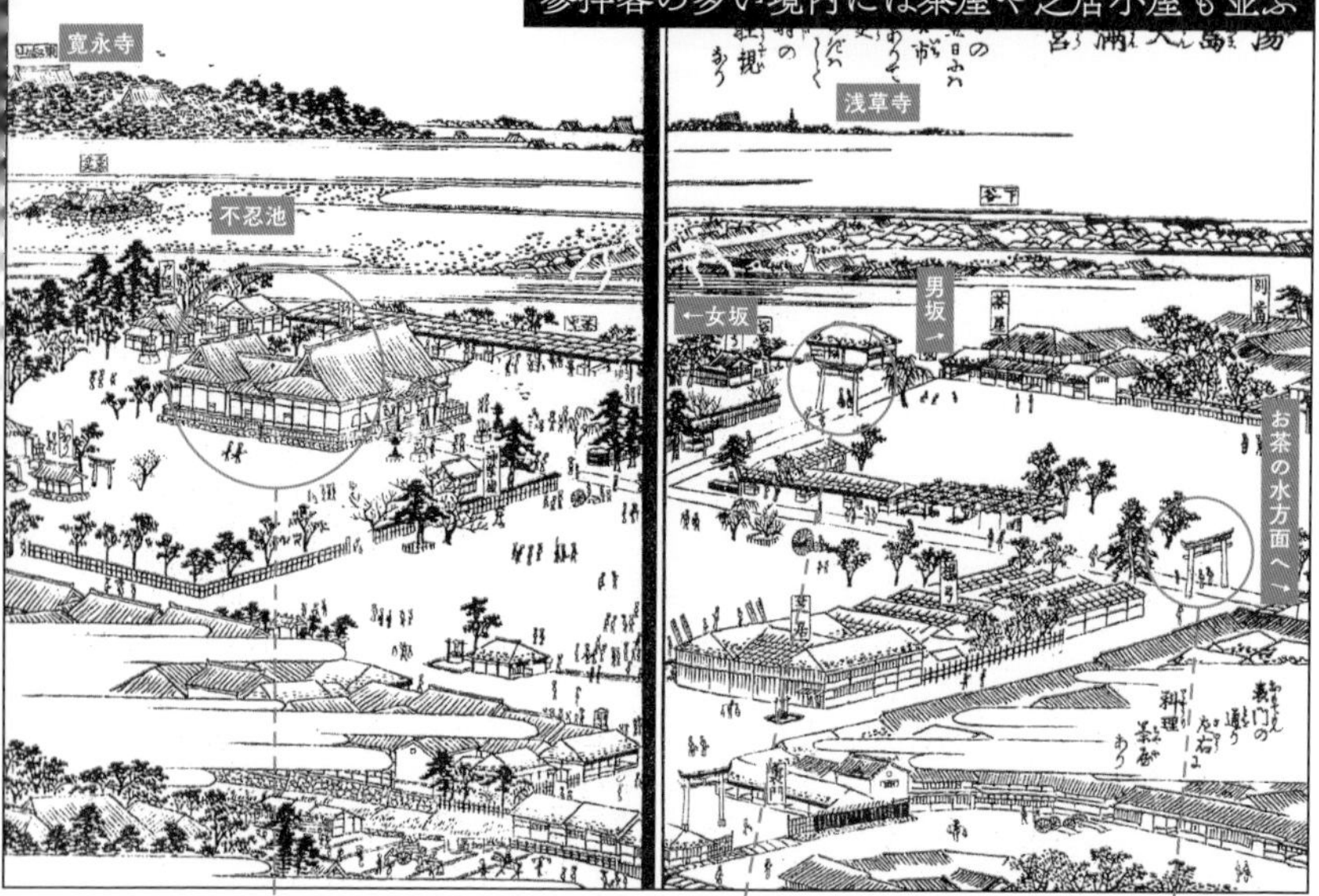

総檜づくりの拝殿とその後ろの本殿
拝殿と本殿がある辺りは入り口の鳥居よりも1m低いため、存在感で負けないよう、屋根を大きく造営してある。

こちらは男坂上裏門の鳥居
まっすぐ延びた参道に合流するこちらの鳥居は幾分かわいらしい。

御茶ノ水側の正面鳥居
1667（寛文7）年の作。「神明鳥居」と呼ばれる柱が内側に傾いた様式。

本郷台地から湯島を見守る

湯島天満宮《ゆしまてんまんぐう》（湯島天神《ゆしまてんじん》）〈文京区湯島3-30-1〉

本郷台地上、東斜面の際に位置する。慣れ親しまれている「湯島天神」は通称名だ。古来より菅原道真《すがわらのみちざね》ゆかりの代表的な天満宮として、学問成就や修学旅行の学生らで賑わいを見せる。また、境内の梅の花も有名である。社伝によれば、湯島天満宮は458年、雄略天皇《ゆうりゃくてんのう》の勅命により創建されたという。下ること900年後、南北朝時代の1355（正平10）年には、住民の請願により菅原道真を勧進して合祀した。江戸時代になると、徳川家だけでなく、多くの学者・文人が訪れ崇敬を集めた。その一方、宝くじの起源、富《とみ》籤《くじ》の興行も盛んで、享保期には、江戸の三富の一つと数えられ、庶民にも親しまれた。

かつての社殿は1885（明治18）年の改築で、老朽化が進行したために1995（平成7）年に再建された。本殿の建築様式は江戸時代から変わらず権現造《ごんげんづくり》を引き継ぐ。

図会では遠景に、下谷の町人地の甍の波と、浅草寺の本堂や五重塔をかす

緩やかな女坂から境内へ

当時、右手上には茶屋が数多く建ち並んでいた。この坂を上りながら、小腹を満たそうか思案する人も多かっただろう。

天神石坂（男坂）は三十八段で裏門へ

昔からかなり急だった男坂。その傾斜ゆえ、図会では見えない。

撫牛に挟まれた手水舎《ちょうずしゃ》

菅原道真とゆかりの深い牛はもちろんここにも。

都内に残る唯一の瓦斯《ガス》燈

かつては５基あったものの撤去。再設置された現在のものは、都内で唯一点灯する。

かに描き、奥行きのある絵に仕上げる。北に向かって手前には不忍池《しのばずのいけ》に浮かぶ弁財天、背後の上野台地には森から大屋根をのぞかせる寛永寺（東叡山）が見える。

谷根千・上野エリア

map 45

上野の顔として今も健在

寛永寺《かんえいじ》・不忍池《しのばずのいけ》〈台東区上野公園・上野桜木〉

広大な寛永寺の境内、その中核とは

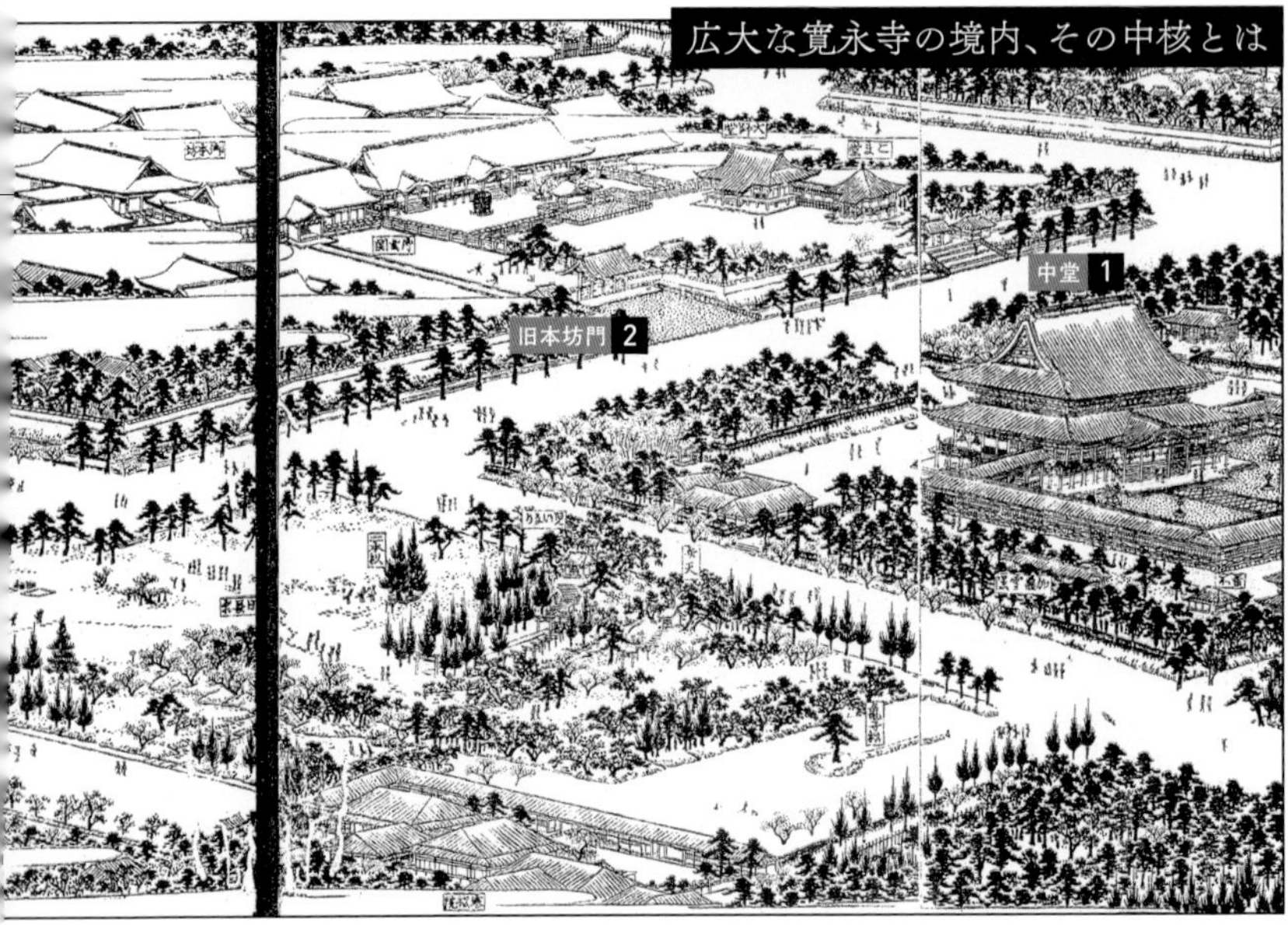

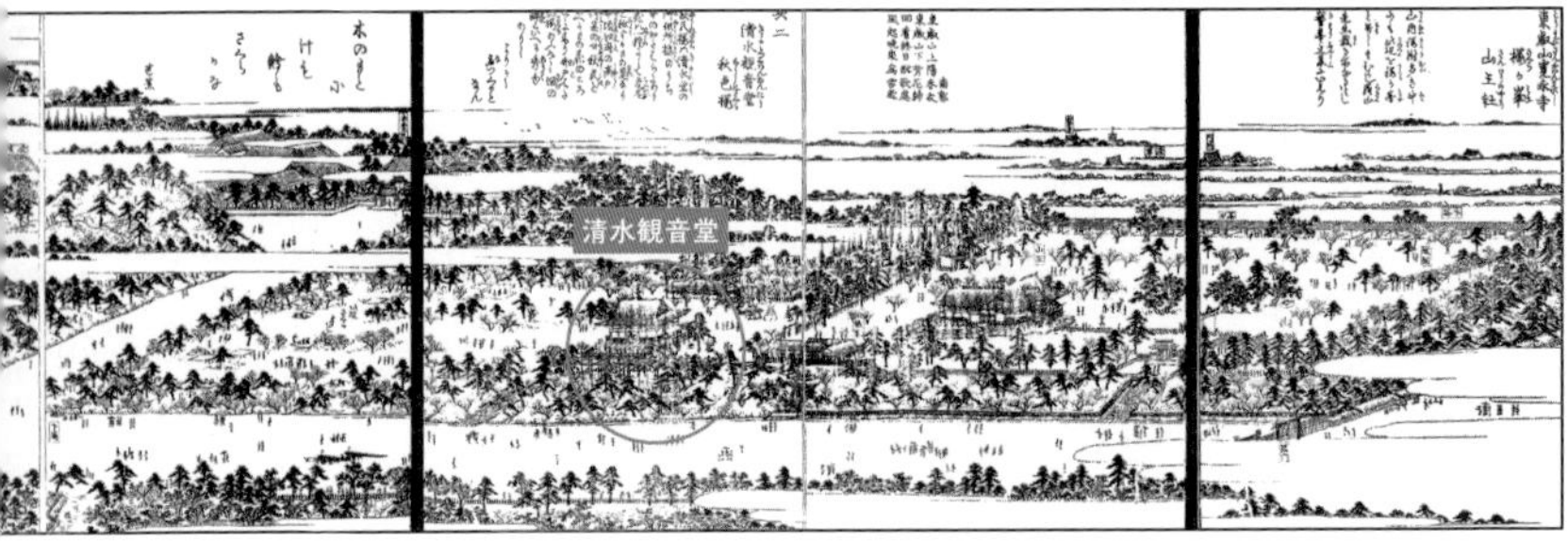

寛永寺の広大な寺地

広い参道に点々と描かれる参拝客たちの大きさからも、かつての寛永寺がいかに広かったかがわかる。

寛永寺は、徳川歴代将軍6人が眠る、将軍家の菩提寺である。寺地は、江戸の天台宗の拠点造営を願う天海に、2代将軍秀忠《ひでただ》が与えた。本坊は1625（寛永2）年、3代将軍家光《いえみつ》によって建立され、この年が創立年となる。1698（元禄11）年に、寺の中心、根本中堂《ねもとちゅうどう》が建立された。家光が自らの葬儀を寛永寺で行ったことを皮切りに、寛永寺は増上寺とともに徳川家の菩提寺《ぼだいじ》となる。6代将軍家宣《いえのぶ》の廟が増上寺に造営されると、将軍の墓所を寛永寺と増上寺とで交替に造営する慣例となった。最盛期には、現在の上野公園の2倍ほどの寺地を有し、子院は36院に及んだ。しかし、幕末の上野戦争、明治維新後の境内地没収を経て、寛永寺は事実上廃止。1875（明治8）年に再発足するも、規模は大幅に縮小した。東京大空襲での焼失もあり、現在ではいくつかの古建築が上野公園内に点在するだけ。

隣接する不忍池には、琵琶湖に倣い、中之島を築いて弁財天が祀られた。不

寛永寺の本堂、根本中堂

当初のものは 1868（慶応 4）年、彰義隊の乱で焼失。この根本中堂は 1879（明治 12）年、川越喜多院の本地堂を移築したもの。

忍池の蓮は享保（1716～35年）の頃から有名になり、花見で賑わうようになる。池の南側には料理屋が多く建ち並び、のんびりと蓮を愛でながらの会食も楽しめた。

1

江戸時代に根本中堂があった場所の今

現在は噴水池になっており、痕跡はない。

2

上野戦争の戦い跡が残る旧本坊表門

東京国立博物館付近にあった旧本坊表門。本坊の建物で唯一残る表門には、上野戦争時の弾痕が残る。

不忍池で蓮を愛でる風流

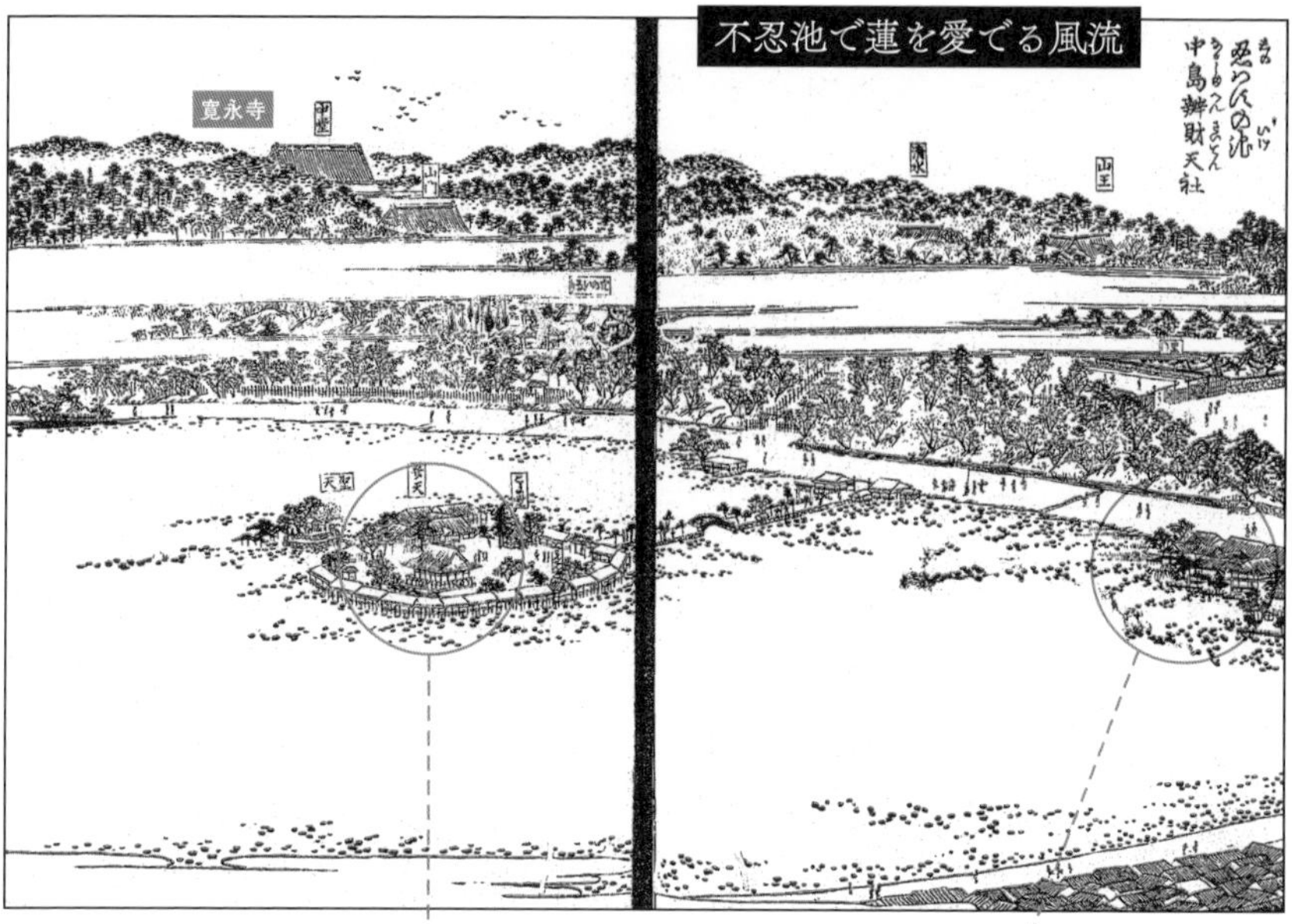

中之島の弁財天

京都の延暦寺になぞらえた寛永寺に対し、不忍池は琵琶湖になぞらえ、それに倣って弁財天も造営された。

蓮を楽しむ江戸の人々が図会にも

今も蓮の名所•不忍池

中国料理「東天紅」から上野の森を見る

江戸

不忍池に架けられた石橋、天龍橋

当時はこの橋だけが中之島につながっていた。

寛永寺と不忍池《しのばずのいけ》の今昔

江戸時代後期、寛永寺の敷地面積は30万坪を超え、古地図に描かれる根本中堂も堂々としている。現在の地図と比較してみても、寛永寺がいかに縮小したかは歴然としている。東京国立博物館のある辺りに本坊、噴水池があった辺りに根本中堂があった。

一方、不忍池はというと、江戸時代の掘割や池の多くが埋め立てられている中、ほぼ変わらない規模と形で現存している。よく見ると、池のほかにも形状がそのままの道が何本かある。

東京

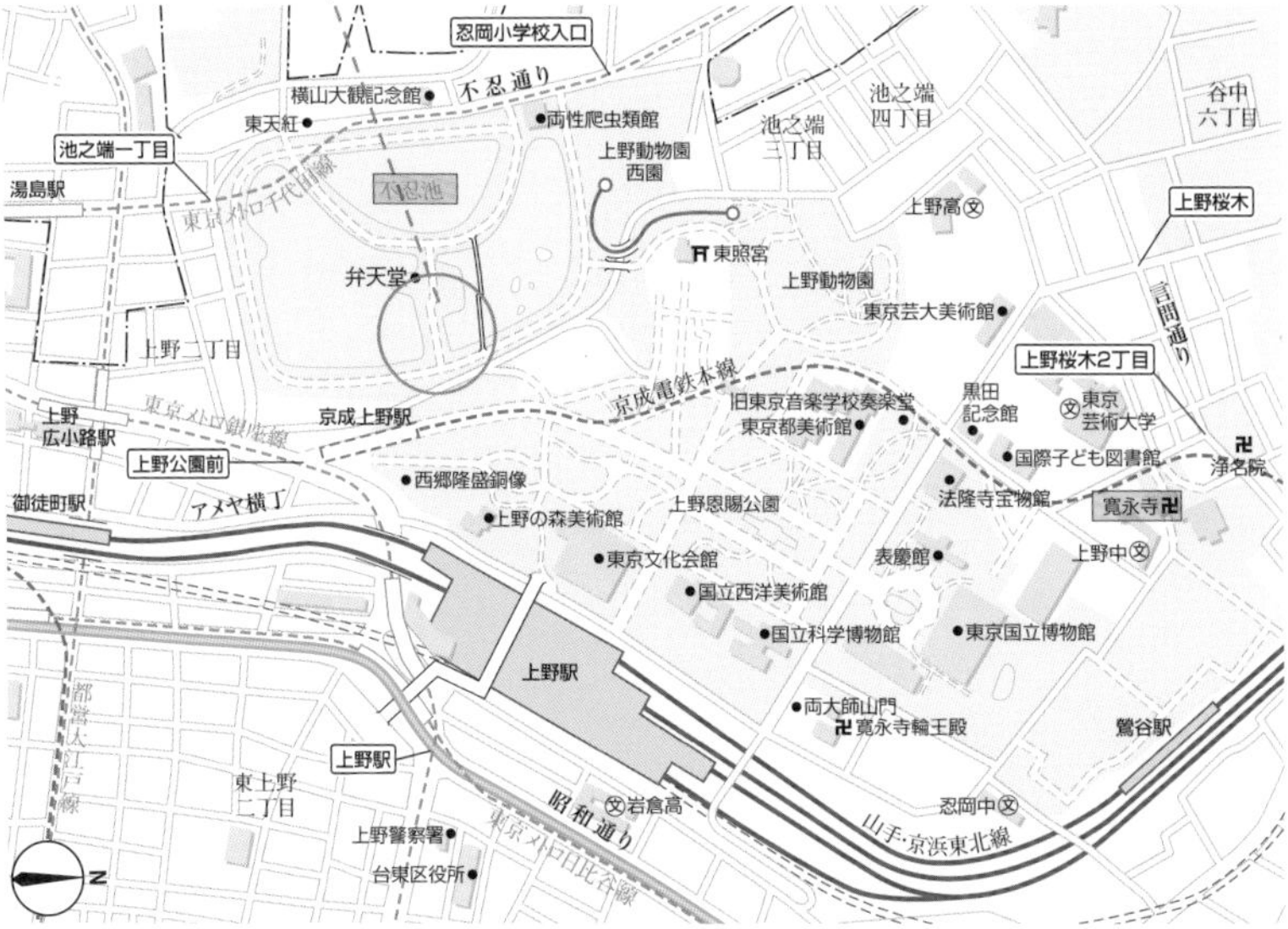

map 46

西日暮里に残る江戸の景勝地

道灌山《どうかんやま》〈荒川区西日暮里4丁目付近〉

秋の夕暮れ、道灌山で虫の音を楽しむ

名前の残る数少ない場所、道灌山下交差点

交差点や商店街、地域の通称としては今も残る。

ほぼ道灌山の跡地にある西日暮里公園

道灌山の名こそ冠していないが、周辺の低地を見下ろせる小高さはここが山だった証。

本郷台地から分岐して南下する上野台地は、現在のJR西日暮里駅辺りで台地の幅を狭め、切り通しのように一旦窪む。そこから再び盛り上がる。窪む前の先端部分が道灌山と呼ばれた。「道灌山」の名は、太田道灌《おおたどうかん》が出城を置いたからとも、戦国時代の土豪、関道閑《せきどうかん》からともいわれる。

江戸時代の道灌山は、筑波山と富士山が堪能できる景勝地であり、季節ごとの風情も楽しめた。『江戸名所図会』では、自然や動植物を愛でる名所を数多く紹介しているが、その中でも極めつけの場所といえよう。虫聴きばかりでなく、花見や月見が頻繁に行われ、薬草も数多く生えており、江戸の庶民から愛された場所だ。もともとこのあたりは「新堀」といったが、人々が「日」の「暮」れるのを忘れて四季の自然と景色を楽しんだことから、「日暮里」の字があてられたという。

この辺りは、平坦な土地でないために、大きな開発を逃れて今日まで来ており、往時の痕跡も点在する。道灌山

西日暮里公園からJR方面を望む

「山」としては現存しない道灌山。それでも辺りが高台になっていることは現在でも感じられる。

上野台地上の諏訪台通りから西へ下る富士見坂

周辺には坂が多い。富士見坂からは富士山の絶景を拝められたが、今は見ることができない。

東京

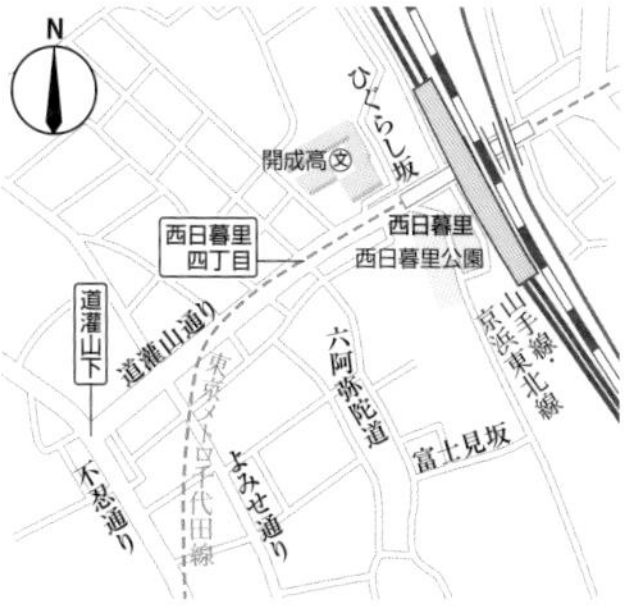

現在の道灌山跡は地図に載らない程平坦に

江戸

地図でも堂々たる道灌山

近くの南泉寺の塀づたいには、近年まで富士見坂から富士山を望むことができた。ただし、近年マンションが林立して、富士山を眺められなくなった。

「一富士二鷹三茄子」はここから

駒込《こまごめ》富士《ふじ》神社《じんじゃ》〈文京区本駒込5-7-20〉

「富士講」人気と火消したちの信仰

毎年6月に行なわれる祭礼には、多くの人が集まり賑わいを見せた。土産物の中でも、駒込の産物である藁で編んだ蛇の縁起物が特に人気があり、このほかにも、団扇、五色の網などを売る屋台が参道の両側を埋めつくした。

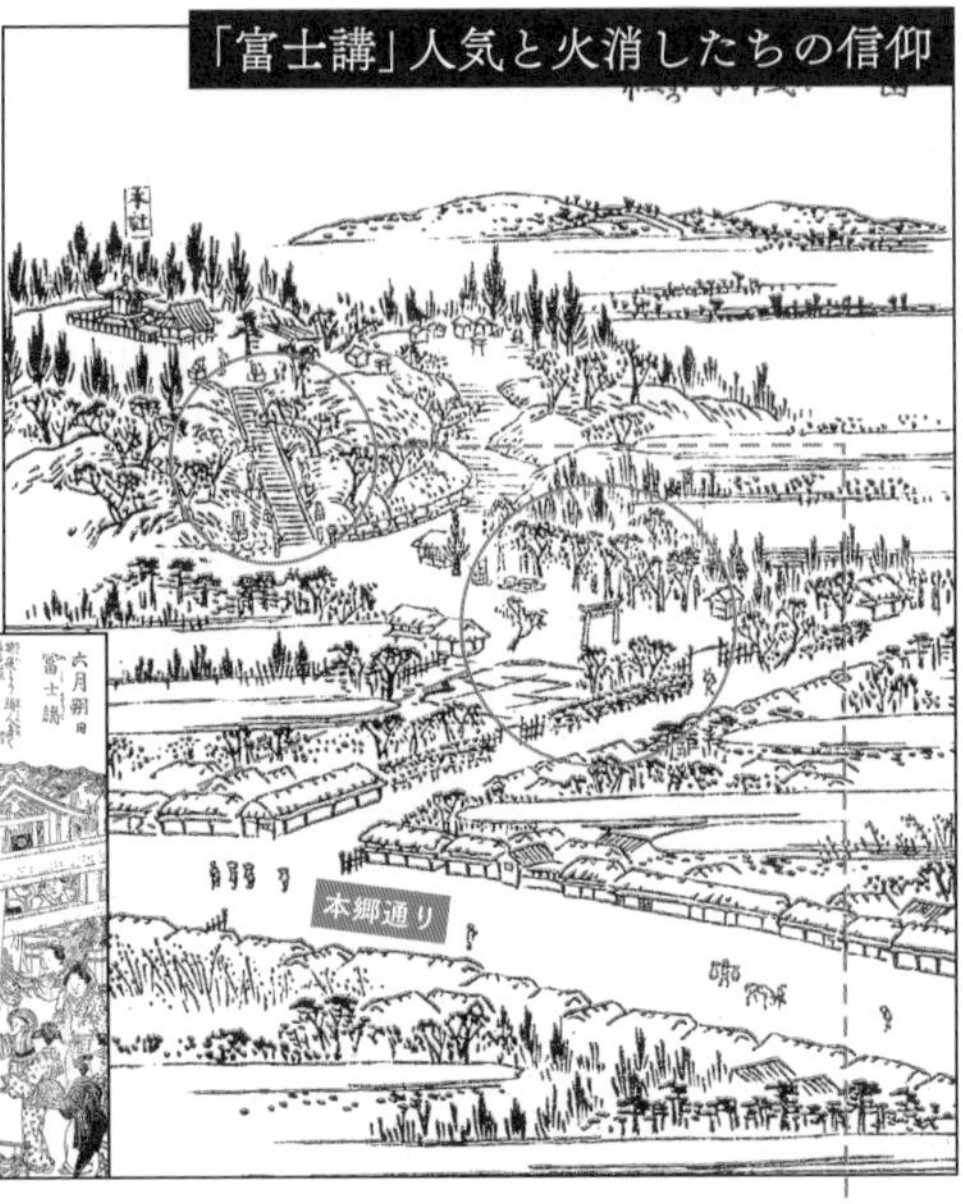

金沢での加賀鳶の勇姿

ひときわ大きな石碑を奉納した加賀鳶たちは、火消の巧さと喧嘩っ早さで人気があった。彼らの心意気は、地元金沢で今もなお受け継がれている。

階段のあちこちに火消し組の石碑

町火消たちに篤く信仰され、多くの碑が奉納された。

駒込追分町で中山道から分岐した日光御成街道を北上すると、街道右手にこんもりとした小山が見えてくる。高さ15m、長さ50mの古墳跡に駒込富士神社がある。周辺は比較的平坦な本郷台地であることから、さぞ目立つ存在だっただろうし、眺めも良かったに違いない。

駒込富士神社は、富士塚を神体とした神社である。本郷村の名主が1573（天正元）年、現在の東京大学の地に駿河の富士浅間社を勧請した。それが始まりとされる。1628（寛永5）年、この土地が加賀前田家の上屋敷の一部となり、現在地に遷座した。現在、社殿の石段の両側には、火消し組が奉納した石碑が数多くあるが、こうした加賀前田家との関係の深さから、前田家の特設消防隊、加賀鳶が奉納した碑はひときわ大きい。

このあたりは富士講の祖といわれる食行身禄《じきぎょうみろく》が活動拠点としており、江戸期に盛んになりはじめる富士山信仰とともに、富士塚にお参りに行く「富士

参道ならぬ登山道

厚い信仰を集めた富士山だが、江戸から行くにはひと苦労。そこでつくられたのがミニチュア富士山、富士塚だった。

江戸

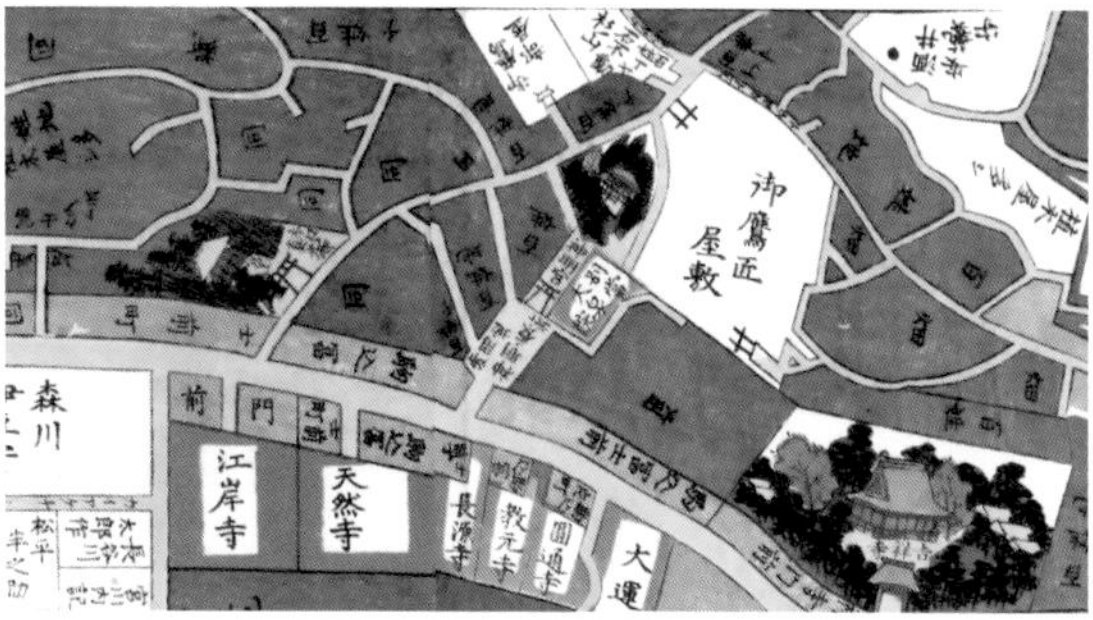

初夢で有名な「一富士二鷹三茄子」は、駒込富士神社の周辺に鷹匠屋敷があり、近辺の名産が茄子だったことに由来する。古地図を見ても、大きな鷹匠屋敷があり、畑が広がる様子も分かる。

東京

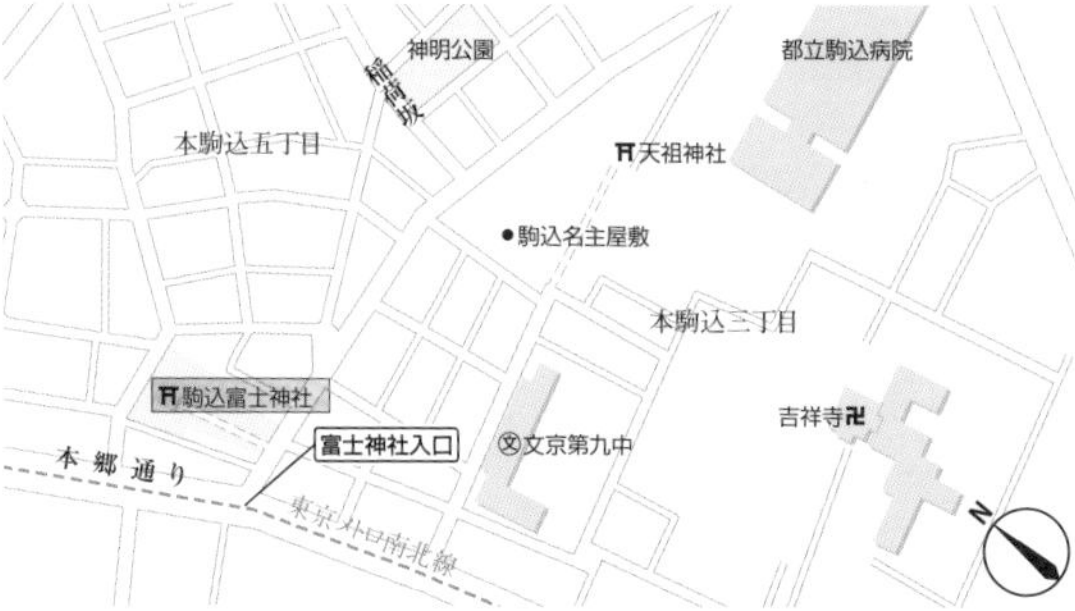

現在の地図を見ると、鷹匠屋敷のあった場所には都立駒込病院が建っている。名産だった茄子の畑は現在では全く無い。だが、本郷通りや神社前の道など、古地図にもある道を探すことはそう難しくない。

講」が数多くできた。富士塚の上に拝殿を配した駒込富士神社も、江戸期の富士信仰の拠点だった。『江戸名所記』（1662〈寛文2〉年刊）にその名が載って以来、江戸の名所として知られるようになった。

所狭しと並んだ五百羅漢の石仏群がポイント

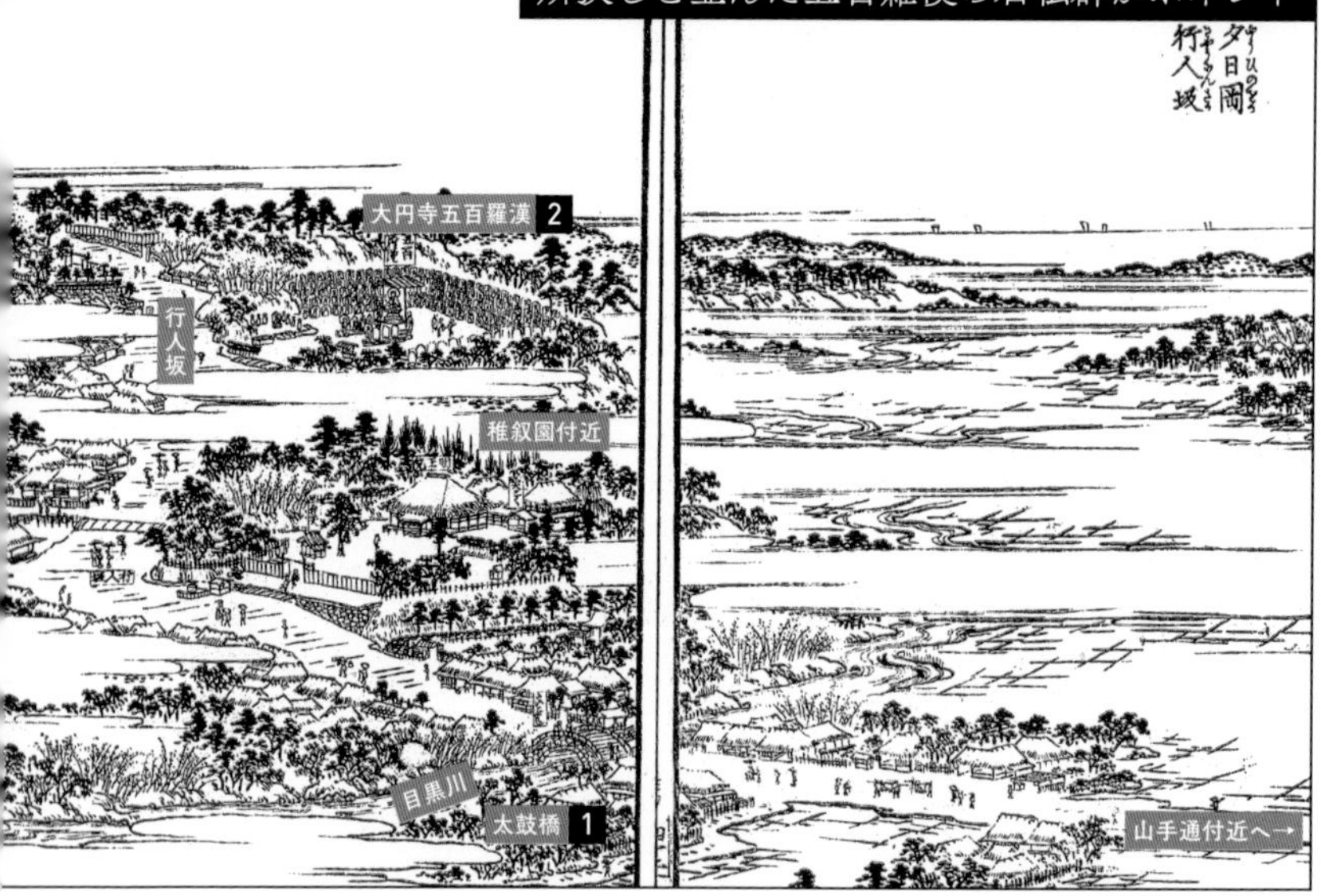

坂道の途中には石仏像がずらり

行人坂《ぎょうにんざか》〈目黒区下目黒1〜品川区上大崎4〉

五百羅漢と呼ばれる大円寺の石仏群

行人坂火事の犠牲者を弔う石仏群。ひとつひとつ顔や表情が違っていて飽きさせない。

新しい太鼓橋が同じ場所に

平らな橋になり、水面に映る姿は太鼓ではないが、橋を渡って行人坂へ入っていく空気感は江戸のそれと変わらない。

大円寺前を太鼓橋まで下る急な坂道。寛永（1624〜45年）の頃、羽州（出羽）湯殿山の行者が大日如来堂を建てた1772（明和9）年、境内に五百羅漢《らかん》の石像が造立された。大円寺が火元となった明和9年の大火で焼死した人々を弔うために造立されたものだ。この火事は江戸600余町を焼き払う大火となり、行人坂火事といわれた。こうした理由から、1848（嘉永元）年、第10代薩摩藩主島津斉興《しまづなりおき》の帰依を得るまで再建されなかった。

坂を少し下ったあたりは夕日岡《ゆうひがおか》と呼ばれ、紅葉が見事だったというが、江戸時代後期にはその風情はなかった。現在の雅叙園《がじょえん》のあたりだ。さらに坂を下ると目黒川に架かる太鼓橋に行きあたる。別称石橋ともいわれた。1764（宝暦14）年に工事がはじまり、5年後に落成した。現在の橋は1931（昭和6）年に竣工したものである。

図会は、右側に目黒川河岸の広大な水田地帯、左側に夕日岡と呼ばれる丘を対比的に描く。行人坂は往来する人

長く急な行人坂

寛永（1624 ～ 45 年）の頃、大円寺の前身となる大日如来の御堂が建つと、辺りには行者たちが住むようになった。坂の名前はこのことに由来するという。

行人坂途中の坂の守り神

行人坂のまさに中程、傾斜も厳しいポイントで旅人の安全を祈願する。小さいながらもほっとさせてくれる。

東京

現在も当時の面影を残す

江戸

当時の目黒一帯

たちが多かったようだ。五百羅漢の境内には本堂が無く、大きな仏像を中心に、東と南の2方を数多くの小さな石仏が囲む。

map 49

江戸五色不動の代表格

目黒《めぐろ》不動尊《ふどうそん》（瀧泉寺《りゅうせんじ》）〈中目黒区下目黒3－20－26〉

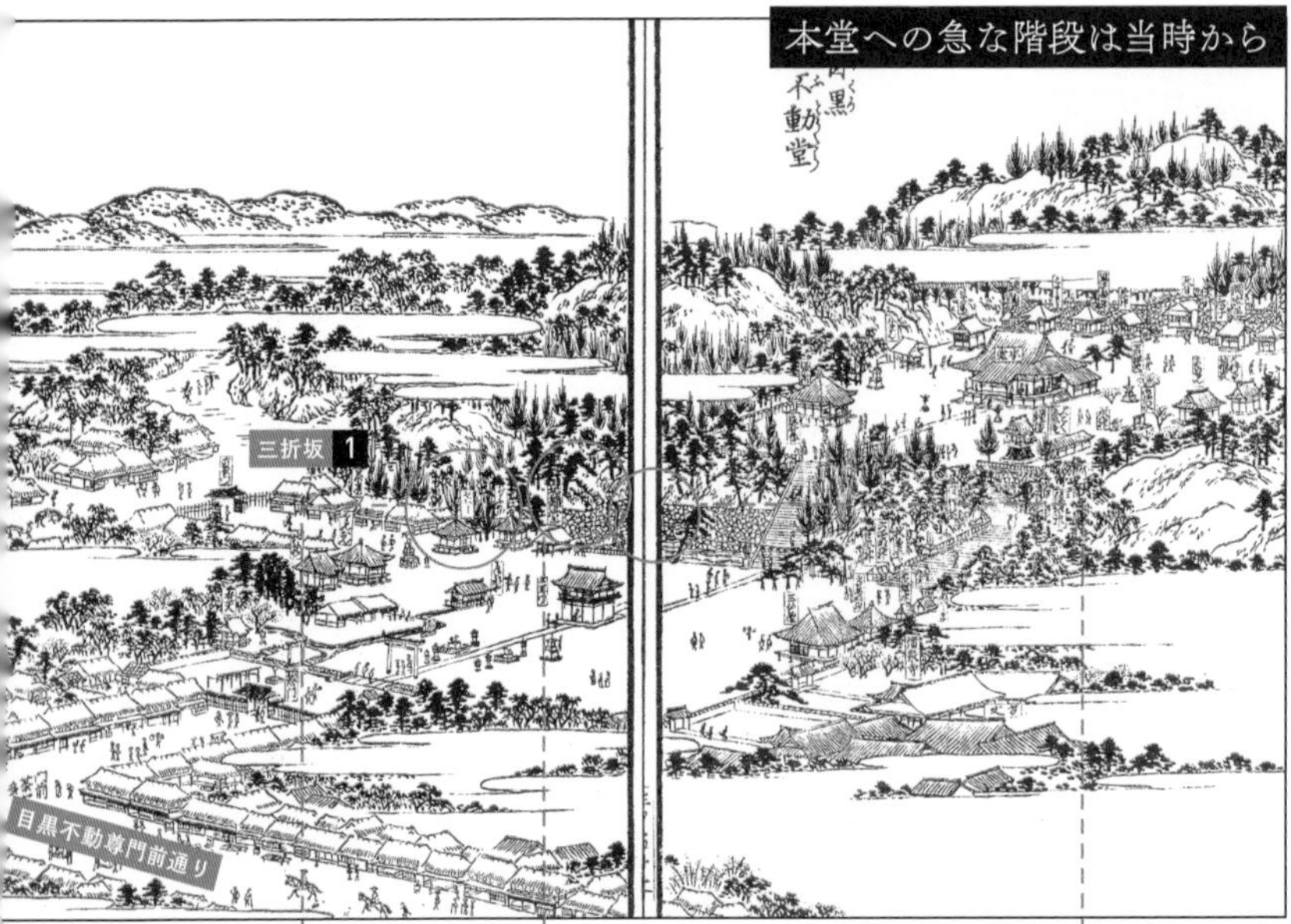

滝の脇には垢離堂《こりどう》が

青龍大権現を祀る垢離堂も江戸時代から健在。

文形造の堂、勢至堂《せいしどう》

江戸時代中期に造営されてから、そのまま今に残る。目黒区の有形文化財。

パワースポットとして人気の独鈷の滝

慈覚《じかく》大師が独鈷（法具）を投げたところ湧いたという独鈷の滝は、浴びると病気が治るとか。

瀧泉寺は天台宗の寺院で、本尊は不動明王。一般には「目黒不動」の通称で呼ばれ、目白不動・目赤不動などの江戸五色不動の一つとされる。「目黒」の地名はこの目黒不動尊に由来するとの説もあるようだ。創建は古く、寺伝では、808（大同3）年だという。

1615（元和元）年に本堂が火事で焼失。1630（寛永7）年には寛永寺の子院・護国院の末寺となり、3代将軍家光《いえみつ》の庇護を受けるようになる。1634（寛永11）年に50棟余におよぶ伽藍が復興し、「目黒御殿」と称されるほど華麗を極めた。独鈷《とっこ》の滝や青木《あおき》昆《こん》陽《よう》の墓など、見所は多い。

目黒近辺を流れる目黒川の西南斜面地は湧水が豊富で、幾つかの谷戸が見うけられる。その中でも最大の谷戸に目黒不動尊が建立された。行楽地としても人気があった目黒不動尊は、規模の大きな門前町を形成した。江戸から訪れる人たちは、行人坂《ぎょうにんざか》を下り終え、目黒川に架かる太鼓橋を渡り、地形に沿ってくねくねとつくられた道に沿ったた

目黒不動尊内に眠るあの人

寺内墓地には「甘藷先生」として有名な青木昆陽の墓がある。昆陽は現在の目黒区下目黒辺りに別邸を構えていた。

登りきると、また階段。そして本堂へ。

本堂へ上る男坂。
女坂は右手に。

仁王門をくぐっても本堂は全く見えないほど、本堂までは急勾配だ。

下からの三折坂《みおりざか》

住宅地に囲まれた今も、図会にあるカーブは残り続ける。

東京

現在も目黒不動尊の広大な敷地規模は変わっていない。

江戸

当時の目黒不動尊周辺。目黒不動尊が広大な境内地を占める。

門前町へ入る。長く連なる店を通って右に曲がると、惣門の先に鳥居と仁王門が見えてくる。本堂は丘稜の緑を背景に、中腹にある。本堂へ向かう石段の左側には、現在と変わらない場所に独鈷の滝がある。

碑文谷の村民と共にあった

円融寺《えんゆうじ》・碑文谷八幡宮《ひもんやはちまんぐう》〈目黒区碑文谷〉

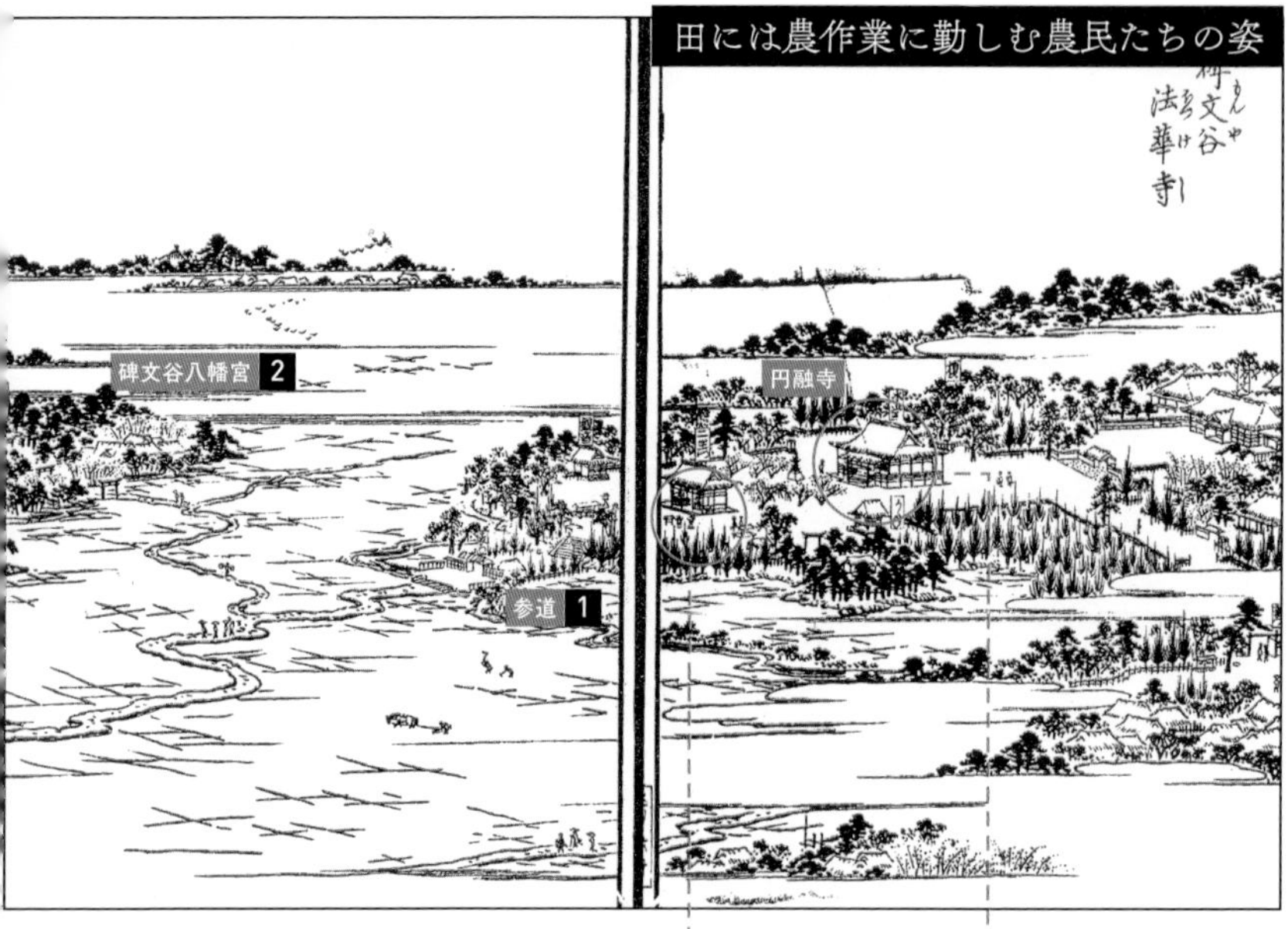

仁王門へと続く参道

力強い仁王門とは一転、参道はさほど広くない。

茅葺《かやぶ》きから銅板葺きに変わった仁王門

2007（平成19）年に銅板葺きとなるまでは茅葺きの屋根だった。門と同じく、仁王像も室町時代の作だという。

室町時代の建立

円融寺釈迦殿は東京都内最古の木造建築。屋根の曲線が特徴的だ。

円融寺の前身は、853（仁寿3）年に慈覚《じかく》大師が建立した法服寺である。後に天台宗から日蓮宗に改修した際、法華寺となった。

室町時代には坊舎18、末寺75を抱える大寺院となり、碑文谷に暮らすほとんどの村民が檀徒。門前には露店が軒を連ね、参詣する人たちで大変な賑わいだったという。しかし、江戸時代に入ると幕府の弾圧が厳しくなり、1698（元禄11）年に取り潰し、天台宗に改宗となった。その後、法華寺の権威も衰えた1834（天保5）年、円融寺と改称され今日に至る。

一方、碑文谷八幡宮は、碑文谷村の鎮守だった。創建は鎌倉時代とされる。現在の社殿は1674（延宝2）年に建て替え、明治に入り再建（1872年）、改築（1887年）したものだ。境内には「碑文谷」の名の起こりともいわれる碑文石がある。付近を流れる呑川《のみがわ》の石が材料であることはわかっているが、つくられた理由などは、よくわかっていない。

春には桜の花が美しい参道

一の鳥居から二の鳥居までが桜の名所。図絵を見てみてもその辺りから木々が増え始める

江戸

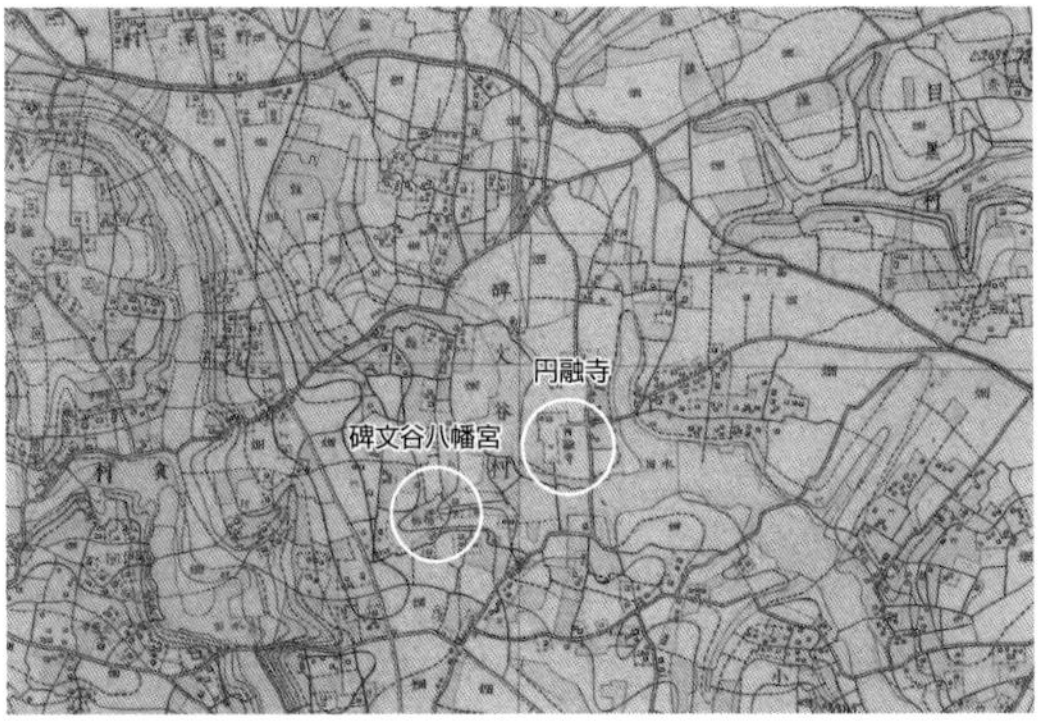

明治前期の円融寺・碑文谷八幡宮周辺

こじんまりとした碑文谷八幡宮の本殿

図会に描かれた当時と同じく、静かに地元を見守る。

円融寺と碑文谷八幡宮の小高い土地の間には水田が広がり、ここを南北に抜ける道が分岐して、それぞれの参道となる。

東京

現在も円融寺と八幡宮、参道の関係は変わらない

池と滝のある景勝地、新宿

十二《じゅうに》社《そう》熊野《くまの》神社《じんじゃ》〈新宿区西新宿2-11-2〉

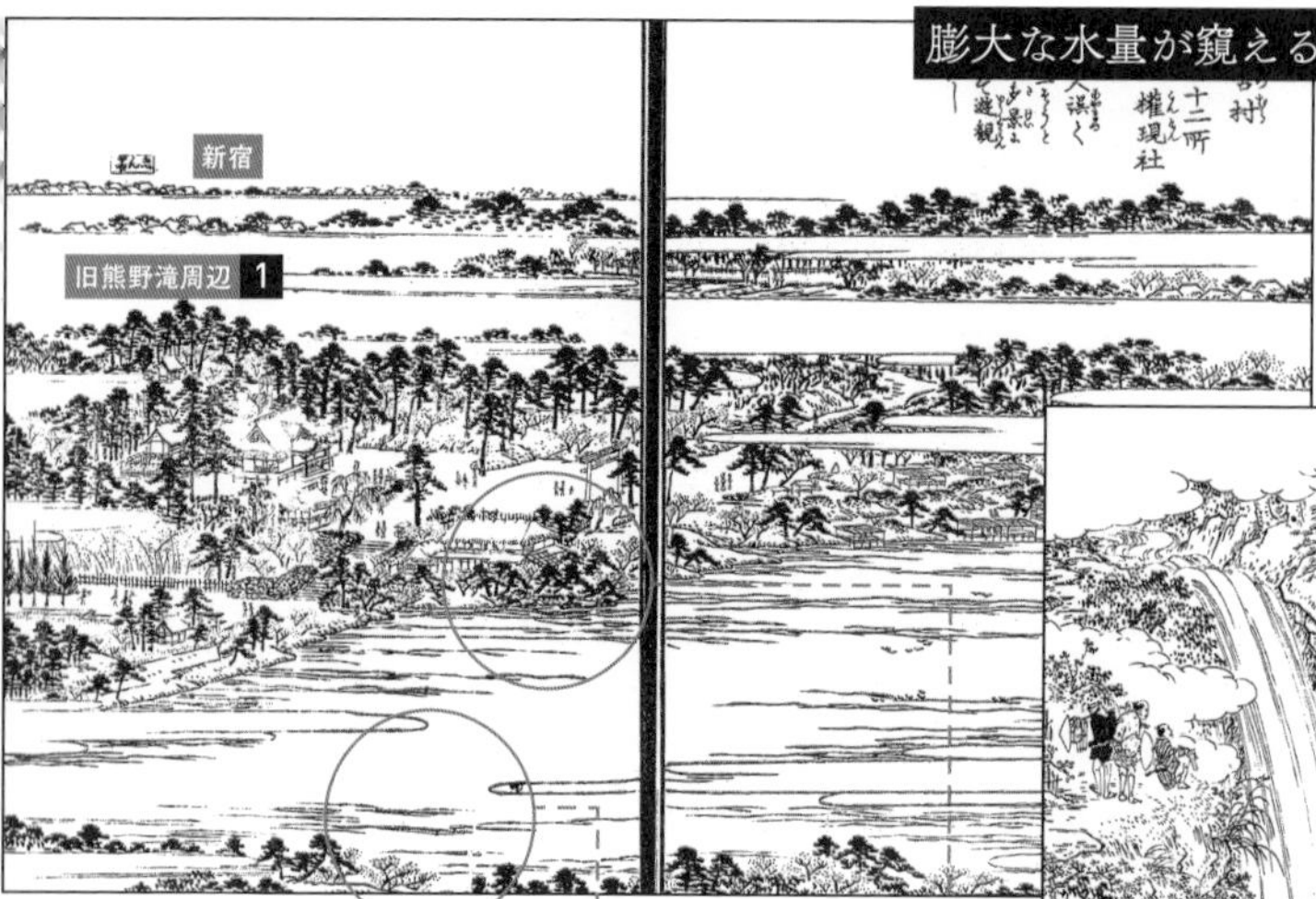

十二社通りの反対側は大池の土手跡

大池のあった付近には、池の土手跡と思われる坂が多数残っている。当時の池の大きさが窺える。

明治時代の大池舟遊び

ボートで遊ぶ人々が写されている。景勝地としての当時の賑わいが聞こえてくるようだ。

十二社と名のつく神社は全国に数多く存在する。その多くは熊野三山（和歌山県）に祀られている熊野十二所権現を勧進して建立したものだ。

新宿区のこの十二社権現社は、室町時代の商人、鈴木《すずき》九郎《くろう》によって創建されたといわれる。彼は、現在の中野坂上から西新宿一帯の開拓や馬の売買などで財を成し、人々から「中野長者」と呼ばれた人物。鈴木九郎は自身のふるさとである熊野三山の若一《にゃくいち》王子を祀ってから、商売が成功し、家運が上昇した。これを好機として熊野三山から十二所権現をすべて祀るようになり、十二社権現社としたといわれる。

かつて十二所権現社の境内には、大きな滝と、隣接して十二社池と呼ばれる大小2つの池があり、江戸近郊の景勝地として知られた。付近には茶屋や料亭などが建ち並び、花街も形成されていった。最盛期には茶屋や料亭が100軒近くも並び、この賑わいは戦前まで続く。しかし、滝や十二社池は、明治時代に入り、淀橋浄水場の造成や

熊野神社が鎮座する新宿中央公園

十二社池、淀橋浄水場と姿を変えてきたこの地は現在、新宿中央公園として、憩いの場となっている。

滝のあった場所辺り

景勝・熊野滝の姿はないが、土地の高低差は微かに残る。

江戸

当時の十二所熊野神社周辺

東京

新宿中央公園が当時池のあった辺り

付近の開発で姿を消す。景勝地としての様相が徐々に見られなくなり、現在では、日本有数の超高層ビル街へと変貌した。

高田馬場・新宿エリア

map 52

キャンパスライフに隠れた江戸

穴八幡宮《あなはちまんぐう》・水稲荷神社《みずいなりじんじゃ》〈新宿区西早稲田〉

様変わりした現在、しかし、リンクする点も多い

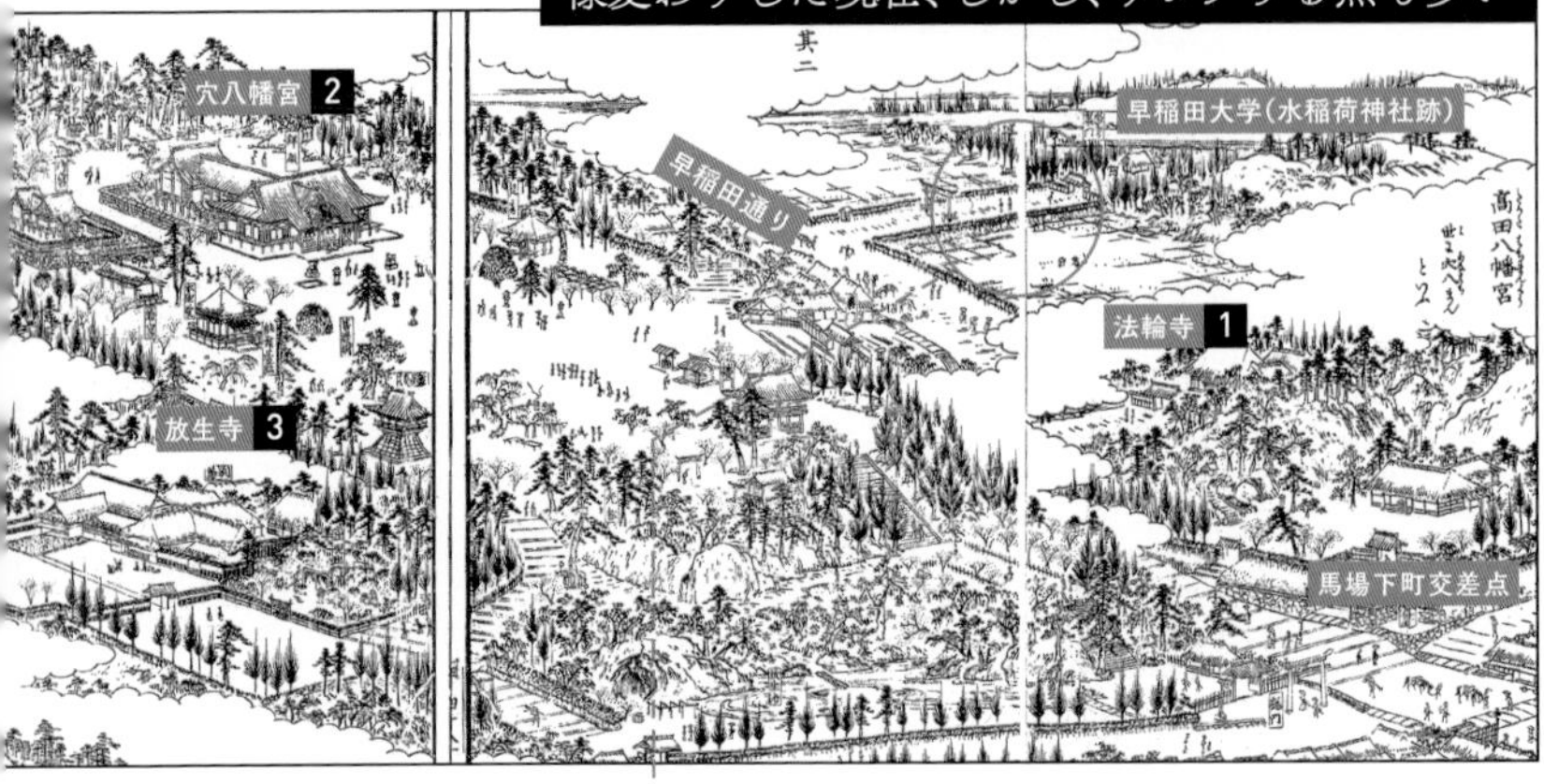

**江戸時代の水稲荷神社への参道
現在は早稲田大学へ**

早稲田大学へ土地提供した水稲荷神社。参道跡は早稲田生たちの駐輪スペースになっている。

早稲田通りに面した坂の上にある法輪寺

この辺りには図会の当時から残る寺社が多い。法輪寺もそのひとつ。

穴八幡宮は蟲（疳《かん》の虫）封じとともに、商売繁盛のご利益があり、名が知られる。創建は1062（康平5）年、源 義家《みなもとのよしいえ》がこの地に兜と太刀を納め、八幡神を祀ったことにはじまるという。もともとは「高田八幡宮」と名乗っていたが、庵をつくるために山裾を切り開いた際に見つかった横穴から御神像が現れたことから、穴八幡宮と称するようになった。

江戸時代には歴代将軍がたびたび参拝に訪れた。8代将軍吉宗《よしむね》は世継である長福丸《ながとみまる》（後の家重）病完治の祈願として流鏑馬《やぶさめ》を奉納した。現在も新宿区指定無形民俗文化財である。

近くに鎮座していた水稲荷神社は、富士講史上最古の富士塚を持つ神社だった。しかし、1965（昭和40）年、早稲田大学拡張のために、富士塚ごと現在地（甘泉園《かんせんえん》公園南側）に移転した。早稲田大学内には現在も、かつての参道跡がさりげなく残る。

秋の紅葉が美しい随神門

四季折々の楽しみがある穴八幡宮。冬至から節分にかけて「一陽来復」のお守りをもらいにくる参拝客で溢れる。

穴八幡宮のすぐ側にある別当放生寺

神仏習合の頃には別当だったこの寺も、いまだ健在。

塗黒と金が重厚な穴八幡宮拝殿

冬至から節分にかけて「一陽来復」のお守りを配るのが恒例行事。日頃閑静なこの境内も賑わいを見せる。

東京

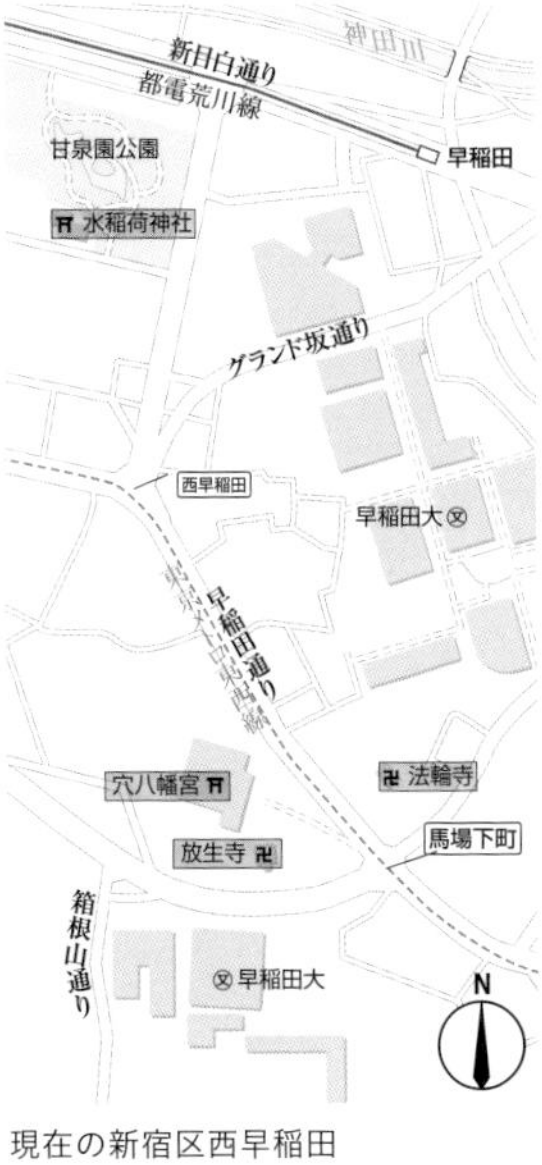

現在の新宿区西早稲田

江戸

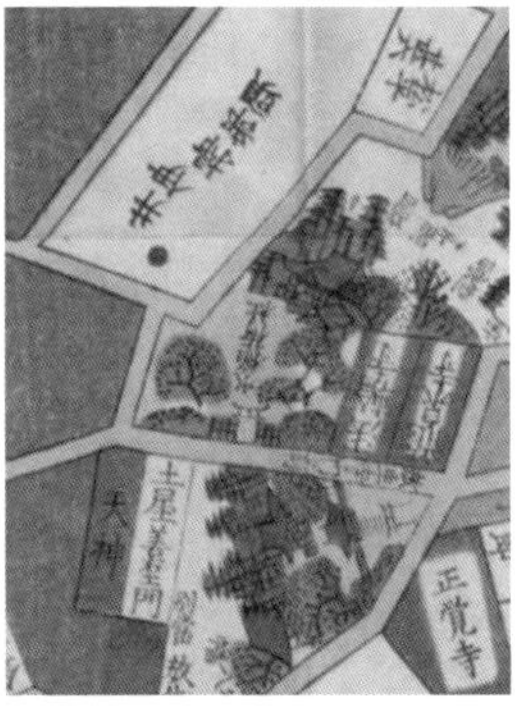

絵地図にある水稲荷神社は、現在甘泉園公園の南側に位置する

遷座した今の水稲荷神社

富士塚ごと移転した水稲荷神社。現在も地元民に愛され続ける。

王子
エリア

map 53

この辺りを「王子」と呼ぶ由来

王子神社《おうじじんじゃ》〈北区王子本町1-1-12〉

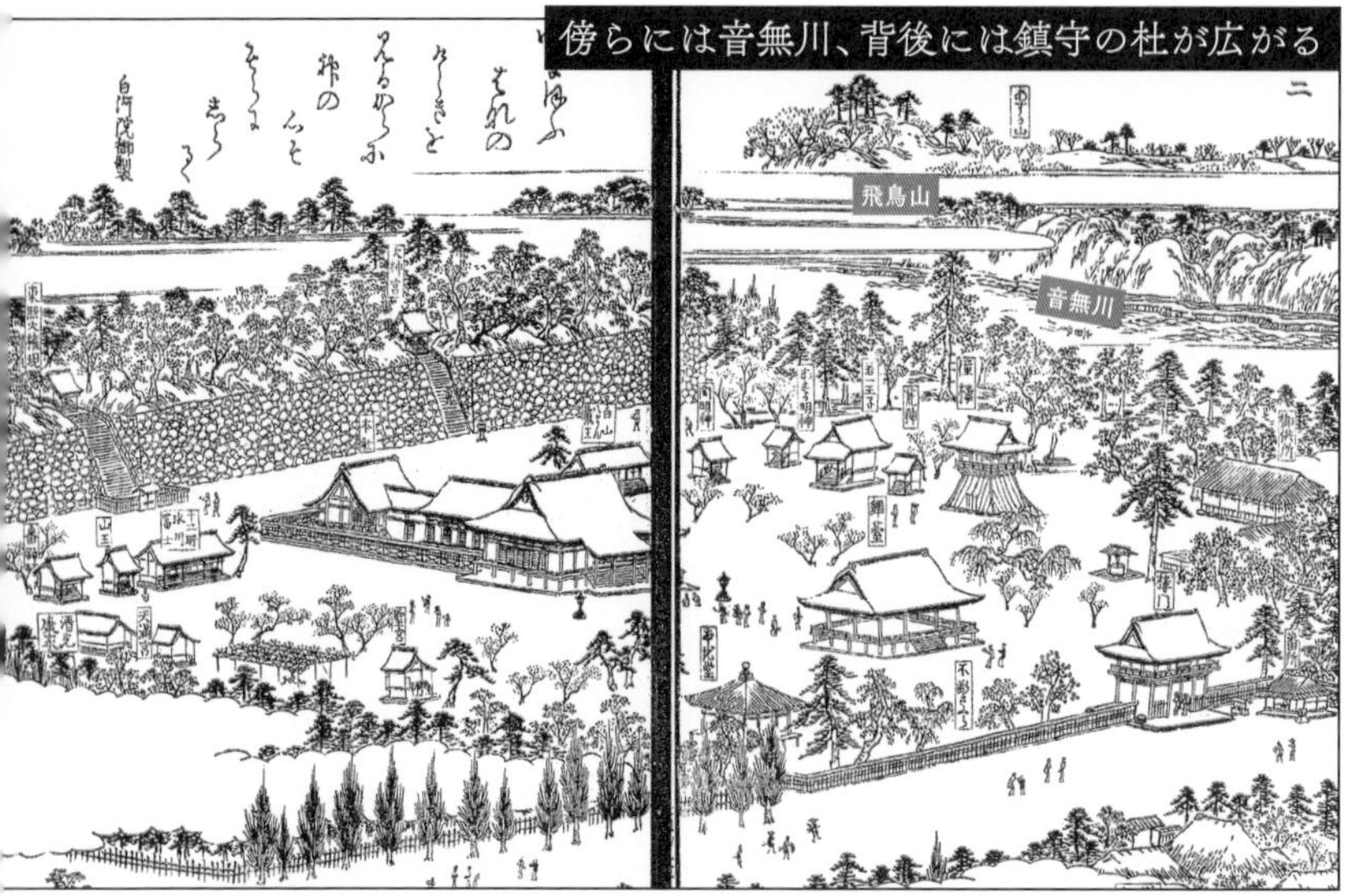

傍らには音無川、背後には鎮守の杜が広がる

王子滝の川

熊野川の渓谷の深さを描く。

髪の神で人気の関神社

逆毛で悩む姉のために日本初のかつらを考案した蝉丸法師。彼が祀られていることから髪にも御利益があるとか。

音無川側から見上げた大イチョウ

神社の創建とともに植えられたという大イチョウは、1924（大正13）年に測ったときで高さが約20mあったという。

創建は古いが定かではない。1322（元亨2）年、王子権現社（後に王子神社）と称するようになった経緯は、この地を支配した豊島氏が社殿を再興した際、熊野三社から若一《にゃくいち》王子神を勧請し、祀ったときからだという。豊島氏は最盛期、現在の東京都の北側半分から埼玉県南部までを支配した大領主である。王子神社の辺りはその中心地だった。そのことから、この辺りは「王子」という地名になったといわれている。

王子神社の例祭では古くから、「王子田楽《でんがく》」と呼ばれる田楽舞が奉納された。これは農耕の際に舞われた一般的な田楽とは異なり、魔除けを祈念した田楽である。十二番からなる田楽の内容、舞児が着用する赤い紙垂れや花笠、舞児を護る鎧武者たちの存在は、中世芸能の姿を今に伝える。「王子田楽」は大太鼓と笛の音に合わせ、「びんざさら」と呼ばれる薄い木の板を連ねた楽器を打ち鳴らして優美に躍る。舞児の花笠は縁起物として大変人気があり、その争

社殿は生い茂る木々の中に

当時は今以上に木々が鬱蒼としており、戦前までは太田道灌《おおたどうかん》が雨宿りに使ったとされる椎の巨木も残っていた。

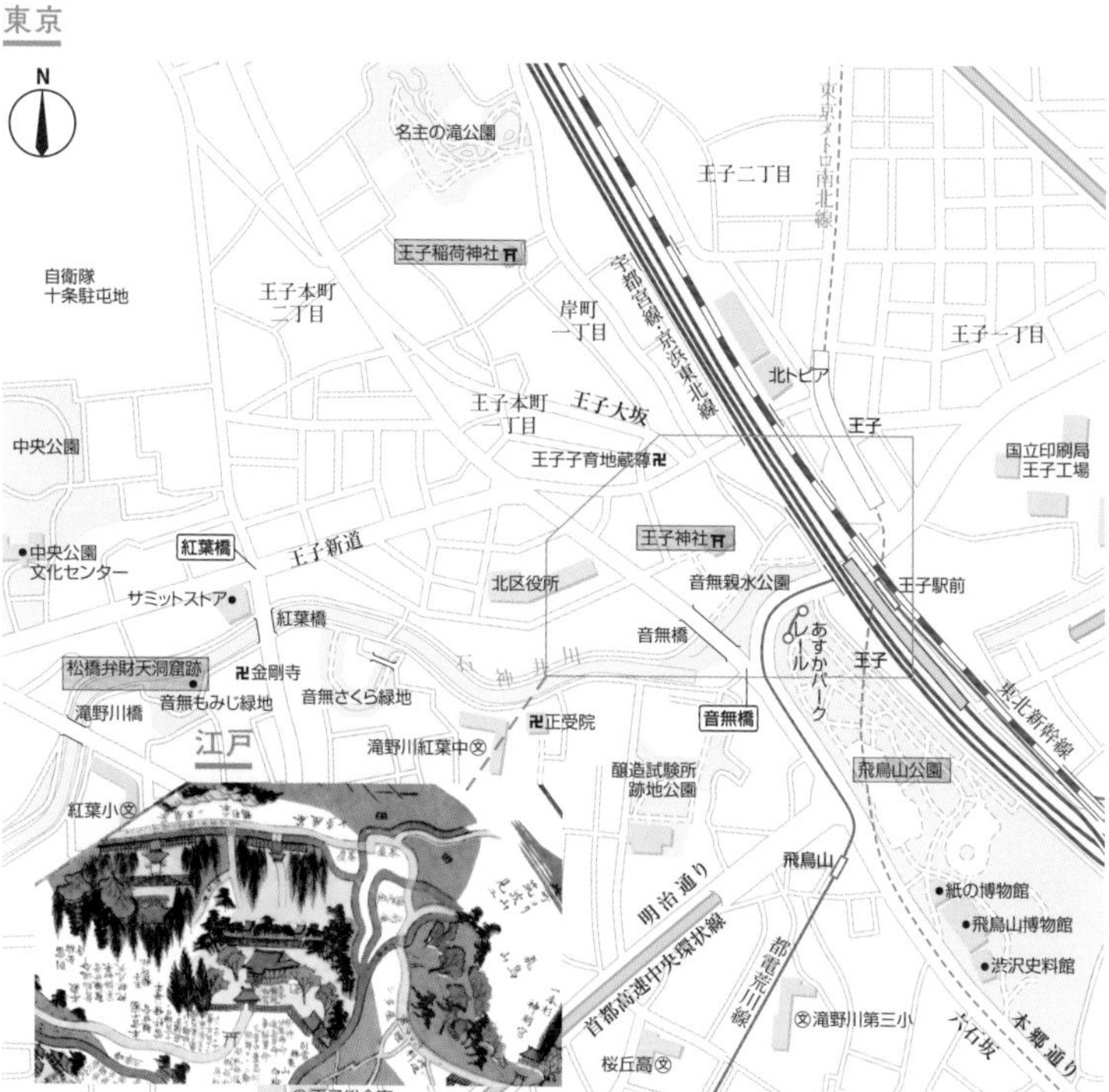

現在の王子近辺。王子神社、王子稲荷神社（124 頁）、飛鳥山公園（126 頁）と松橋弁財天（158 頁）が、古地図と変わらずそこにある。

奪の様子は「けんか祭り」として有名だった。戦後40年にわたり絶えていたが、地元有志による王子田楽衆によって復興、日本三大田楽の一つにも数えられる、北区の無形文化財である。

map 54

東国三十三国の稲荷の頭領

王子稲荷神社《おうじいなりじんじゃ》〈北区岸町1-12-26〉

お穴さまが見下ろす境内と王子の風景

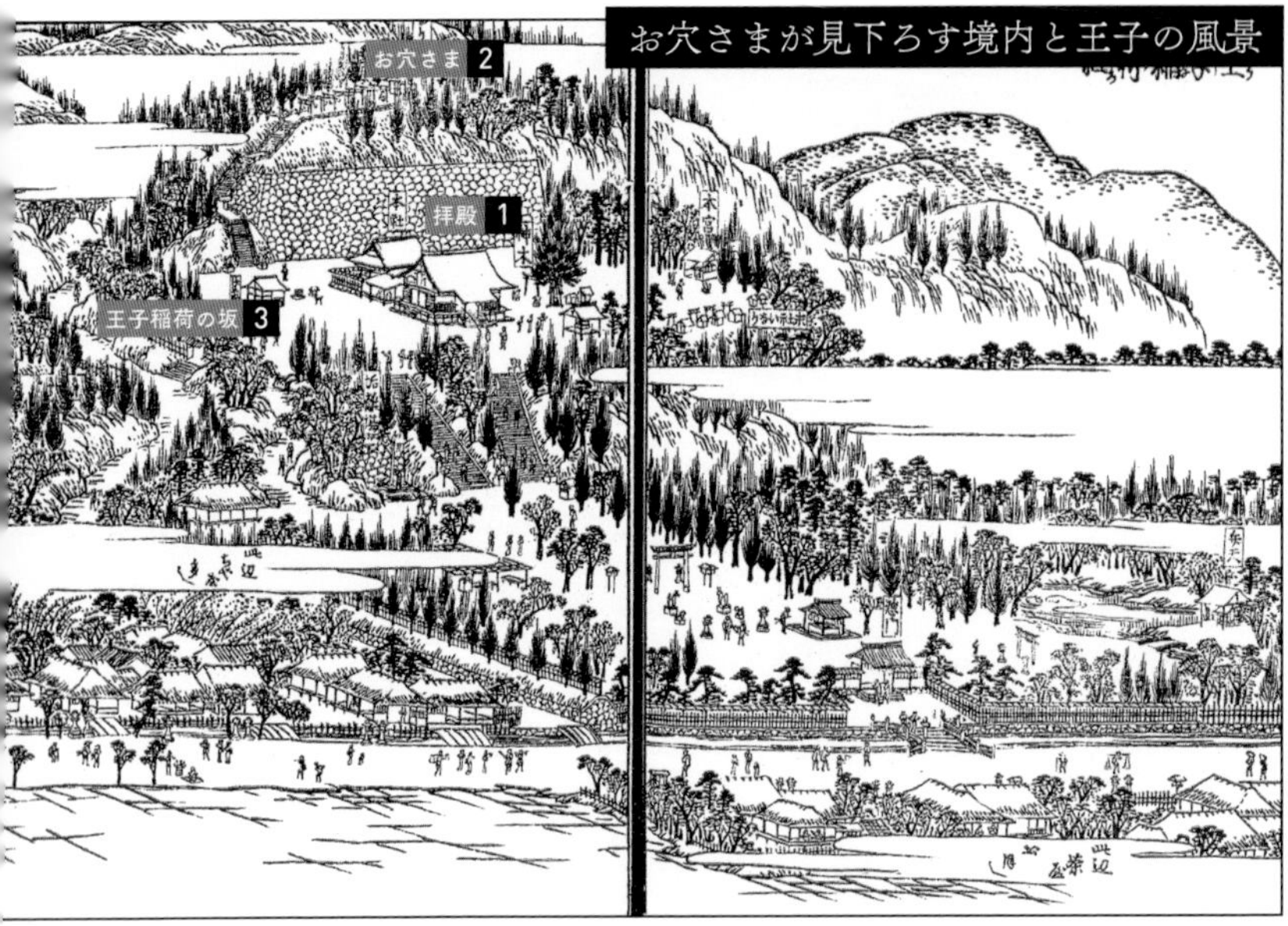

狐が住んでいたといわれる「お穴さま」

神社周辺の丘に住む狐たちは、神の使いとされた。こうした狐たちの住処のひとつが祀られている。

江戸がそのまま残る風格ある拝殿

大晦日、東日本中の狐たちが集まるに相応しい、重厚な構え。

落語『王子の狐』は、人を化かすつもりの狐が逆に人に化かされる噺。王子稲荷神社はこの狐の住処としても有名な場所。古くから「東国三十三国」にある稲荷の頭領として知られる。東国といえば当時は近畿以東、東北地方まで含む広域であり、まさに「東日本の稲荷のトップ」に立つ稲荷神社である。江戸中期までは「東国三十三国」の幟《のぼり》、扁額《へんがく》が神域に掲げられていたというが、寛政の改革（1787〜93年）のときに幕府に没収されてしまい、現在は残っていない。

王子神社には、毎年大晦日の晩、東日本中の狐たちがお参りするといわれてきた。狐たちは参詣の前に、神社近くの「装束榎《しょうぞくえのき》」と呼ばれる古榎の下で装束を改めたという。この「装束榎」とお参りの際の「狐火」は、王子稲荷神社とともに江戸の人々に広く知られ、絵の題材としても人気があった。装束榎は1929（昭和4）年、道路拡張工事により伐採され、王子2-30-14に碑が祀られて装束稲荷神社となった。

現在は幼稚園入口となっている惣門

王子稲荷神社の歴史は長い。創建は1180（治承4）年、平安時代だ。長い歴史の中で、現在は併設する幼稚園を抜けて本殿へ。

王子の狐火

大晦日に大きな榎の下に狐が集まる様子を描く。

宝暦の銘が入った「狛狐」

狛犬ならぬ「狛狐」とでもいおうか、境内には狐の石像が数多い。その中のひとつは1764（宝暦14）の作。

図会左手にある王子稲荷の坂

坂を上れば、この辺りが丘になっていることを再確認できる。

元手水舎が幼稚園のお砂場に

江戸の痕跡には、ギャップに思わず笑ってしまう、こんな残され方もある。

図会と同じく二手に分かれた階段

今も残る拝殿への階段の横は、現在、幼稚園の建物が建つ。

1993（平成5）年からは、狐たちの行列を再現しようと、大晦日の晩、装束稲荷神社から王子稲荷神社まで、狐のお面をかぶって練り歩く行事が行なわれる。

王子
エリア

map 55

「桜の名所」は吉宗の思惑通り

飛鳥山《あすかやま》〈北区王子1丁目〉

桜、富士山の絶景を求め、行楽客が訪れる

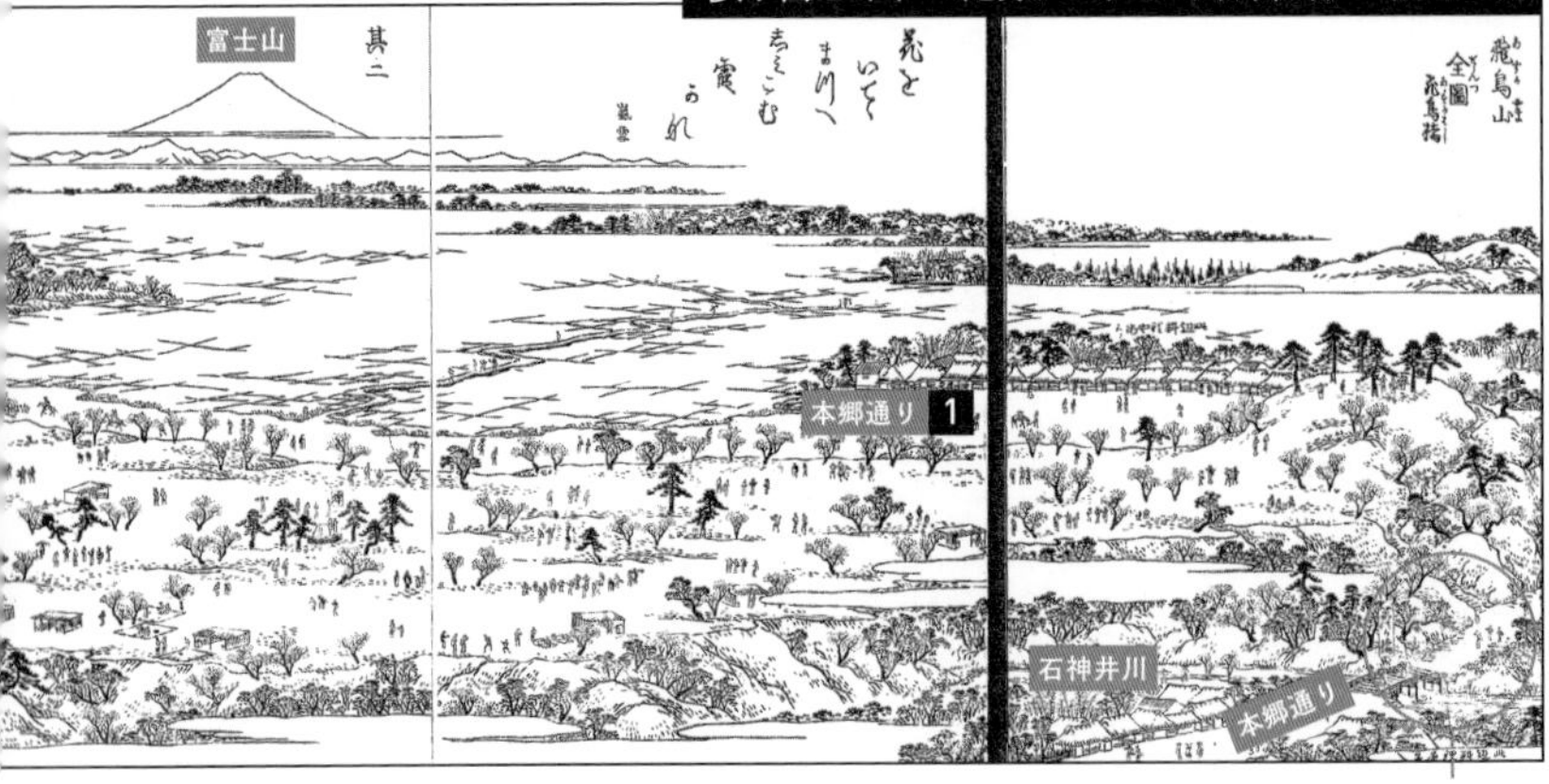

「六コク坂」と呼ばれた
現在の本郷通り

名前は残っていないものの、かつて坂だったことは窺える。

昔と同じカーブを描く

王子駅辺りで大きく曲がる本郷通りのカーブは、江戸時代から変わらず残る風景だ。

飛鳥山は、8代将軍吉宗《よしむね》が享保の改革の一環として飛鳥山を造成し、桜の苗木を植える整備を行ったことで知られる。吉宗の治世、江戸近辺には桜の名所が寛永寺くらいで、花見の時期は寛永寺に人が殺到し、風紀が乱れた。吉宗は、庶民が安心して花見ができる場所として、御殿山や隅田川河岸と共に飛鳥山に目を付けた。こうして1737（元文2）年、飛鳥山は江戸庶民の行楽地となり一般に開放された。開放時には、吉宗自らが飛鳥山に宴席を設け、名所としてのアピールを行ったといわれる。吉宗の狙い通り、桜の名所として賑わった飛鳥山には茶屋や料亭も増えていった。そのうちのひとつ、『王子の狐』にも登場する扇屋は、料亭こそ辞したが、名物の卵焼きを現在でも販売する。

　行楽地となっていった飛鳥山は、多くの絵師も画題とした。歌川広重《うたがわひろしげ》は『名所江戸百景』で筑波山を遠景に、中景として広大な田園地帯を描いた。一方『江戸名所図会』では、広重とは180

度視点場を変え、筑波山を背にした北東側から富士山を俯瞰した。

1873（明治6）年には上野公園など共に日本最初の公園に指定され、現在に至るまで、桜の名所として親しまれ続ける。

音無川から望む飛鳥山

8代将軍吉宗が植樹、解放、命名した飛鳥山。名は吉宗の出身地、紀州の紀伊新宮、飛鳥明神の分霊を祀ったことから。

扇屋の卵焼き

『王子の狐』にも登場する、王子名物の卵焼き。

当時からあった扇屋が今も健在

料亭はやめ、規模もかなりこじんまりとしているが、今も王子名物の味を守り続ける。

音無川で涼を楽しむ江戸の庶民

川が流れ、茶屋や料理屋の並んだこの辺りは、桜の時期でなくても江戸の人たちにとって格好の観光スポットだった。

佐久間《さくま》象山《しょうざん》の桜の賦が刻まれた石碑

碑の下には、象山が暗殺された際身につけていた挿袋《そうたい》が眠る。

飛鳥山公園にある飛鳥山の碑

吉宗の飛鳥山造営を顕彰して建てられた。当時は飛鳥山のランドマークとして親しまれた。

map 56

品川宿「南の天王社」

荏原神社《えばらじんじゃ》〈品川区北品川2-30-28〉

天王洲と縁深い荏原神社とその祭り

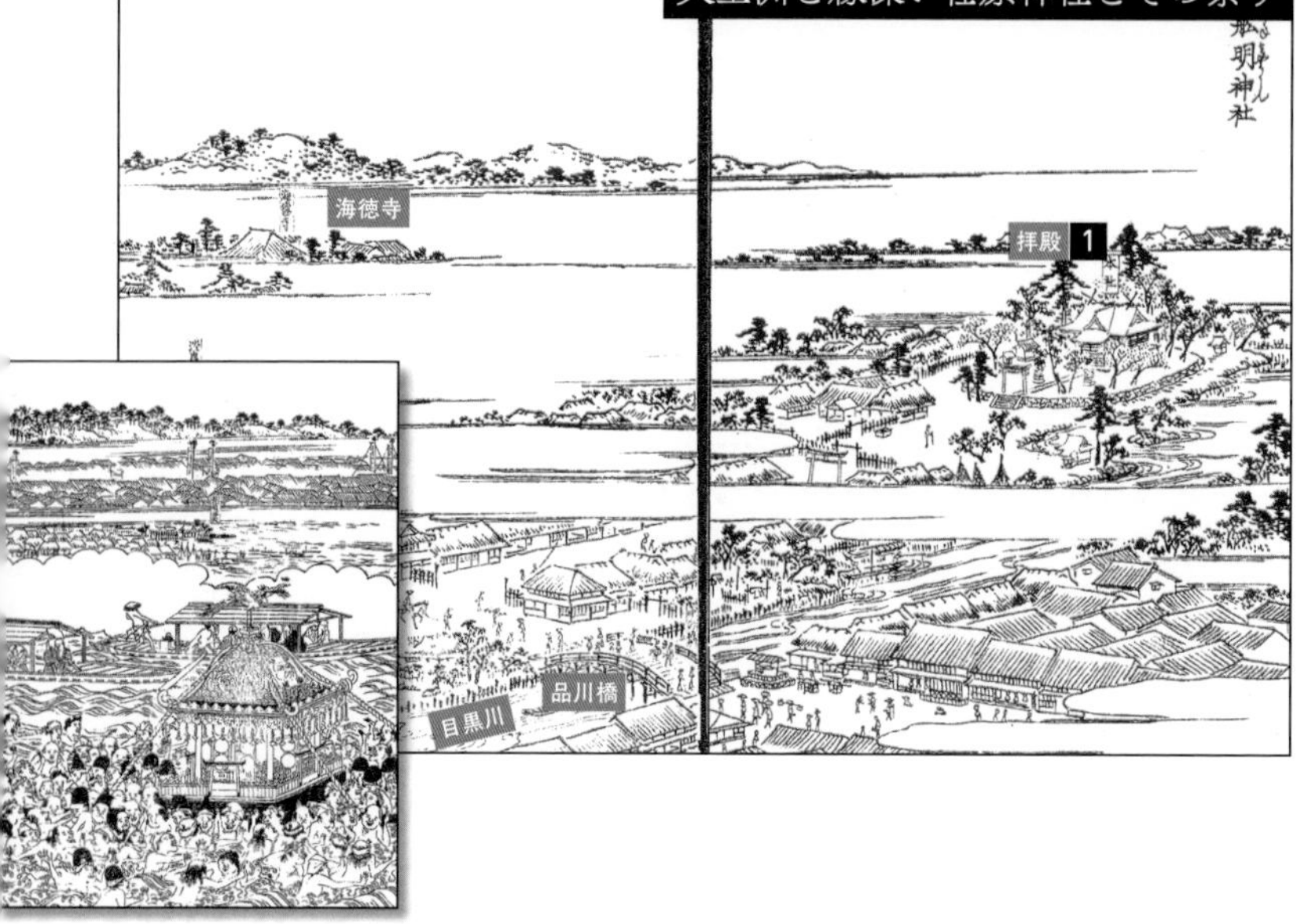

こちらは北品川の鎮守・品川神社

品川総鎮守だった荏原神社より北品川の一部を分けられた。

小振りだが造形の美しい荏原神社の拝殿

1844（弘化元）年の造営。

東海道を分断するように流れる目黒川。品川宿はこの川をはさんで北を北品川宿、南を南品川宿といい、それぞれに産土神が鎮座する。「北の天王社」品川神社と「南の天王社」荏原神社だ。現在の地図を見ると、品川神社も荏原神社も目黒川の北に位置するが、これは河川改修で目黒川の流路が変更されたため。江戸時代、目黒川は荏原神社のすぐ背後を流れていた。

荏原神社の創建は709（和銅2）年。江戸時代までは貴布禰《きふね》大明神《だいみょうじん》、または、品川大明神と呼ばれ、かつては品川総鎮守だった。後に北品川の一部を品川神社に分けたため、現在の氏子区域は東品川、南品川全域、北品川、広町の一部である。

この辺りには「天王洲」と呼ばれる海域がある。これは荏原神社で鎌倉時代より行なわれてきた、天王祭神面神輿海中渡御《とぎょ》から名付けられたものだ。また、1751（宝暦元）年に牛頭天王の御神面が見つかって以降、天王洲は御神域として禁猟区となる。当時の様子

荏原神社へと続く朱色の鎮守橋

1928（昭和 3）年に架けられたこの橋は、目黒川の河川改修を受けて、荏原神社の氏子たちが費用を拠出したもの。

品川神社富士塚からの眺め

この富士塚は 1869（明治 2）年、明治時代に入ってから築かれた。現在の富士塚は 1922（大正 11）年に第一京浜国道建設のために現在地に移転。山頂からは臨海部が一望できる。

天王洲沖で行なわれる別名「かっぱ祭り」

天王祭の海中渡御、別名は、水神でもある須佐之男神にちなみ、参加者を水神の使い・かっぱになぞらえたことから。

は図会にも描かれており、海中渡御そのものからはもちろん、屋形船を仕立てた見物人や、背後の町中を練り歩く祭りの旗からも、当時の活気が見て取れる。

東京

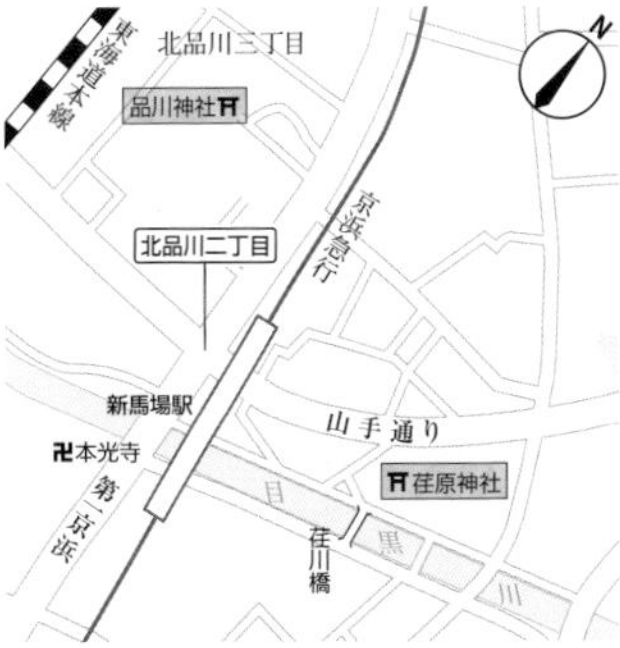

現在の周辺地図。かつては山手通りを目黒川が流れていた。

江戸

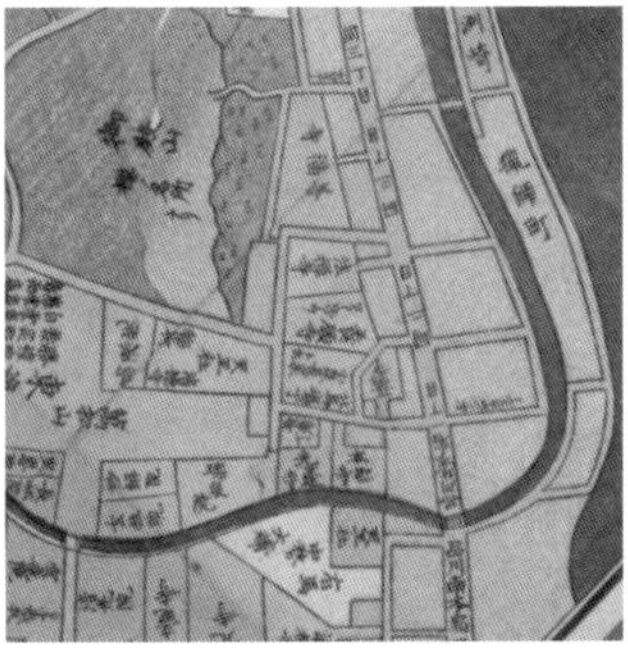

目黒川を挟んで南北に二社が鎮座しているのがわかる。

品川
エリア

map 57

品川の町づくりの出発点

品川寺《ほんせんじ》〈品川区南品川3-5-17〉

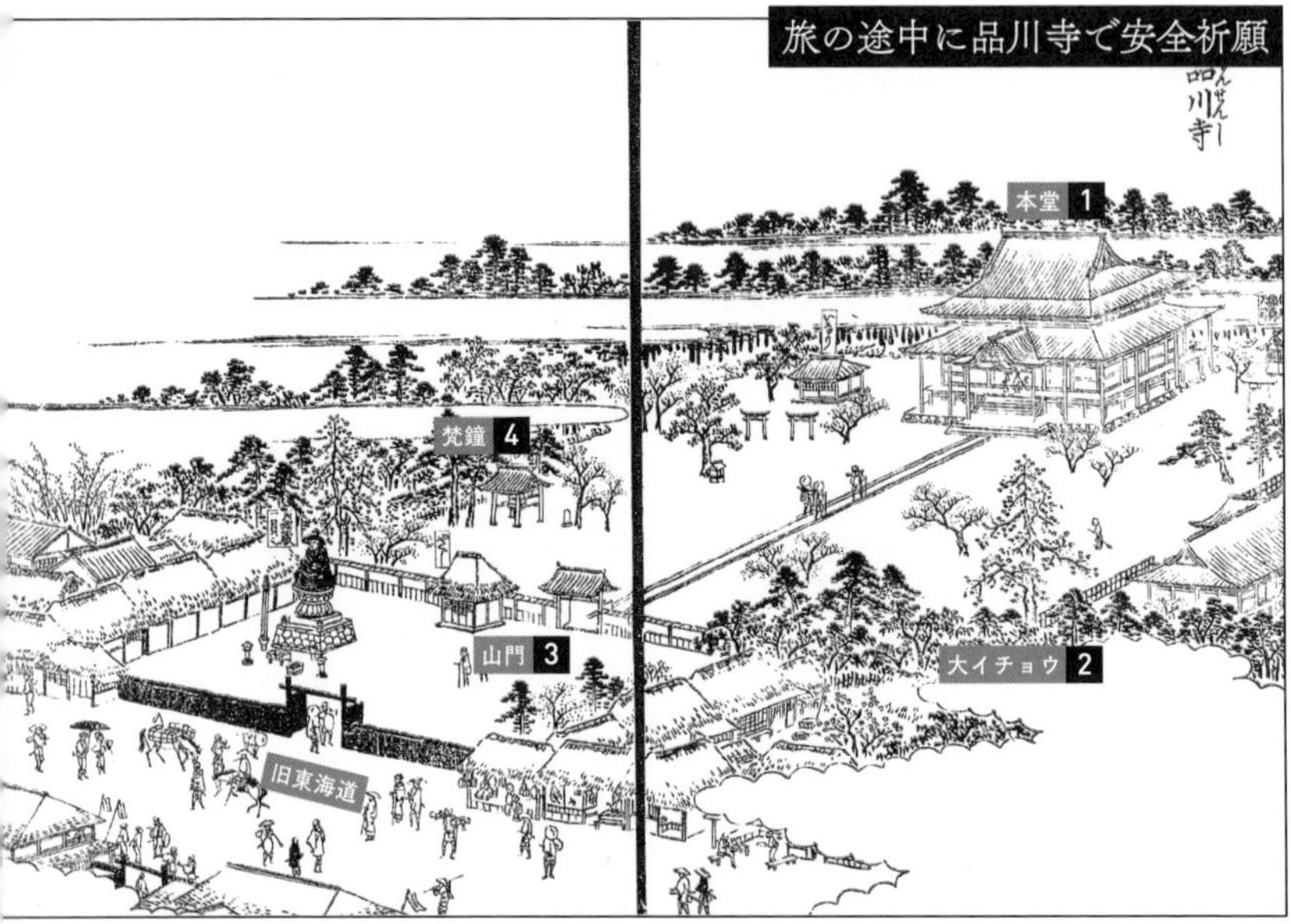

旧東海道から少し入ったところに山門が

山門の位置は江戸時代から変わっていない。旧東海道の旅の途中、参拝に立ち寄った者も多かっただろう。

樹齢600年という大イチョウ

天然記念物として品川区に登録されている。地蔵とともに、品川寺の栄枯盛衰を見守り続けてきた。図会でもひときわ大きく描かれる。

モダンな外観の本堂

江戸末期より荒廃が続いていたが、梵鐘の捜索と並行して復興計画が進み、1923（大正12）年に造営された。

江戸時代、宿場として栄えた品川だが、中世以前に既にこの町の骨格は描かれ、その拠点が品川寺だった。弘法大師《こうぼうだいし》が大同年間（806〜810年）に創建したとされる品川寺は、品川で最も古い寺院であり、品川の町ができる出発点となった。太田道灌《おおたどうかん》による伽藍《がらん》の建立、その後の戦乱による荒廃など紆余曲折を経て、1652（承応元）年に再興する。

現在の微細な地形を読み込むと、なぜ弘法大師が南品川の地に寺院を置こうとしたのかがわかってくる。現在、元なぎさ通りと呼ばれるあたりは江戸時代の水際線だったが、弘法大師が生きた時代は江戸時代よりも水位が2m以上高く、海岸線がもっと内陸側にあった。旧東海道から東側、海に延びる細い道をのぞくと、40mほど先で急に下る。中世の水際線がこのあたりにあり、品川寺が海からのランドマークとして恰好の場所に位置していたことがわかる。

品川寺には、幕末に海を越え、1930

旧東海道に面して座す地蔵菩薩

1708（宝永5）年に鋳造されたこの像は江戸六地蔵の第一番。江戸へ出入りするための6つの街道の入口に1体ずつ安置された。

江戸

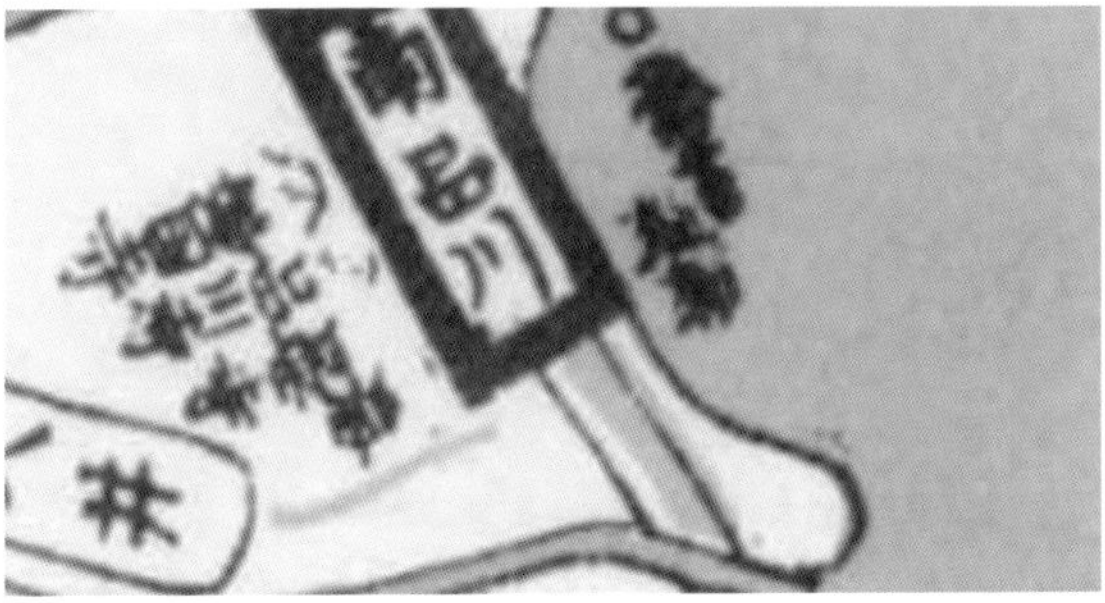

江戸時代の南品川付近。海が近い。

ヨーロッパから戻った梵鐘

ジュネーブ市のアリアナ美術館で見つかった梵鐘。贈還から60年後の1990（平成2）年、同型の梵鐘を贈呈した。

東京

品川寺とジュネーブ平和通り

（昭和5）年にスイスのジュネーブ市から返還された梵鐘《ぼんしょう》がある。これを記念し、品川寺近くの通りには、「ジュネーブ平和通り」の名がつけられた。

隅田川河口エリア

map 58

史上最悪の落橋事故を経て

永代橋《えいたいばし》〈中央区新川1～江東区佐賀1・永代1〉

最大級の橋がまたぐ隅田川の広い川幅

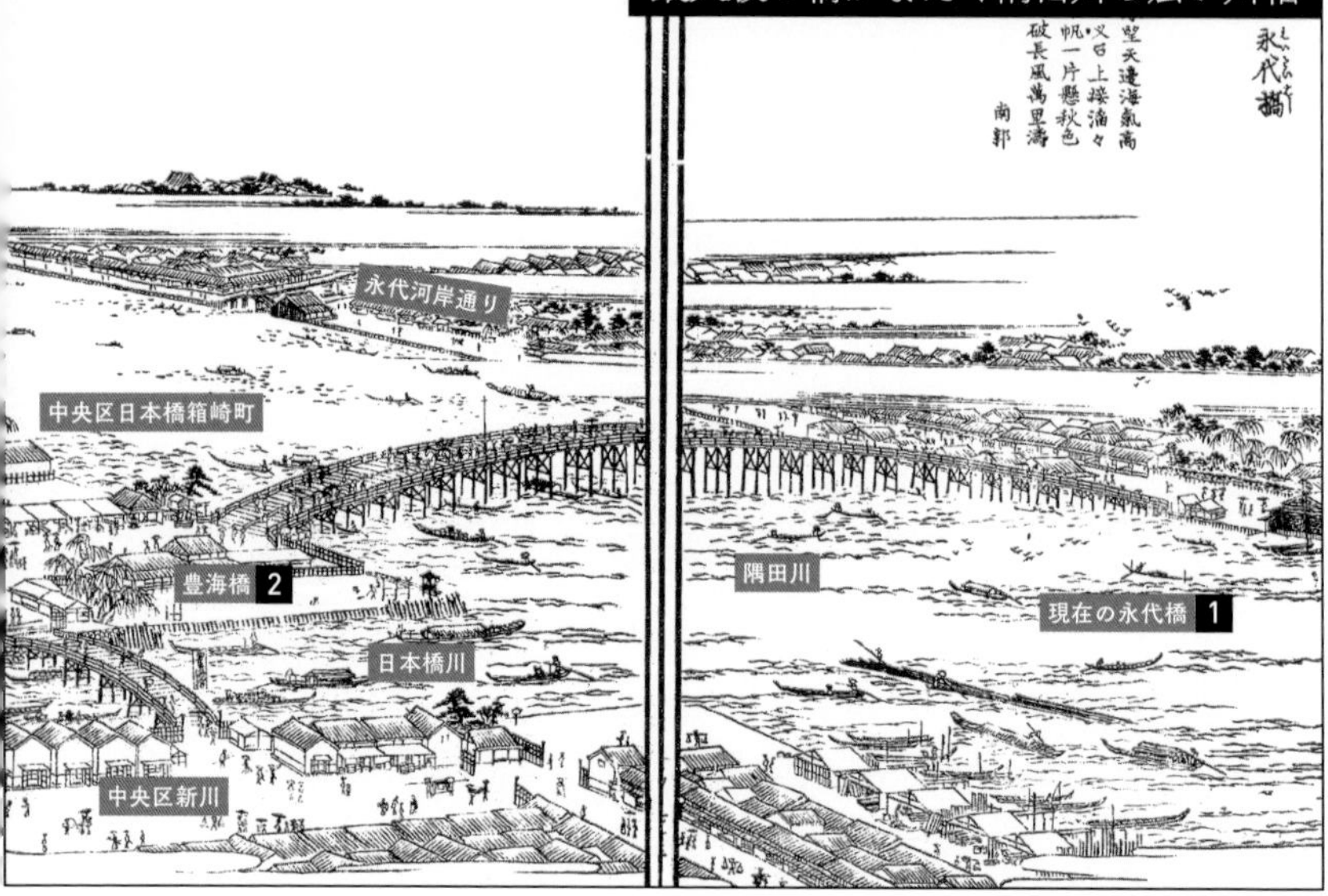

現在の豊海橋《よみばし》

こちらは位置も変わらず活躍中。

昭和初期の永代橋。現在重要文化財指定

関東大震災後に架橋位置が変わった。震災復興事業の第一号として建設された際、現在の位置に落ち着く。

永代橋は、1698（元禄11）年8月、5代将軍綱吉《つなよし》の50歳の誕生日を祝い、隅田川で4番目の橋として最も下流に架設された。明治期に現在地へ架橋されるまでは、現在より100mほど上流にあり、建設資材には寛永寺（104頁）根本中堂造営時の余材が使われた。多数の船が行き来できるよう、橋脚は満潮時でも水面から3m以上あり、長さ110間（約200m）は当時最大規模の大橋だった。赤穂《あこう》義士たちが討入り後、吉良《きら》上野介《こうずけのすけ》の首を掲げて渡ったことでも知られる。

1719（享保4）年になると、幕府は財政逼迫を理由に廃橋とするが、町民衆の嘆願により、維持費を町方が全負担することで存続した。しかし、1807（文化4）年の深川富岡八幡宮祭礼の日、12年ぶりの祭りを見ようと詰め掛けた群衆の重みで橋の一部が落下し、押された人たちが次々と転落。死者・行方不明者は1400人を超えたという。

永代橋の絵は、隅田川の上流から橋と佃島を描いたものが多い。図会ではその

永代橋とスカイツリーを望む

かつて四方に見えた山々はビルにかくれてしまったが、現在は、東京の新名所と合わせて見ることができる。

永代橋崩壊の絵

事故当時の様子を伝える。

広重の描いた永代橋

隅田川上流から臨んだ定番の構図。奥に佃島の漁師町と石川島の森が見える。

構図をあえて避け、隅田川河口付近から永代橋の雄大さを捉えた。この永代橋の上からは隅田川上流に筑波山、東に日が昇る房総の山並み、南から西に箱根山、富士山と、パノラマが楽しめた。

東京

現在の永代橋付近。永代橋の架かっている場所が変わっている。

江戸

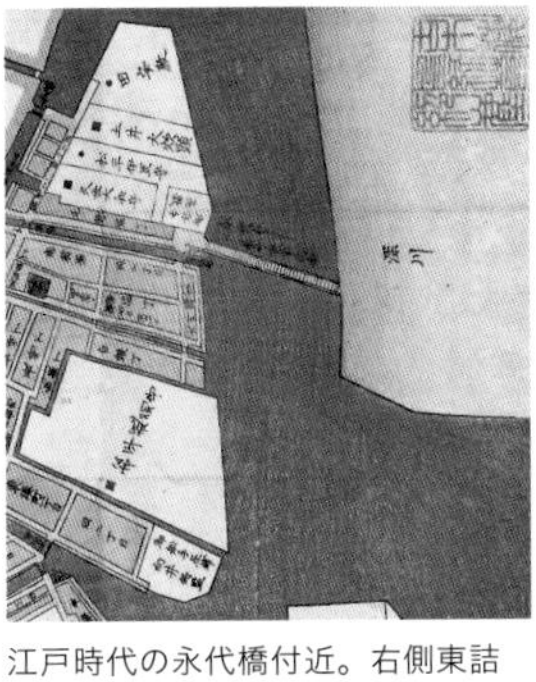

江戸時代の永代橋付近。右側東詰は江東区深川。

江戸の面影は門前寺町に

築《つき》地《じ》本《ほん》願《がん》寺《じ》〈中央区築地3-15-1〉

水陸両路から多くの参拝客が訪れた

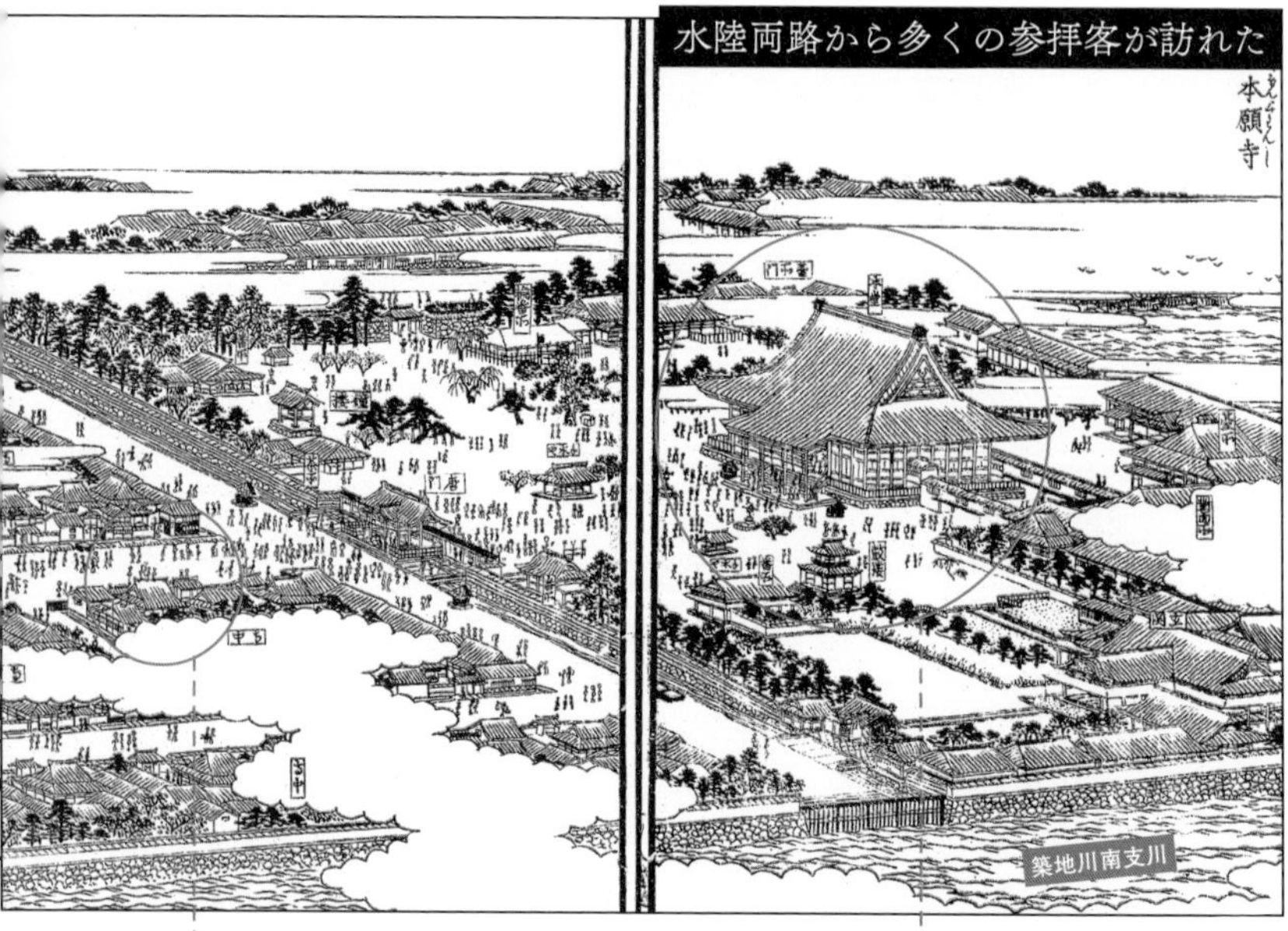

かつての門前寺町を偲ばせる圓正寺

本院の姿が変わり、周囲が移転していった中、変わらずこの地に佇む。

古代インド様式が特徴的な現在

日本建築史の創始者、伊東忠太が設計にあたった。鉄筋コンクリート造も、当時としては珍しい。

築地本願寺は、1617（元和3）年に京都の西本願寺の別院として日本橋の隅田川近くに建立された。図会にある解説によれば、本尊は聖徳太子が手彫した阿弥陀如来立像だという。1657（明暦3）年、明暦の大火により本堂が焼失すると、幕府による町割りが行われ、旧地での再建が許されなかった。その代替地として、八丁堀の南にある海上沖が与えられる。その時、佃島（現中央区佃）の門徒を中心に、海面が埋め立てられ、30年の歳月を費やして本堂が再建された。この「土地を築いた」ことが、築地という地名の由来となった。本堂の向きは現在と異なり、旧築地市場があった方向、南西向きに建てられた。境内正面から南西に参道がのばされ、その両側に築地本願寺の門前寺町が形成された。

1923（大正12）年の関東大震災以降、築地本願寺と門前寺町は大きく変化する。本堂は地震による倒壊を免れたものの、その後の東京一円を襲った大火で焼失。現在の本堂は、伊東忠太《いとうちゅうた》

かつての参道跡は築地場外市場に

現在の店舗が建ち並ぶ道はかつての参道であり門前寺町メイン通り跡。往時には58もの寺が並んでいたという。

建設中の築地川第三駐車場

築地本願寺脇にあった築地川が埋め立てられ、後に第三駐車場となる。

川を想起させる公園と備前橋跡

昭和60年頃にはまだあった築地川も現在は無い。橋の向こうの公園が堀割だった。

東京

現在は参道のみが痕跡を伝える

江戸

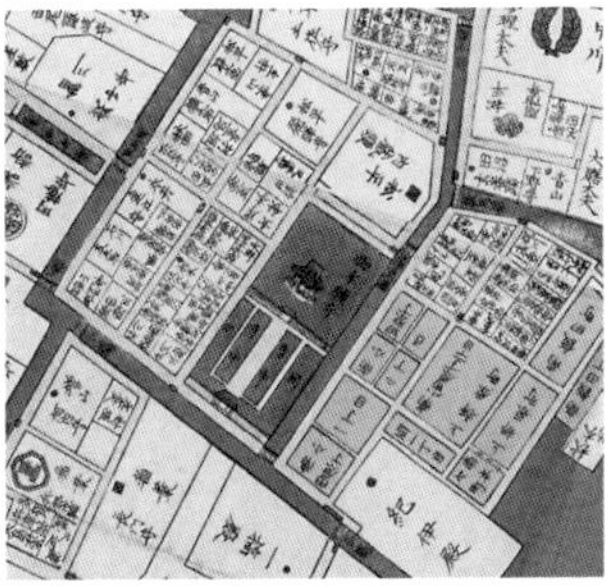

南西向きだった当時

が設計した古代インド様式で再建し、1934（昭和9）年に完成した。本堂は北西に90度向きを変え、門前寺町の寺院は多くが移転した。その後に、築地場外市場として、小さな店がひしめくように建てられ、今日に至る。

浅草寺の隣りにある神社

浅草神社《あさくさじんじゃ》・三社祭《さんじゃまつり》〈台東区浅草2-3-1〉

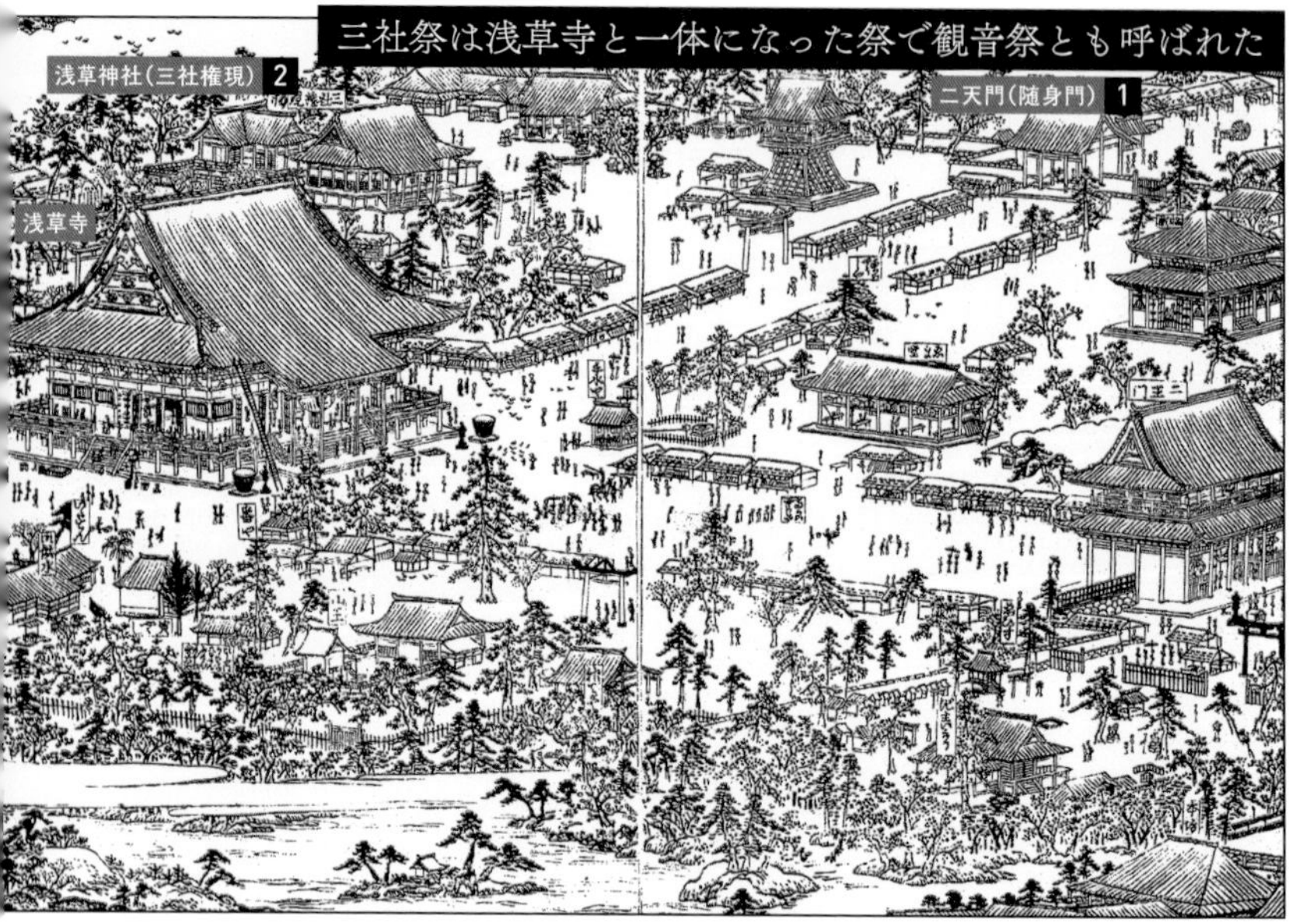

三社祭は浅草寺と一体になった祭で観音祭とも呼ばれた

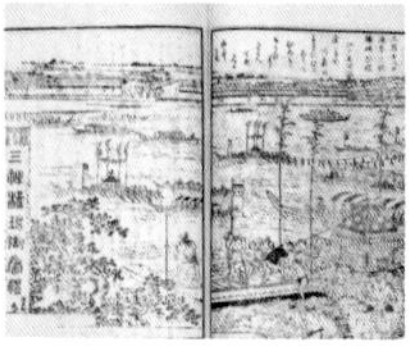

『東都歳時記』に見る渡御の様子

船の多さ、人の多さを見ていると、祭りの怒号が聞こえてきそうだ。

江戸時代そのままの姿、浅草神社の拝殿

内装の修繕等は行なっているものの、社殿そのものは造営当時のまま残る。

歴史的な価値が高い二天門

船渡御を終えた神輿が帰ってきて浅草寺境内に入る門。左右に飾られた増長天と持国天は寛永寺にある家綱《いえつな》の霊廟から拝領したもの。

浅草神社は浅草寺境内東側、本堂の右に位置し、ゆかりも深い。縁起によれば、浅草寺の本尊は628年宮戸川（隅田川）から引き上げられた観音像であるという。この観音像を引き上げた二人の兄弟漁師・檜前《ひのくま》浜成《はまなり》武成《たけなり》、この像が観音像であることを二人に教えた郷司の土師中知《はじのなかとも》が、浅草神社に三社様として祀られている。浅草寺は、江戸の庶民信仰のメッカであり、開帳などを通じて文化情報の発信源の役割を担う寺院でもあった。

神田祭や山王祭が町中を練る祭礼行事をしたのに対し、浅草神社の三社祭は単純なルートながら、隅田川の水上を渡御《とぎょ》する「船渡御」を行っていた（明治時代に廃絶）。2012（平成24）年度には三社祭の700周年を記念して、特別に実施された。

びんざさら舞も三社祭には欠かせない

水上渡御が行なわれなくなった今でも、伝統のびんざさら舞は受け継がれている。

神輿が輝く三社祭

現在は本社の神輿が氏子区域を廻る三社祭だが、当時は神輿の船渡御と並び、各氏子区域から出る山車行列も人気があった。

東京

江戸時代の三社祭の神輿渡御ルート

江戸

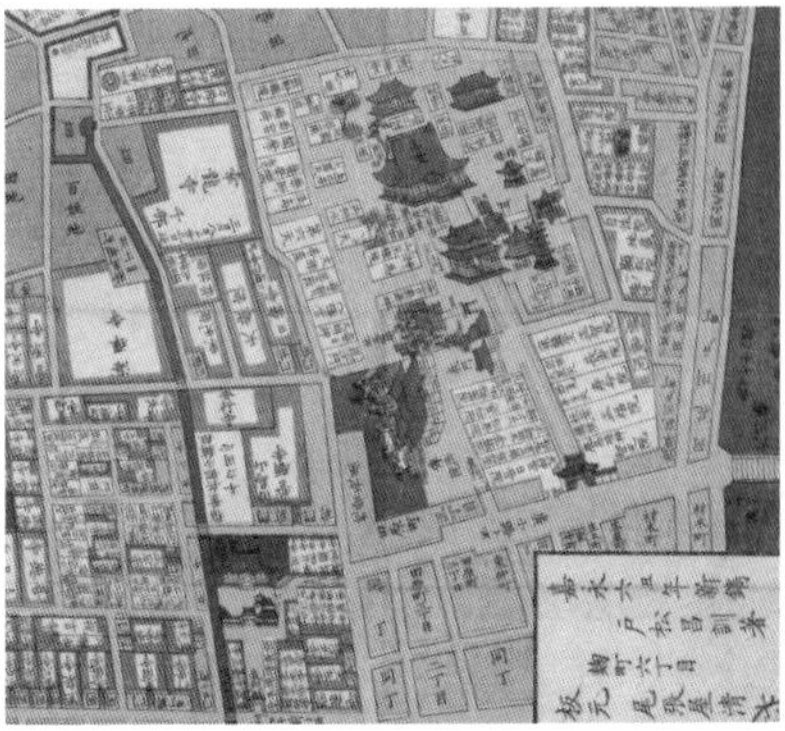

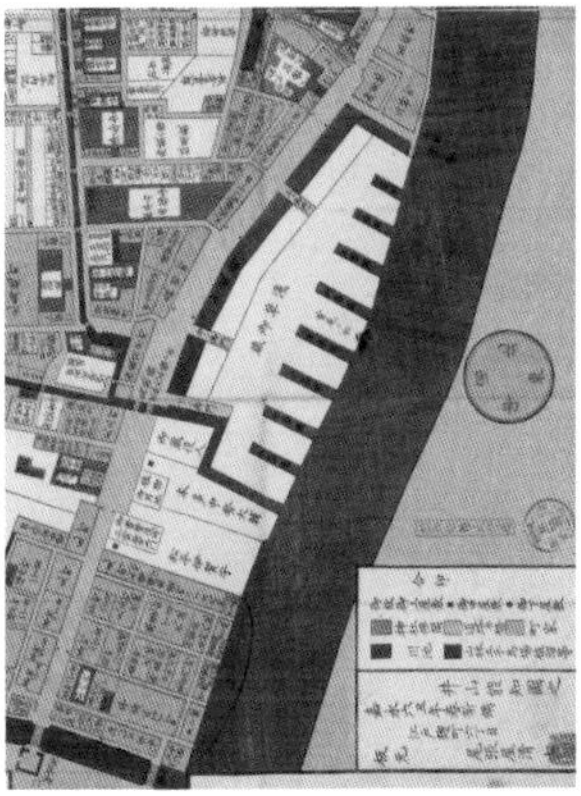

上の絵地図は浅草寺境内の様子とその周辺。下の絵地図は船渡御する浅草橋から御米蔵《おこめぐら》までの様子

三井家との深いゆかり

三《み》囲《めぐり》神《じん》社《じゃ》〈墨田区向島2-5-17〉

隅田川対岸から「竹屋の渡し」を利用してくる参拝客もいた

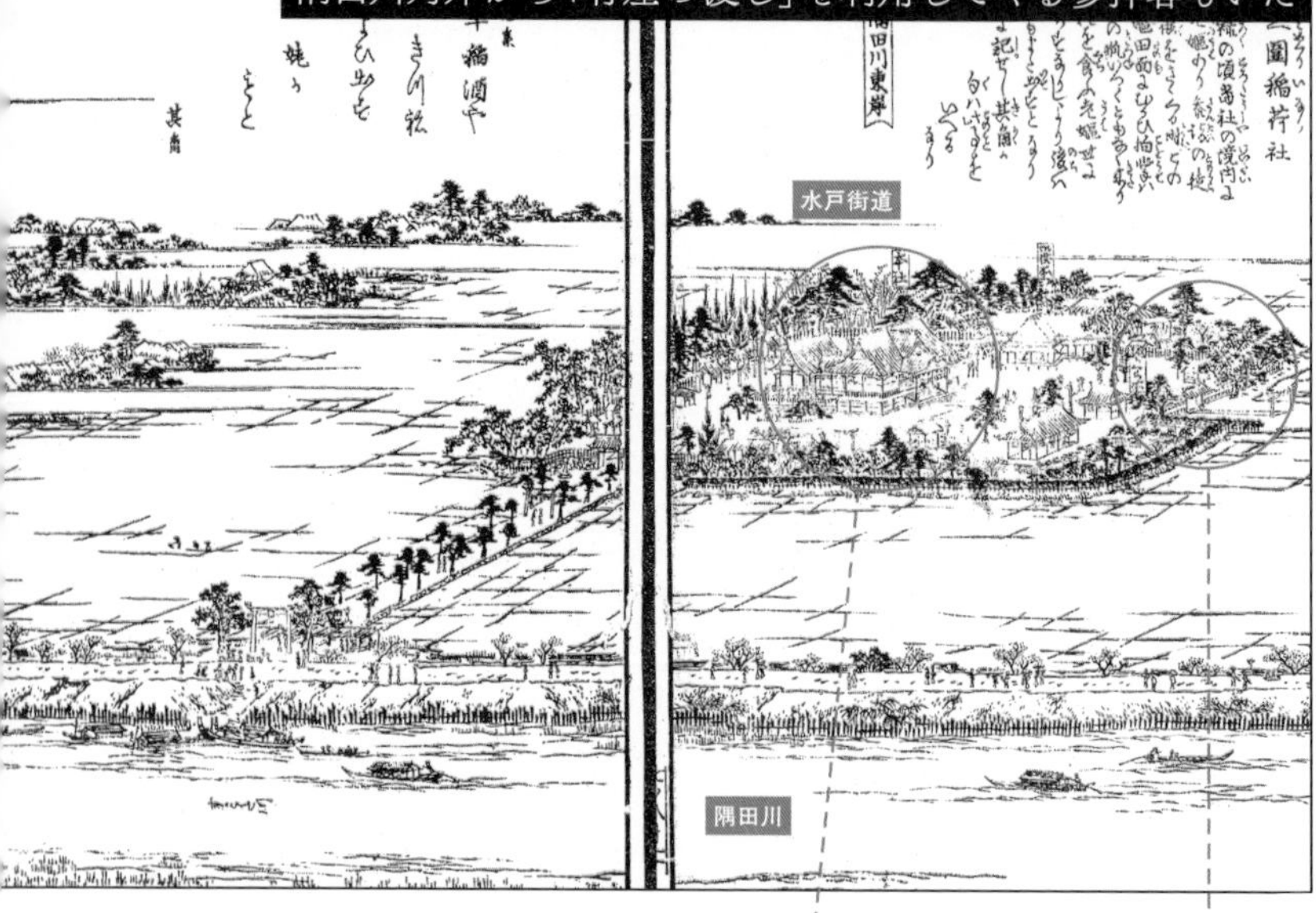

三越池袋店にあったライオン像

三井とのつながりは現在でも。2009（平成21）年に閉店した三越池袋店のライオン像が境内に居場所を見つける。

安政の建築と伝えられる本殿

権現造の落ち着いた社殿屋根の四方に飾られた狐の像が特徴的。

一の鳥居、三の鳥居、本殿と直線に並ぶ

図会中央の参道よりも、現在はこちらの参道がメインとなっている。

創建時期は定かでない。もとは田中稲荷だったという。南北朝時代、近江三井寺の僧が訪れた際、荒れた祠のいわれを聞いて改築しようと掘ったところ、壺が出土したそうだ。この壺の中には、右手に宝珠・左手にイネを持って白狐に跨った老爺の神像が入れられており、どこからか現れた白狐がその神像の回りを三度めぐって死んだ。このことから、神社の名が「三《み》囲《めぐり》」となったという。

三囲神社の名が広まった時期は、1693（元禄6）年の干ばつの時のこと。この地を偶然通りかかった俳人 宝《たから》井《い》其《き》角《かく》は、雨乞いをする地元民に哀願され、雨乞いの句を神前に奉じた。「遊《ゆ》ふた地や　田を見めぐりの　神ならば」という、「見めぐり」と「三囲」を掛けた句だ。すると翌日、雨が降った。

この評判を聞いた三井家は、江戸の本拠地から見て鬼門に位置していたこともあり、三囲神社を守護社と仰いだ。「井」の字を囲み、「三井」と似た「三囲」の名からも、「三井を守る」と

朱色の鳥居が連なる先には

神社名の由来でもある白狐が祀られている。境内にはこの他にも、三井家の先祖を祀る顕名神社《あきなじんじゃ》がある。

神社の故事にまつわる石像

境内の白狐祠を守る老夫婦の像。老婆に頼んで狐に願い事を伝えてもらうとその願いは叶ったという。

三井家から移築した三柱鳥居《みはしらとりい》

三井家の出身地、太秦《うずまさ》の木嶋神社にあるものを模造し、江戸の三井家に置いていたものを移築した。

日本橋三越本店屋上の三囲神社の分祀社

「屋上の分祀社」といっても、かなりしっかりと祀られている。

考えたようだ。境内には三井家の祖先を祀る社や、池袋三越のライオン像があるなど、今も関係は深い。三越各店の屋上には、三囲神社の分祀社が置かれ、三井グループ各社からなる三囲会も存在する。

東京

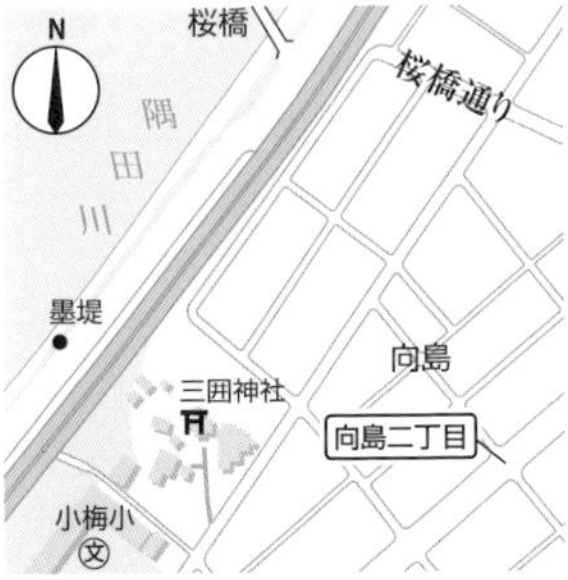

現在は護岸が隅田川に延び、江戸時代に桜並木だった上に首都高が走る

江戸

当時の三囲神社周辺

弟橘媛を祀る川縁の神社

吾嬬神社《あづまじんじゃ》〈墨田区立花1-1-15〉

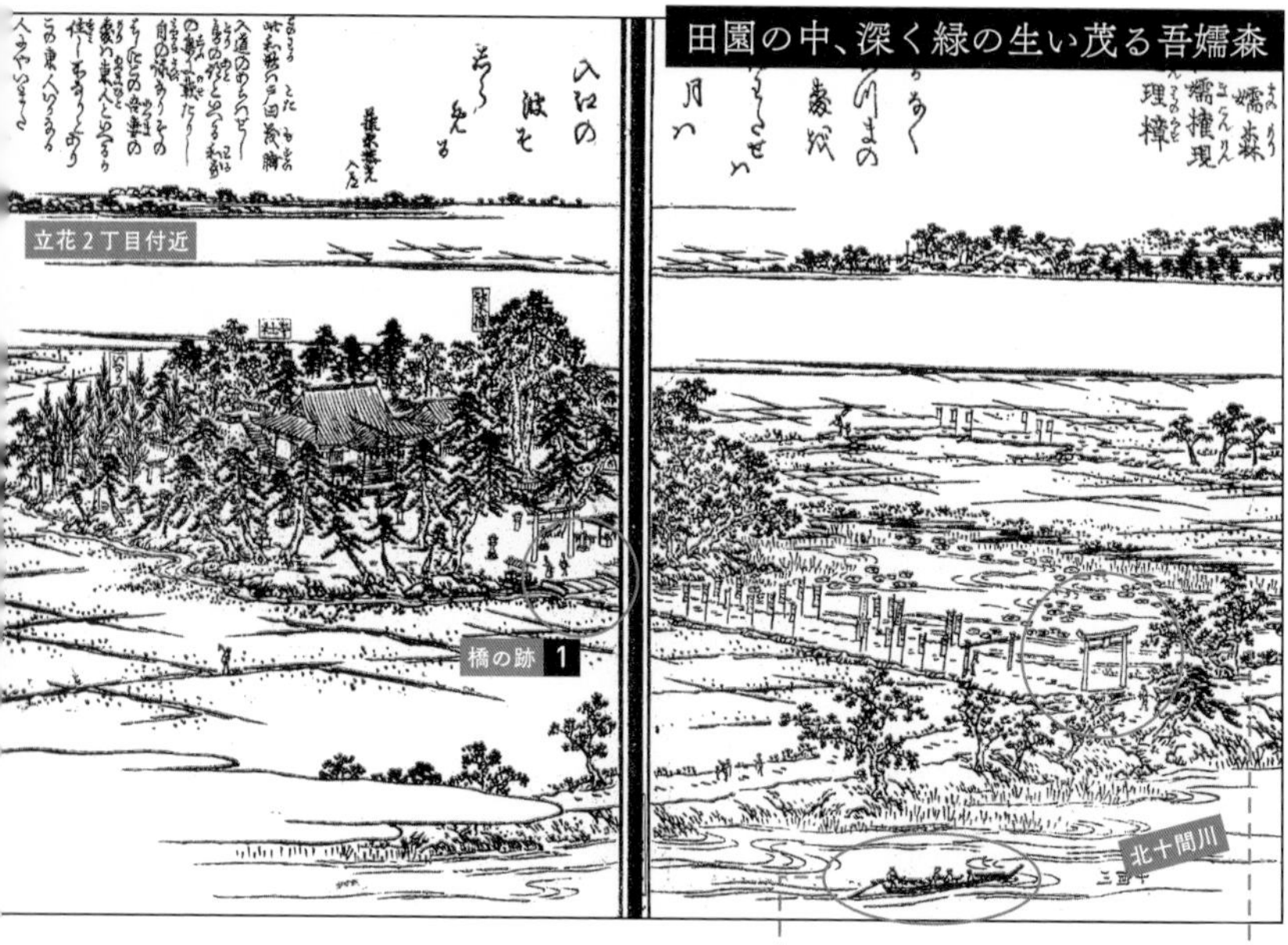

北十間川とスカイツリー

神社入口からは北十間川はもちろん、現代の新名所、スカイツリーもよく見える。

江戸時代と同じ神社入口

神社入口前に北十間川が広がる風景は、江戸時代から変わっていない。

吾嬬神社の主神は弟橘媛《おとたちばなひめ》。相殿に日本武尊《やまとたけるのみこと》を祀る。創建にはこの二人にまつわるいい伝えが残る。日本武尊が東征に向かう途中、相模から上総へ渡ろうとした際、暴風で海が荒れた。そこで海神を鎮めるため、妻の弟橘媛が海に身を投じ、日本武尊の乗った船は無事浮き洲に上陸できた。日本武尊は、行方知れずとなった弟橘媛を思い、「吾妻恋し」と悲しんだという。その後、磯辺に漂い着いた弟橘媛の衣類を築山に納め、崇めたのが吾嬬神社の始まりだと伝えられる。この辺りの地名「立花《たちばな》」も、この伝説からきているという。

吾嬬神社は北十間川の端に鎮座しているが、日本武尊の生きた神話の時代（西暦1世紀ころ）はこの川辺りが海岸線だった。江戸時代には海は遠くなり、社殿は木々に包まれていた。鎮守の森は微高地にあり、吾嬬森《あづまのもり》、浮洲森《うきすのもり》と呼ばれ海上からの目標だった。このため本殿裏手には、漁業に携わる築地小田原町（築地6・7丁目）、本船町地引河岸（日

境内から参道を望む

かつて参道前にあった北十間川は、護岸工事が施され、往時ほどの近さは無いものの、変わらず目の前を流れ続ける。

狛犬には「安永二年」の銘が

神社奥にひっそりと佇む狛犬は 1773（安永 2）年の作。墨田区登録文化財。

二の鳥居前の橋の跡

図絵を見ると、参道と境内との間に小さな橋が架かっている。欄干部のみ現存する。

本橋本町）の関係者から奉納された狛犬がある。

図会を見ると、手前には北十間川（江戸時代は十間川と呼ばれた）が流れる。川岸の土手には川に下りられる道が設けられ、船で参拝する人たちもいた。

東京

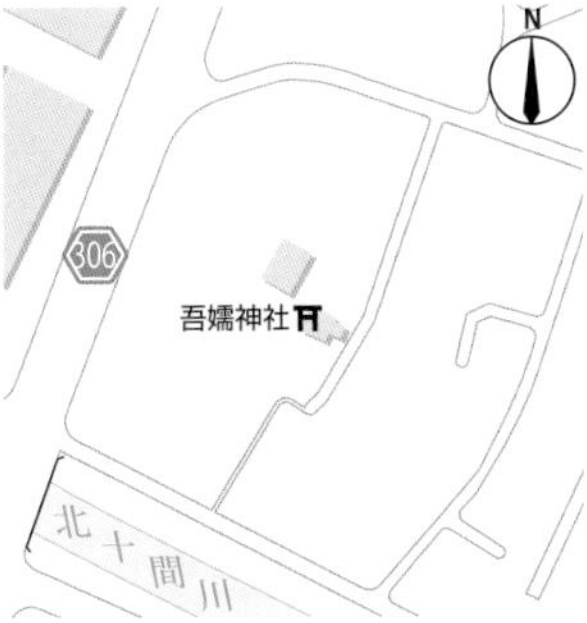

現在の吾嬬神社と北十間川は、江戸時代とほぼ同じ位置関係。

江戸

当時の吾嬬神社周辺

本所・亀戸
エリア

map 63

東の「太宰府天満宮」

亀戸天神社《かめいどてんじんしゃ》〈江東区亀戸3-6-1〉

境内に池、傍らに掘割がある水辺の天神様

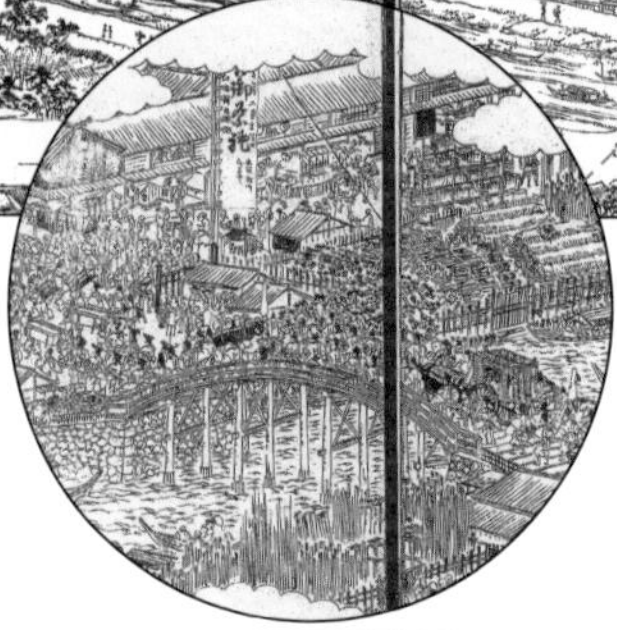

祭礼の図会

毎年行なわれる例大祭のうち、4年に1度の大祭では、神輿ではなく、鳳輦《ほうれん》と呼ばれる乗り物を黒い牛に引かせる。図会を見ると大変な賑わいだったことが伝わってくる。

鳥居、太鼓橋、本殿と直線上にある

境内の様子は江戸時代とほぼ変わらずに生き続ける。

楼門跡に建つ鳥居

惣門前の通りに建っていた鳥居は無くなり、現在は楼門跡に鳥居が建つ。

学問の神、菅原道真《すがわらのみちざね》を祀る。「天神」とは本来、国津神（地上にいる神）に対する天津神（天にいる神）のことであり、特定の神の名ではなかった。しかし、道真が死後に火雷天神と呼ばれ雷神信仰と結びつくと、道真の神霊に対する信仰もまた天神信仰となっていった。正保年間（1644〜47年）、菅原道真の末裔、太宰府天満宮（福岡県太宰府市）の神官を務める菅原信祐《すがわらしんゆう》は、天神信仰を広めるための諸国巡りで、本所亀戸村にたどり着く。信祐はここに元々あった天神の祠に、太宰府天満宮の神木、飛梅で彫った天神像を奉祀した。これが亀戸天神社の始まりとされる。当時、明暦の大火後の復興を目指す江戸幕府は、復興開発事業の象徴として、本所の町の整備を急いでいた。そうした中で4代将軍家綱《いえつな》は、当社を本所の鎮守神として祀るために現在の社地を寄進し、地形・社殿・楼門・回廊・心字池・太鼓橋などを太宰府天満宮にならって造営させた。このため、亀戸天神社は総本社の太宰府天満宮に対し、

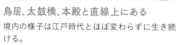

明治時代の楼門

亀戸天神社の入口を意味する立派な楼門が建てられていた。

太鼓橋のひとつ、男橋

水面に映った影と合わせると太鼓のように見えることから、こうした弧を描く橋を「太鼓橋」と呼んだ。

名物、藤まつりと太鼓橋

毎年4月の下旬頃から境内を彩る藤の花。江戸時代から人気があり、5代将軍綱吉や8代将軍吉宗も訪れたという。

「亀」戸天神らしい手水舎

手水舎に亀の像があるほか、境内の池にはたくさんの亀がいる。

東京

現在も亀戸天神社の境内地の広さは江戸時代とあまり変わっていない。

江戸

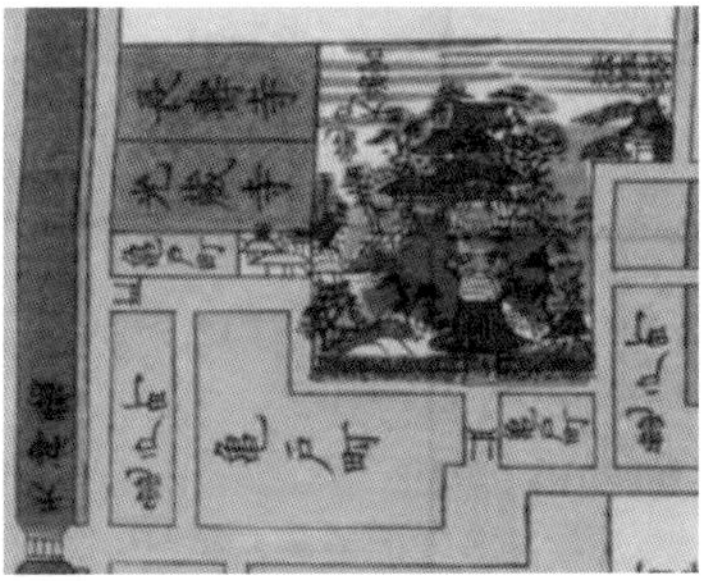

当時の亀戸天神社周辺

東の「東宰府天満宮」ともいわれた。

図絵は、現在と同じく、藤棚が池の周りを巡るように描く。この池と池を渡る太鼓橋は今も昔も人気スポットで、絵葉書にもよく登場する。

map 64

武道・スポーツ振興の神

亀戸《かめいど》香《か》取神社《とりじんじゃ》〈江東区亀戸3－57－22〉

豊かな水源を見守る香取神社

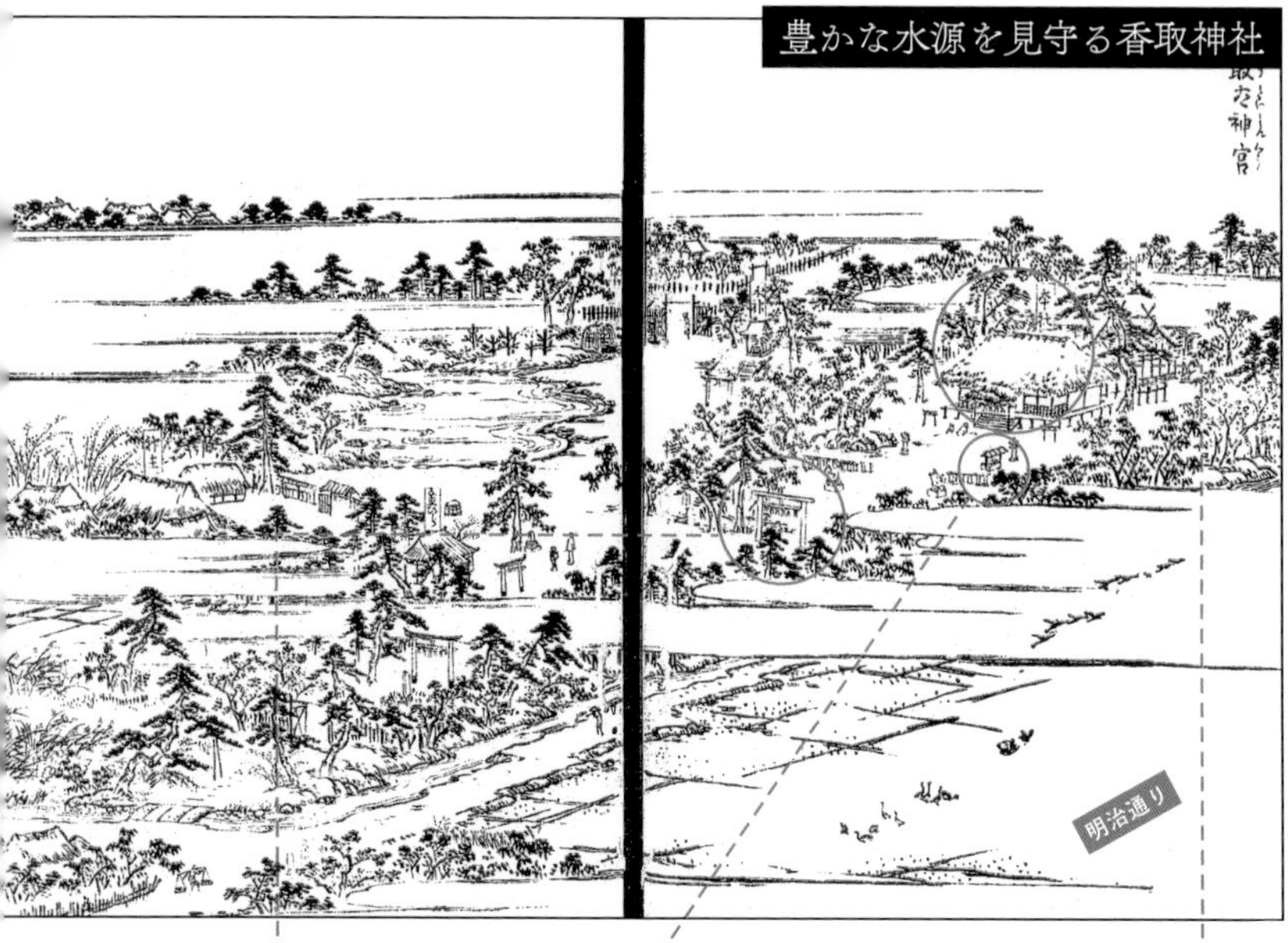

鳥居から一直線に続く参道

香取神社の参道は鳥居から本堂までだけではない。蔵前橋通りからの約200mもこの神社の参道だ。

復元された「亀戸」の由来、亀の井

この辺りの土地が亀のような形をしていたこと、「亀の井」と呼ばれる名泉があったことから、亀戸という地名がついた。

武道・スポーツの守り神として有名

追討使も受けたご利益にあやかろうと、勝負事の前に参拝する人が多い。

周辺は水に恵まれた土地で知られる。図会にも豊富な水と自噴する湧水を描く。亀戸の地名の由来も「亀の井」という井戸で、やはり水に関係する。

創建は665（天智天皇4）年、藤原《ふじわらの》鎌足《かまたり》が旅の安全を祈願して香取大神（経《ふ》津《つ》主神《ぬしのかみ》）を勧請したことに始まる。

現在は、武道・スポーツの神として参拝客を集める。それは、当社に平将《たいらのまさ》門《かど》の乱平定を祈願した追討使が、無事に戦勝したことに由来する。この追討使がお礼参りの際に感謝の印として奉納した弓矢は「勝矢《かちや》」と命名され、この故事にちなみ、毎年5月5日に勝矢祭が行われる。また、4年に1度行われる例大祭で担がれる「こんにゃく神輿」は、屋根、胴体、台座がそれぞれ別の動きをする珍しい神輿だ。

香取大神宮の摂社・末社は、関東地方を中心として全国にあり、みな同じ香取大神を祀る。香取神社と同様、こちらも全国に広く分布する氷川神社を地図にプロットすると、興味深い結果

境内には多くの末社が祀られる

現在の境内の一画には末社が建ち並ぶ。
近隣の社が明治期、数多く移転してきた。

亀戸七福神の大黒天と恵比寿

亀戸内の六社で形成される亀戸七福神。そのうちの大黒天と恵比寿が祀られている。

東京

現存する香取神社と氷川神社をプロットした

東京

亀戸香取神社周辺は地下水が豊富で、戦前まで境内に湧水源があった。

江戸

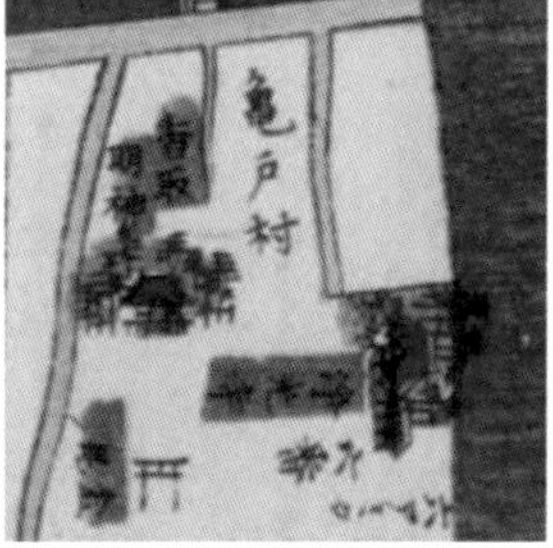

当時の亀戸香取神社周辺

が出てくる。左頁中段の図を見てほしい。香取神社は利根川・江戸川沿いを中心とする分布に対し、南の荒川沿いには氷川神社が分布する。その分布エリアは境界を侵すことなく分かれており、現在もその構造に変化はない。

6万坪を擁した大相撲発祥地

富岡八幡宮《とみおかはちまんぐう》〈江東区富岡1-20-3〉

深川一の観光スポット

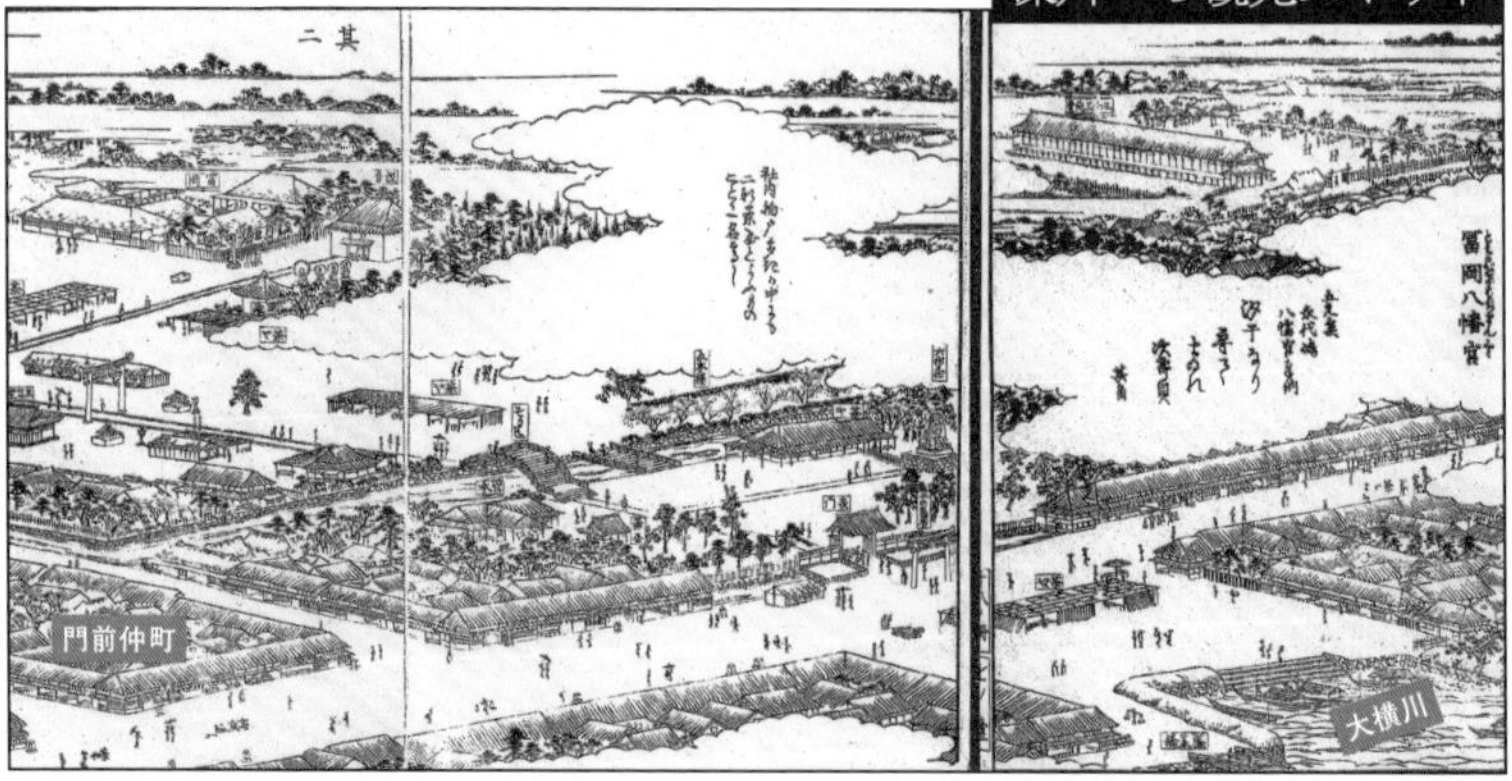

江戸最大の八幡宮

現在地は当時永代島と呼ばれていた。周辺の砂州を埋め立てることによって、八幡宮としては江戸で最大の6万508坪の社地を得た。

富岡八幡宮は、深川一帯の砂州を埋め立てた6万坪余りの社有地を得て、1624（寛永4）年に創建された。建久《けんきゅう》年間（1190〜99年）に源《みなもとの》頼朝《よりとも》が勧請した横浜市金沢区にある富岡八幡宮から分社したものという。源氏の氏神である八幡大神を尊崇する徳川将軍家の手厚い保護を受けるとともに、町民層にも「深川の八幡様」と親しまれた。当時美しく広大な庭園は人気の観光スポットだった。富岡八幡宮の門前には門前町（現門前仲町）が形成され、商業地としても繁栄した。

日本最大の神輿と水かけ祭りとともに、大相撲発祥の地としても有名である。浪人集団との結びつきが強いという理由から、幕府によって禁止された相撲だが、その後、年寄による管理体制の確立を条件に、寺社奉行の管轄下での職業相撲興行が許可され、ここ富岡八幡宮で行なわれた。この時、興行を願い出た者に初代の雷《いかづち》権太夫《ごんだゆう》がおり、その名は現在も年寄名跡として残る。

広い境内は四周を掘割に囲まれ、大

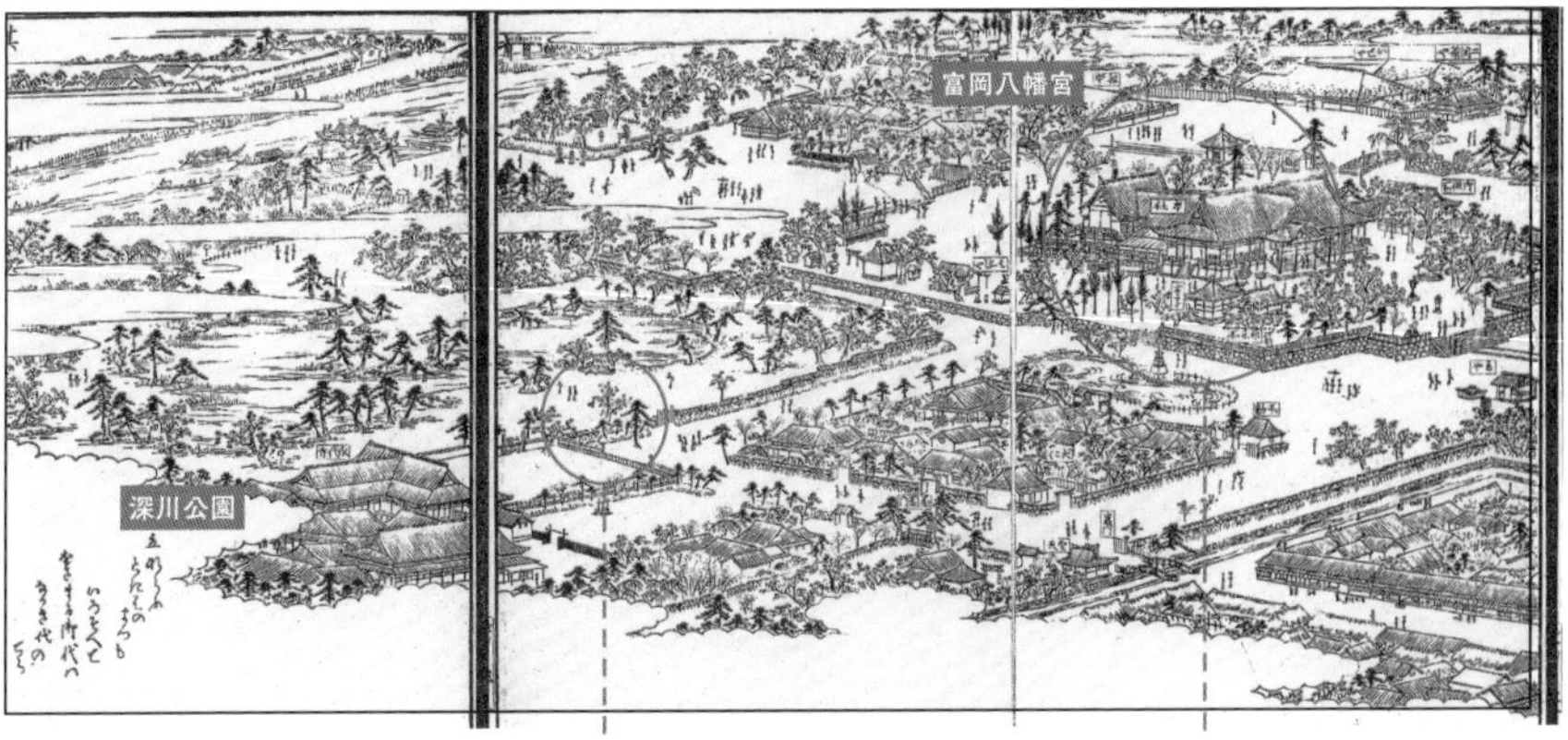

大鳥居から本殿を臨む

永代寺跡に建つ深川不動尊

大きな不動堂の完成は1881（明治14）年。成田山新勝寺の別院。

東京

現在の富岡八幡宮は周辺をめぐっていた掘割が埋め立てられてしまったが、一部でその痕跡が残る。そこには1878（明治11）年につくられた八幡橋（旧弾正橋）が1929（昭和4）年に移設され、残り続ける。

横川など周辺を巡る掘割は船が行き来できる幅があった。図会にも河岸に船を着けて境内に向かう人々の姿が見られる。水上からのメインのアプローチは、門前仲町がある南側。大横川は門前仲町の前を抜け、隅田川に注ぐ。この大横川の河岸が掘り込まれ、船を接岸できる船着場が整備された。

江戸

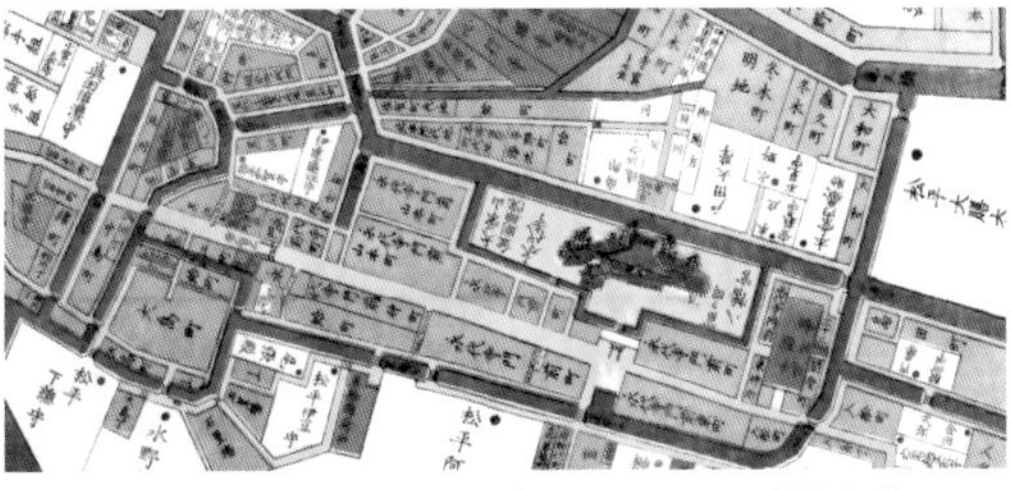

図会にも掘割が描かれているが、古地図を見ると、周囲を巡る掘割がより一層わかりやすい。

暮らしを支えた運河は名所

小名木川《おなぎがわ》〈江東区北部〉

月と松が織りなす小名木川の夜

図会の下流（手前）にできた小名木川橋

橋の北詰に碑のある小名木川橋だが、実際には五本松があった場所より下流にあたる。

明治時代の五本松

明治期に撮影された五本松最後の１本。江戸時代の人々も「昔は５本あったのか」と思っていたと考えると面白い。

徳《とく》川家康《がわいえやす》が１５９０（天正18）年に江戸入府した後、最初に着手した土木事業は、飲料水確保のための上水道と、塩を確保するための運河開削だった。小名木川は、行徳でつくられた塩を江戸城内に運び込むために掘られた。開削した「小名木四郎兵衛《おなぎしろべえ》」の名から小名木川と名づけられた。

後には近郊の農村で採れた野菜や、東北地方の米も小名木川を通り、江戸市中に運び込まれた。開削とともに川の両岸の開発も進められ、北側には深川村、南側には海辺新田が整備される。小名木川に架かる高橋の河岸には遊興空間もできた。また、水上交通の要でもあったため、隅田川に出る付近には江戸を出入りする船を取り締まる番所が置かれた。本所、深川が市街化される過程で、中川・小名木川・船堀川の交差する中川河口に移される。

図会の題「小名木川五本松」は小名木川河岸にあった。この五本松は、現在の江東区大島１丁目の川端あたりにあり、セメント工場で使われた石炭な

図会と同方向から小名木川を望む

塩の運搬を目的に通された小名木川だが、もちろん景色を楽しむ屋形船も多かった。現在の水上バスに通じるものを感じる。

どによる環境悪化で大正期に枯れてしまう。図会の解説には、「九鬼《くき》家の構の中より、道路を越えて水面を覆ふ所の古松をいふ」と記してある。当時すでに残りの4本は枯れ、1本だけだったとわかる。

江戸

当時の小名木川周辺

東京

現在の小名木川流域

深川エリア

map 67

広大な海を臨めた絶景の弁財天

洲崎神社《すさきじんじゃ》〈江東区木場6-13-13〉

海に近いが故の災難

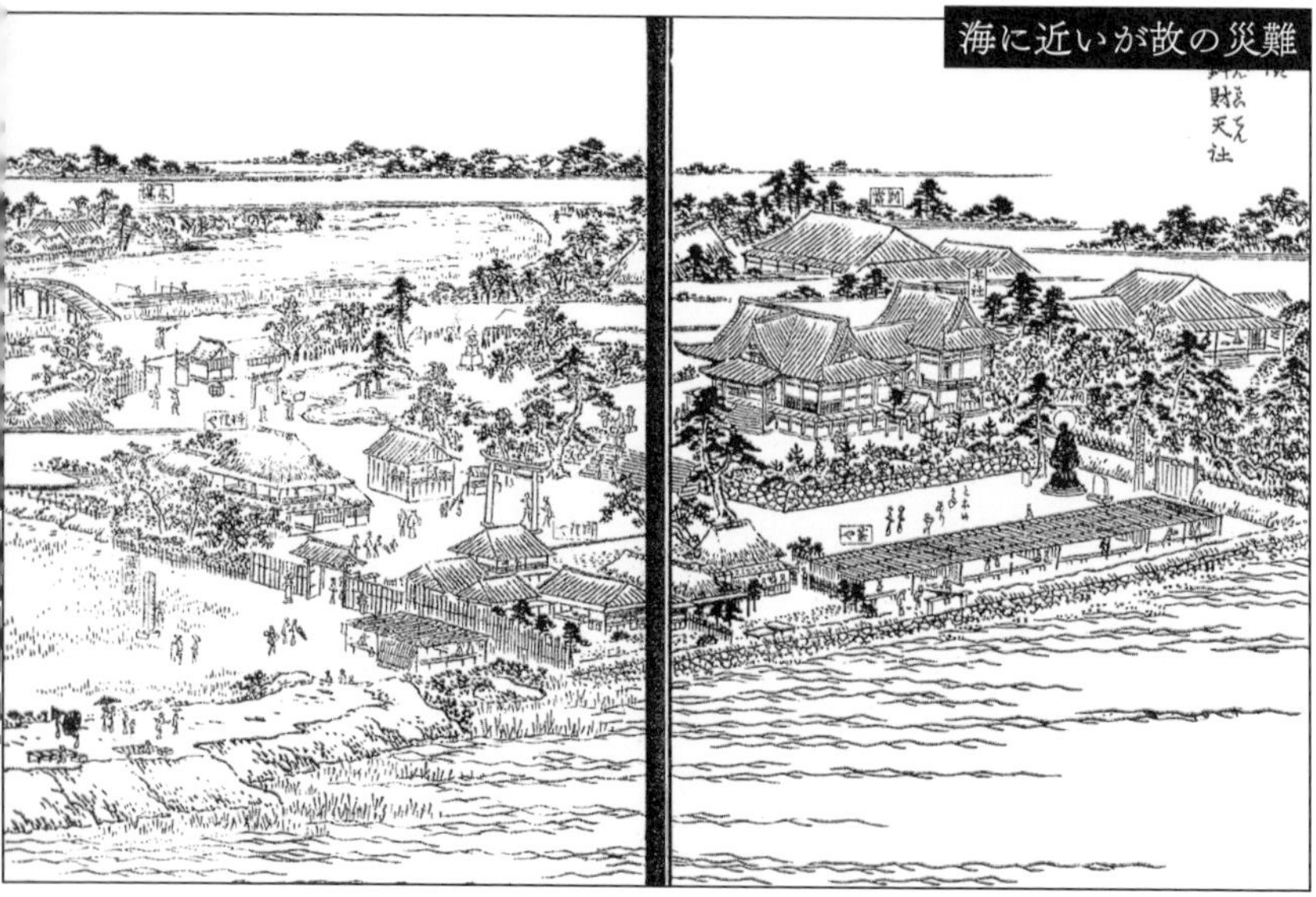

東京

掘割の形跡は感じられるが、その多くが埋め立てられている。

江戸

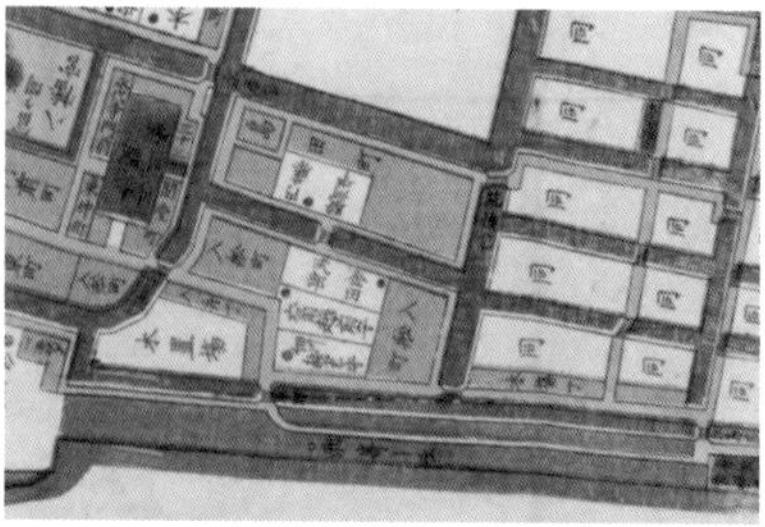

当時の洲崎神社と堤

1700（元禄13）年の創建。当時は境内の前面に内海（現・東京湾）の絶景が広がっており、文人墨客の参詣も集めた。

1791（寛政3）年、洲崎一帯は台風による高潮に襲われ、多数の死者行方不明者を出した。徳川幕府はこの災害を重視。洲崎神社から以西一帯の土地5467坪を買い上げて空き地とし、堤が築かれた。これより海側に人が住むことを禁じた。その印として、洲崎神社の東北地点に建てられた波除碑《なみよけ》（津波警告の碑）は、現在も境内の片隅に立ち続ける。図絵の左下に築かれた堤が描かれている。

高潮にのまれた往時が嘘のよう

被害を物語るものは津波警告用の波除碑のみ。海そのものも随分遠くなった。

第四章 江戸が今も残る水辺

王子
70
石神井川
川越街道
板橋宿
日光街道（日光御成街道）
中山道
奥州街道・水戸街道
千住宿
千住宿
池袋
日暮里
護国寺
寛永寺
68
上野
72
隅田川
浅草寺
小石川御門
お茶の水
秋葉原
両国
亀戸
新宿
小名木川
西の丸
二重橋
東京
虎之御門
新橋
渋谷
増上寺
内海（現・東京湾）
古川
東海道
田町
69
目黒川
71
小川宿
青梅街道
73
五日市街道
吉祥寺
国分寺
玉川上水
府中宿
高井戸宿
甲州街道
目黒
35m～
30～35m
25～30m
20～25m
15～20m
10～15m
0～10m
お台場
品川

内海と川がつくり出す江戸の名所

『江戸名所図会』は、江戸の市街の賑わいや周縁部の空間的特色を切り取っただけではない。その編纂の後半は積極的に江戸郊外、あるいは街道を辿り地方にまで足を伸ばす。特に長谷川雪堤の代には、鎌倉、大山といった相模、あるいは日光まで足を伸ばし、『江戸名所図会』に組み入れた。

ただ、本書は、網羅的に『江戸名所図会』の挿絵を紹介するものではなく、『江戸名所図会』から江戸を浮き彫りにしたいとの考えで構成している。従って、江戸近郊までのエリアを限度とし、選び出した。その視点から、内海（現・東京湾）とここに流れ込む川の幾つかを遡り、魅力的な江戸の都市郊外の名所と自然を訪ねることにしたい。ここで扱う場所は隅田川、石神井川、神田川、玉川上水。また、それらが最後に注ぎ込む内海の自然だ。

隅田川は、江戸の市街に流れ込む大動脈である。下流域は幕府の御米蔵や大名の蔵屋敷が置かれた。だが、上流域に行くに従い、自然の風情が場を占めるようになる。石神井川は、直接内海に流れ込まず、まず隅田川に注ぐ。その手前で、あたかも山間の渓谷に迷うかのように渓谷美をつくりだす。上流には石神井川の豊かな水を支えた湧水源がある。神田川も同様に、豊富な湧水が田園風景や斜面地とコラボレーションすることで自然美を十二分に堪能させてくれる。

玉川上水は荒涼とした武蔵野台地を潤し、江戸の水源となった人工の川である。だがこの人工の川が雑木林のある田園風景に変え、玉川上水河岸《かがん》の桜並木は江戸随一の名所に押し上げた。

これらの川が注ぎ込む内海には遠浅の海が広がる。遠浅の海は魚介類の宝庫であり、百万都市・江戸の人たちに貴重なタンパク源を供給した。同時に、自然を満喫できる潮干狩りのメッカともなった。自然と名所が折り合う広大な自然が江戸にはあった。また内海に流れ込む川の河口は魚介類の宝庫として釣り人たちが訪れた。その一つに中川河口がある。

map 68

江戸と東京で花見場所が違う？

墨堤《ぼくてい》〈墨田区向島・東向島・堤通〉

昭和初期の隅田公園

墨堤通りは水辺から離れ内側に移るが、隅田川沿いには桜並木のプロムナードが完成する。

昭和40年頃の墨堤

桜の咲く季節には多くの人が訪れ、船から花見をする人も多かった。

8代将軍吉宗《よしむね》が堤防保護と風流を兼ね、1717（享保2）年に桜の木を植えたのが始まりとされる。多くの人が土手を歩くことで、土手を強固にする考えがあった。

植桜《しょくおう》されて以後、隅田川には文人墨客が集いはじめ、「墨堤《ぼくてい》」と呼ばれるようになる。近辺の社寺や季節ごとの趣向とが組み合わさって賑わいを増し、江戸の名所として数多くの絵画に墨堤が描かれるようになった。

文化年間（1804〜18年）に入ると、幕命ではなく、文化人を始めとした村民が自主的に植桜するようになる。明治に入ってからも桜の管理と植え替えは続けられ、桜の名所がかつての墨堤通り（長命寺以北の墨堤通り）から隅田公園へと移った現在でも、こうした活動が息長く続く。

関東大震災を機に、帝都復興計画で復興公園が整備されたうちの1つが隅田公園（1931年）だった。桜並木が続くモダンなプロムナード（遊歩道）として整備された。

桜が満開の墨堤

かつて墨堤の周辺には芸妓の出入りする場所や居住地が多く、図会にもそぞろ歩く芸妓たちが描かれる。

江戸

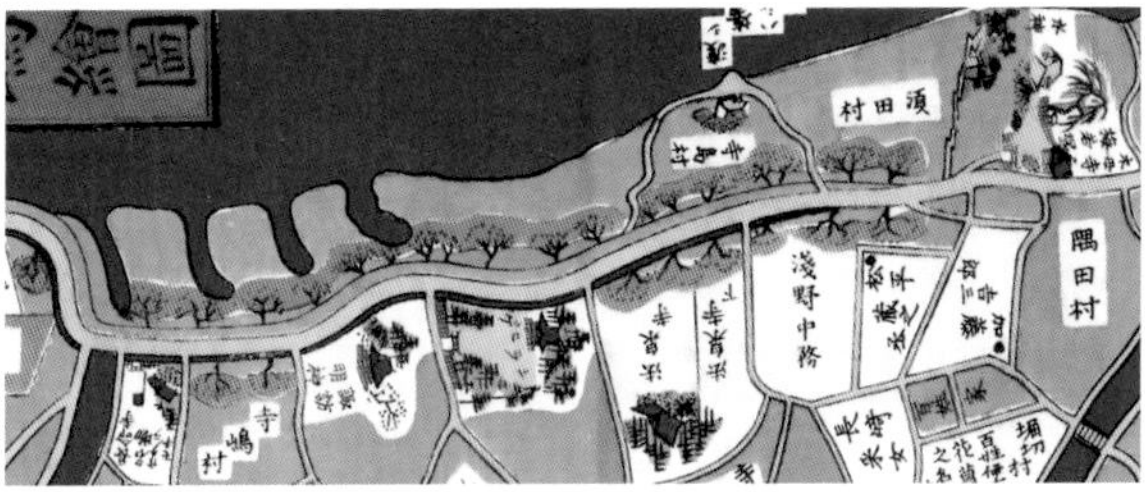

古地図を見ると、墨堤さくら祭りが行われる現在の桜並木（隅田公園沿い）よりも北、長命寺以北に桜並木が多かったことがわかる。

東京

かつての墨堤は現在、墨堤通りとして残っているが、桜の名所としては隅田公園にその座を譲っている。

墨堤さくら祭り

墨田区は様々な品種の桜を隅田公園に植樹した。その甲斐あって、墨堤さくらまつりでは多くの人が陸上と水上から花見を楽しむ。

墨堤名物といえばこれ

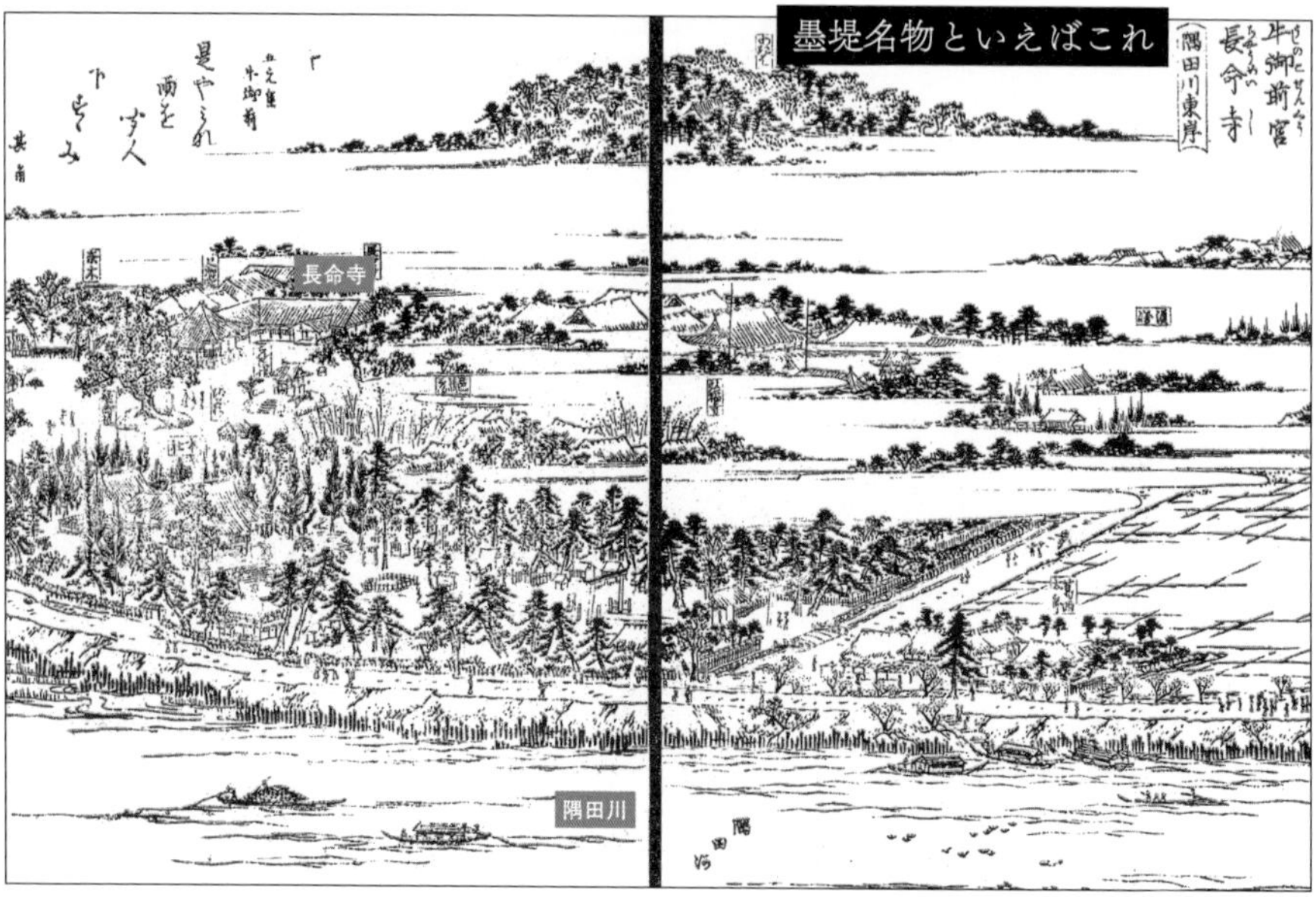

長命寺

長命寺は隅田川七福神のうち弁財天を安置する。かつては「常泉寺」といったが、寺内の井戸水を飲むと病気が治った徳川家光がこの水を長命水と名付け、長命寺となった。家光は家康を描いた画とともに、毎年供養料を給したという。

桜もち(山本や)の店舗

長命寺は堤に面した山本やの裏手に佇む。

長命寺《ちょうめいじ》桜もち

江戸時代から墨堤名物として人気のあった「長命寺桜もち」は、吉宗《よしむね》が土手に桜を植えさせた 1717（享保 2）年に生まれて以降、今日でも変わらず愛されている。

「ちょっと遊びに行く」観光地
江戸前の海と庶民の風景

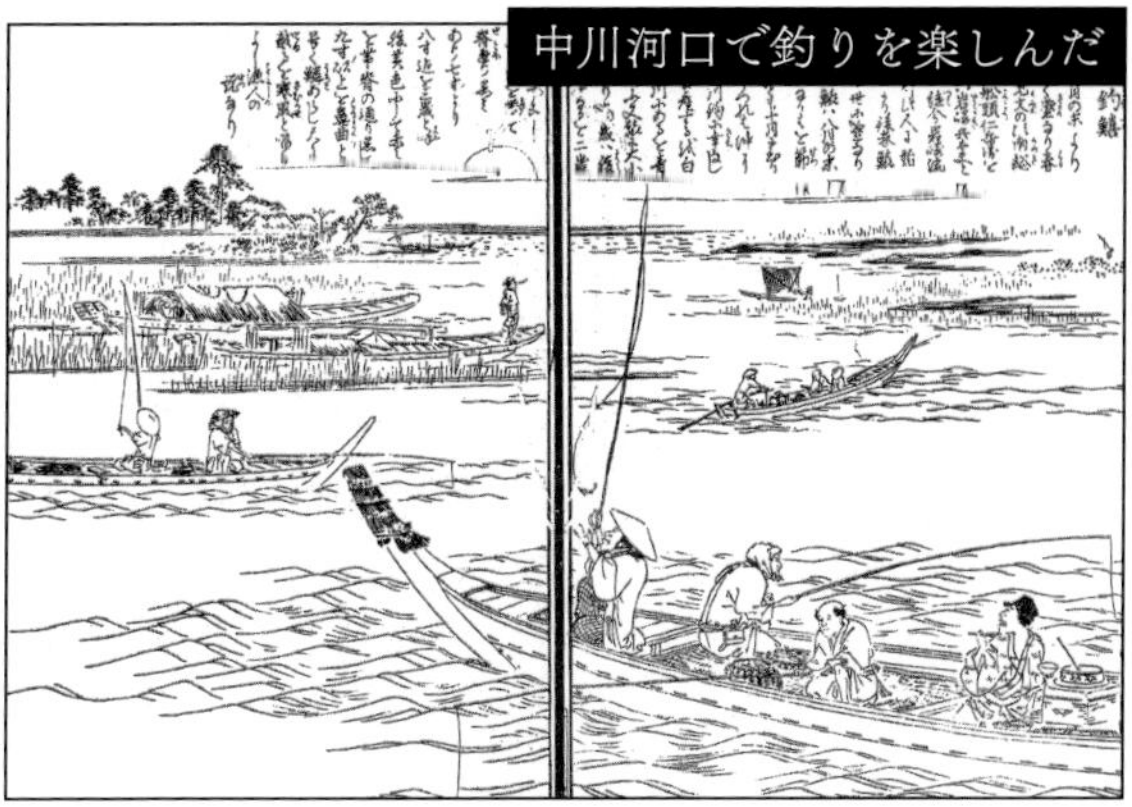
中川河口で釣りを楽しんだ

中川鱚《きす》釣《つ》り

中川河口は波が穏やかで干潟が広がり、淡水と塩水が混じる魚介類の宝庫だった。また、晴れれば房総の山並みや朝日も拝めるとあって、娯楽の少ない江戸時代、船を仕立ててのんびりと過ごす釣りは人気があった。図会では、漁師たちが漁を終えた後、釣り人たちを船に乗せ、鱚釣りを楽しませる様子を描く。

品川潮干狩り《しおひが》

内海（現・東京湾）は遠浅の海で、海岸線の多くが潮干狩りに適していた。ただ、潮干狩りに行くには旅費や船代がかかり、一般庶民にとっては少々お高い娯楽だった。そんななか、品川沖は日本橋から４里ほどと日帰りでき、近くの品川宿に行けば少し贅沢な昼の食事も楽しめた。

江戸

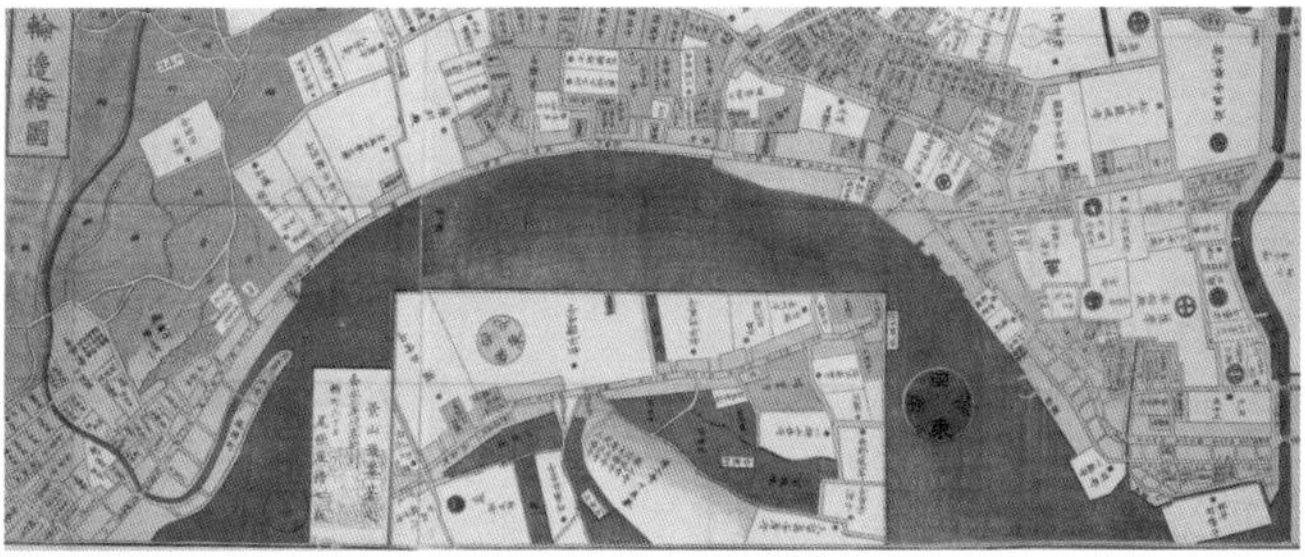

東京

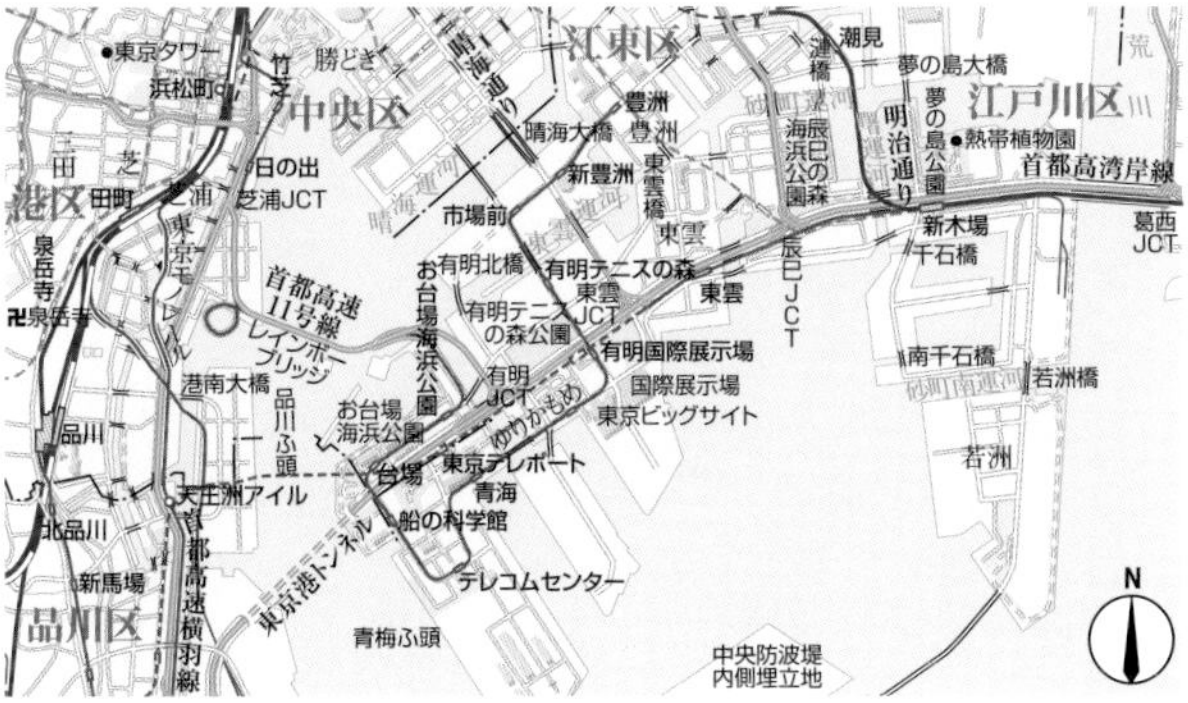

現在の東京湾と近郊

王子一、四季を楽しめた場所

松橋《まつはし》弁財天《べんざいてん》洞窟《どうくつ》跡《あと》〈北区滝野川4-2〉

石神井川と緑の風情を楽しむ

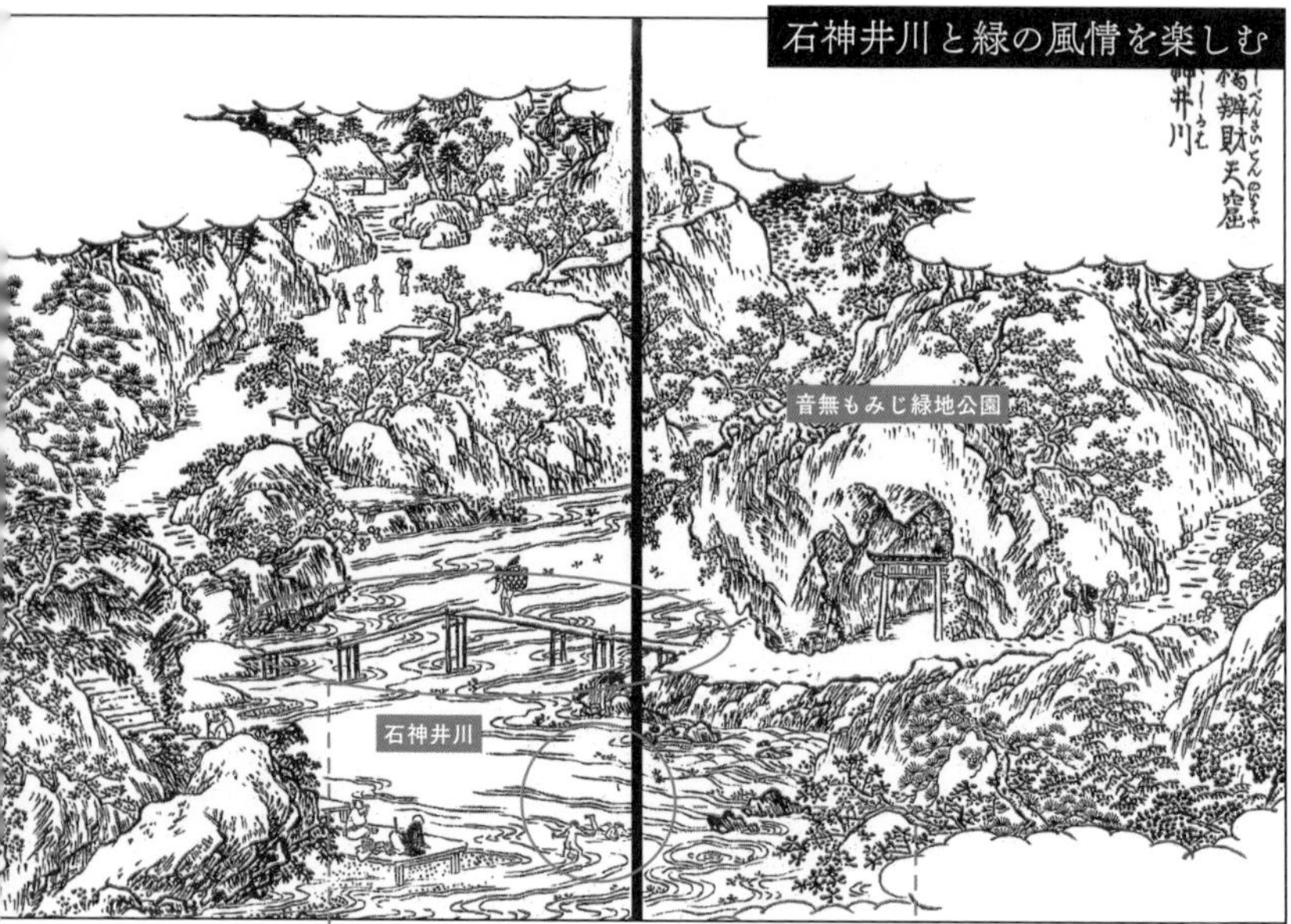

石神井川《しゃくじいがわ》を見守る滝野川橋

図会の時代に名前がついていたかは定かでないが、同じ場所に滝野川橋が架かる。

現在も親しまれる石神井川

滝や弁財天が無くなった今でも、石神井川は地元民に親しまれる川のままだ。

1180（治承4）年10月2日、平家討伐の兵を挙げた源《みなもとの》頼朝《よりとも》の軍勢が隅田川を渡り、武蔵国豊島の滝野河松橋に陣を構えた。そこには、岩屋弁天とも呼ばれる松橋弁財天があり、岩屋の中には弘法大師の作と伝えられる弁財天像が祀られていた。『新編武蔵風土記稿』によると、この弁財天に源頼朝が太刀一振を奉納したという。「松橋」は、近くの金剛寺辺りに、松でできた橋が架かっていたことに由来する。

『江戸名所図会』の解説文には「この地は石神井河の流れに臨み、自然の山水あり。両岸高く桜楓の二樹枝を交へ、春秋ともにながめあるの一勝地なり」と、この辺りの景色を紹介する。春の桜、秋の紅葉が美しく、特に紅葉の名所として知られた。松橋弁財天がなくなった現在も、紅葉にちなむ名のついた場所が、数多く点在する。石神井川の流れも健在だ。

現在都営住宅が建つ付近の崖には滝があり、弁天の滝と呼ばれ、親しまれた。旧滝野川村付近には滝が多く、こ

弁財天跡は公園になっている

滝は昭和初期に枯れ、岩屋は1975（昭和50）年、石神井川の護岸工事の際にとり壊された。

江戸

絵地図には、名所を紹介する彩色された絵が所狭しと描き込まれている。

紅葉寺と呼ばれる金剛寺《こんごうじ》

この辺りには8代将軍吉宗《よしむね》の命で楓が植えられたが、寺も例外ではない。紅葉寺と呼ばれる金剛寺では、今も楓が美しく色づく。

東京

松橋弁財天があった辺りと周辺

の辺りの滝で夏の水遊びをして涼をとることが江戸っ子の格好の避暑だった。松橋弁財天の辺りは、『江戸名所図会』のほか、広重の『名所江戸百景』など多くの絵画の題材となり、四季を通して多くの人で賑わう様子が描かれた。

map 71

武蔵野三大湧水池のひとつ

三宝寺池《さんぼうじいけ》〈練馬区石神井台〉

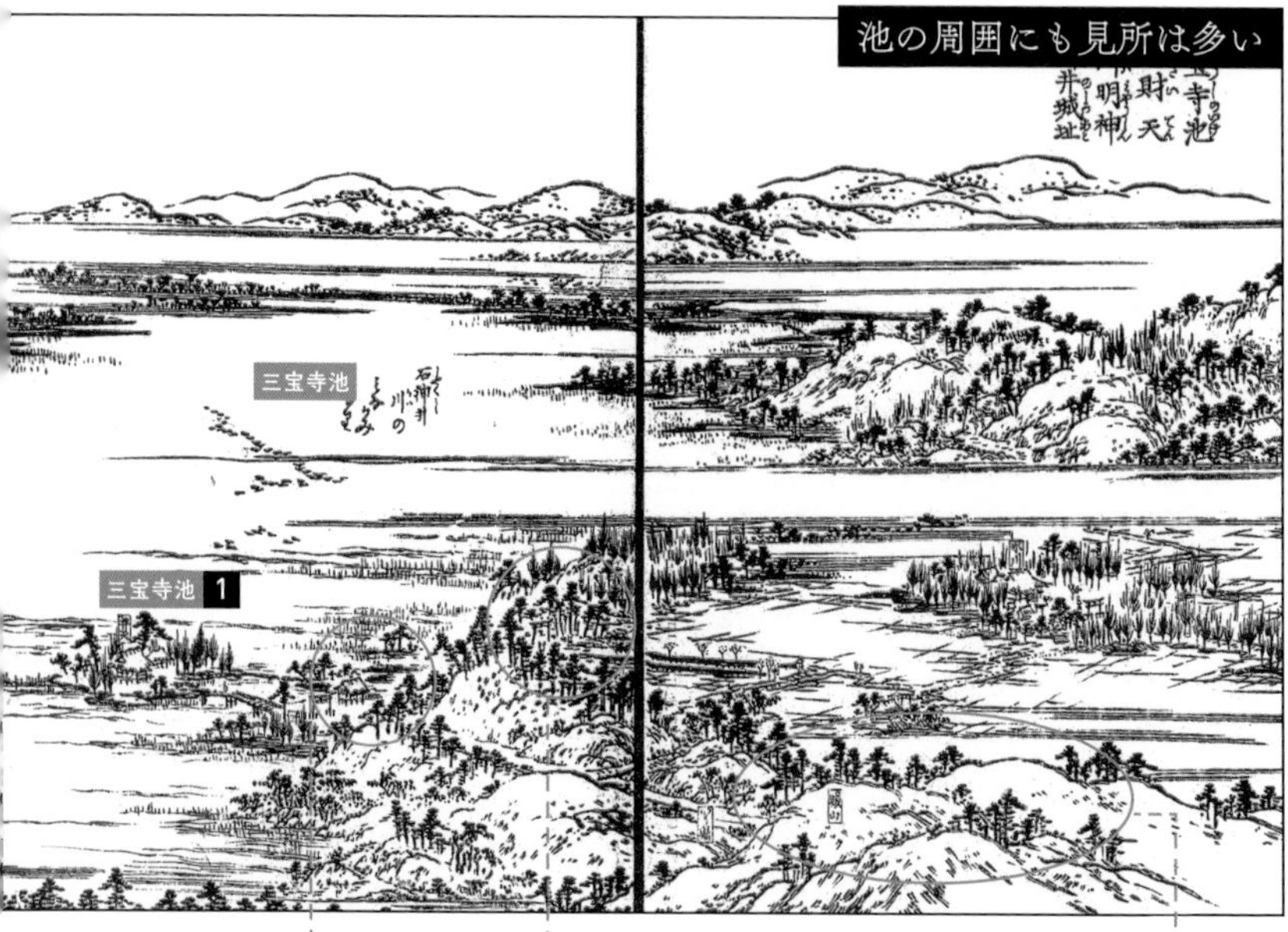

祀られているのは洞窟

厳島神社《いつくしまじんじゃ》境内には、大祭の日にしか公開されない、穴弁天社と呼ばれる洞窟がある。

石神井のお氷川様

石神井郷の総鎮守社。

豊島氏の石神井城趾

14世紀末から15世紀初頭にかけての築城とされる。1477（文明9）年、太田道灌により落城し、現在は内郭の土塁と空堀の跡が残る。

三宝寺池は、武蔵野台地の地下水が湧き出て生まれた池である。古くから水量が多く、容易に枯れないと伝えられてきた。現在の三宝寺池は、周辺の市街化などの環境変化により年々湧水が減少し、地下水を汲み上げて補給するようになった。ただ、木々に囲まれた池は今も静寂な空気に包まれる場所だ。

三宝寺は、真言宗智山派《ちざんは》の寺院で、三宝寺池の名の由来となる。この寺は、1394（応永元）年に開山。近くに石神井城を築いた豊島《としま》氏から帰依を受けた。豊島氏が滅ぶと、後北条《ごほうじょう》氏や徳川《とくがわ》家から保護を受け、発展する。後に3代将軍家光《いえみつ》が鷹狩に訪れた際に休憩場として使われるようになり、朱印地として安堵された。境内には1827（文政10）年に建てられた徳川家ゆかりの山門のほか、かつて勝海舟《かつかいしゅう》の邸宅にあった門が長屋門として残る。

図会は三宝寺池と池につくられた中ノ島の弁財天を中心に構成される。周辺の40を超える村で「講」が組織され、

三宝寺池にまつわる伝説

石神井城落城の際、豊島氏当主はこの三宝寺池に身を投げた。当主である父を追い、自らも身を投げた娘の照姫をしのび、毎年「照姫まつり」が催される。

江戸

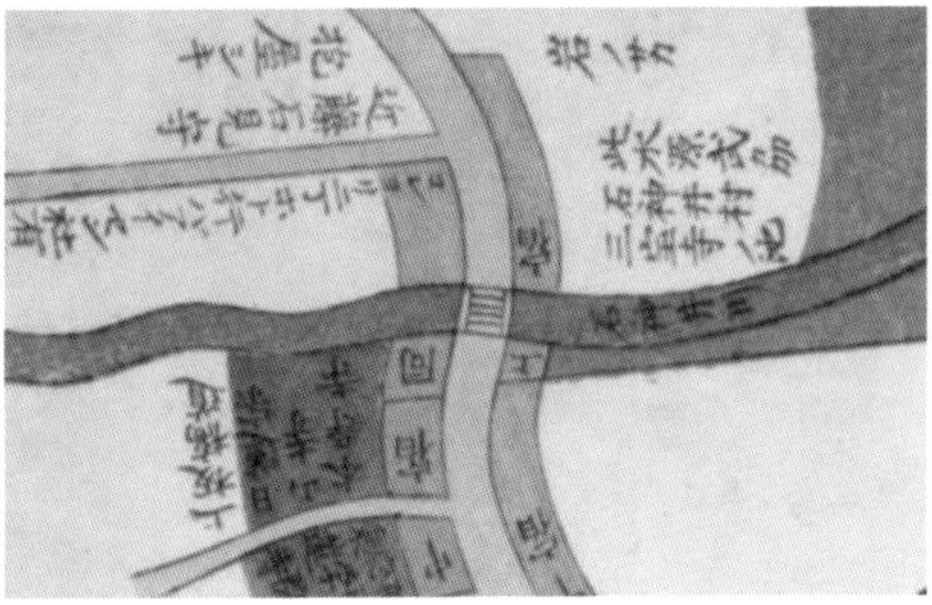

当時の三宝寺池周辺

1

古称「弁天池」の理由

三宝寺池は古くは弁天池とも呼ばれた。弁天社が池近くにあったからだ。神仏分離によって、今は厳島神社と名を変えた。

東京

現在の三宝寺池周辺。池や神社、城趾の位置関係はそのまま残る。石神井公園として自然も残り、図会の様子と合致する。

この弁財天を尊崇したという。画面右手前の小山には城山と記してあるが、これが石神井城《しゃくじいじょう》跡である。この絵を描いた場所は、城跡の近くに創建された三宝寺であろう。眼下には自然に包まれた三宝寺池を描き込む。

map 72

芭蕉と神田上水の関係とは

関口《せきぐち》芭蕉庵《ばしょうあん》〈文京区関口2-11-3〉

神田川と田園に囲まれたのどかな風景

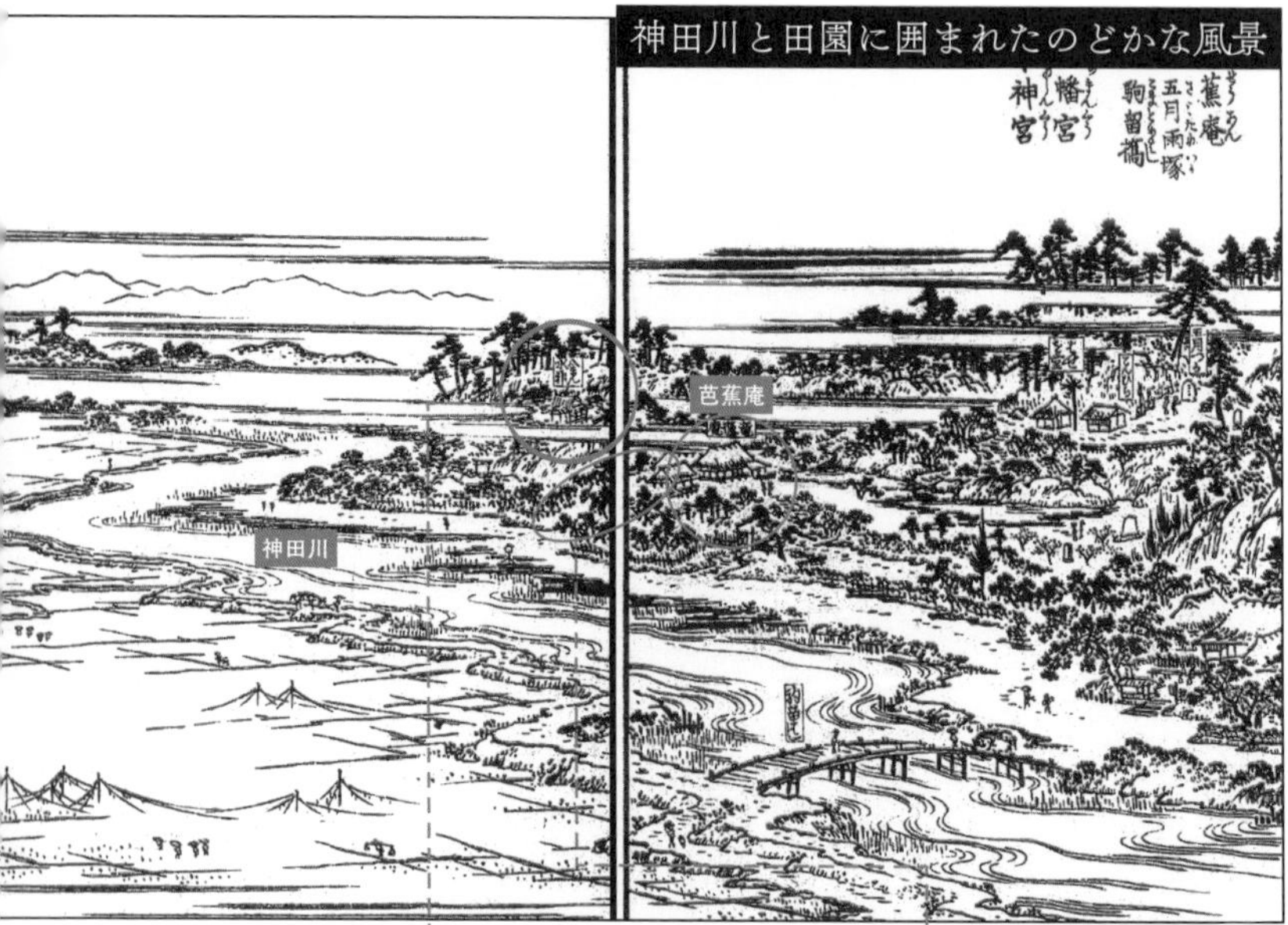

神田上水の守護神

胸突坂を挟んで芭蕉庵の向かいに水神社がある。

胸を突いて歩く坂

この急な坂を上る人の姿から「胸突坂」と呼ばれる。現在も、途中に休憩所が設けてあるほど急。

1590（天正18）年、徳川家康《とくがわいえやす》の江戸入府と同時に最初の上水、小石川上水が完成した。しかし、大坂夏の陣（1615年）以降江戸の人口が急増し、新たな上水の必要から神田上水が1629（寛永6）年に整備される。井の頭池・善福寺池・妙正寺池の水を集め、小石川の関口に設けられた堰により水位が上げられた。神田川の流れと分けられた神田上水は小石川にある水戸邸を抜け、市中に給水された。この神田上水の整備には松尾芭蕉《まつおばしょう》も深く関わる。

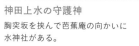

松尾芭蕉は2度目に江戸に入った後、神田上水の改修工事を請け負う。1677（延宝5）年から1680（延宝8）年までの4年間である。この間、芭蕉は関口付近にある「竜隠庵《りゅういんあん》」と呼ばれた水番屋に住んだといわれ、これが関口芭蕉庵の始まりとされる。

現在の芭蕉庵の門を出たところには、胸突坂《むなつきざか》と呼ばれる急な坂がある。その坂道を隔てた芭蕉庵の反対側に関口水神がある。この社は、上水の守護神と

庵へと続く緑深い小径

芭蕉を慕う人々によって守られ、再建され続けてきた芭蕉庵。現在の庵は第二次世界大戦後の造営。

江戸

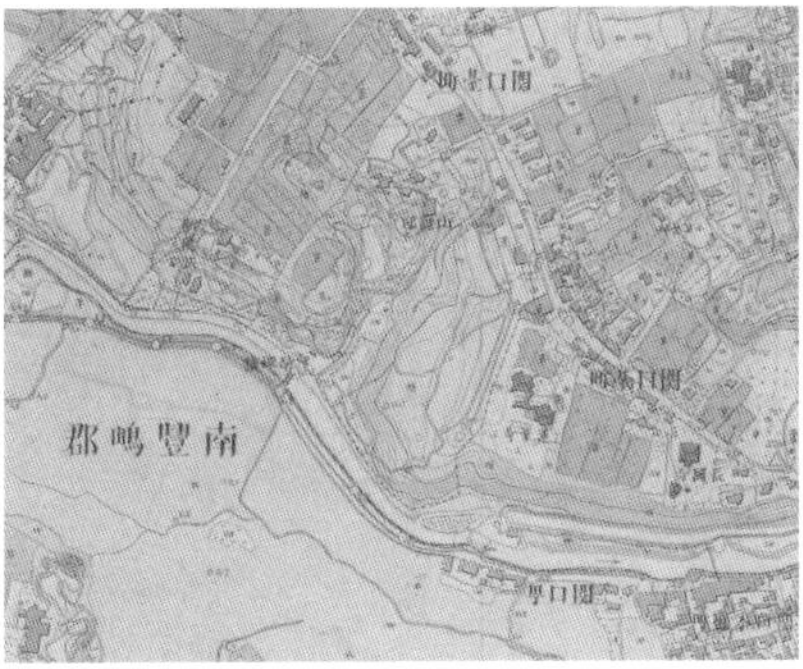

1883年頃の関口芭蕉庵周辺

庵の前を流れる神田川

神田川の安寧には、芭蕉の手も加わっていた。

東京

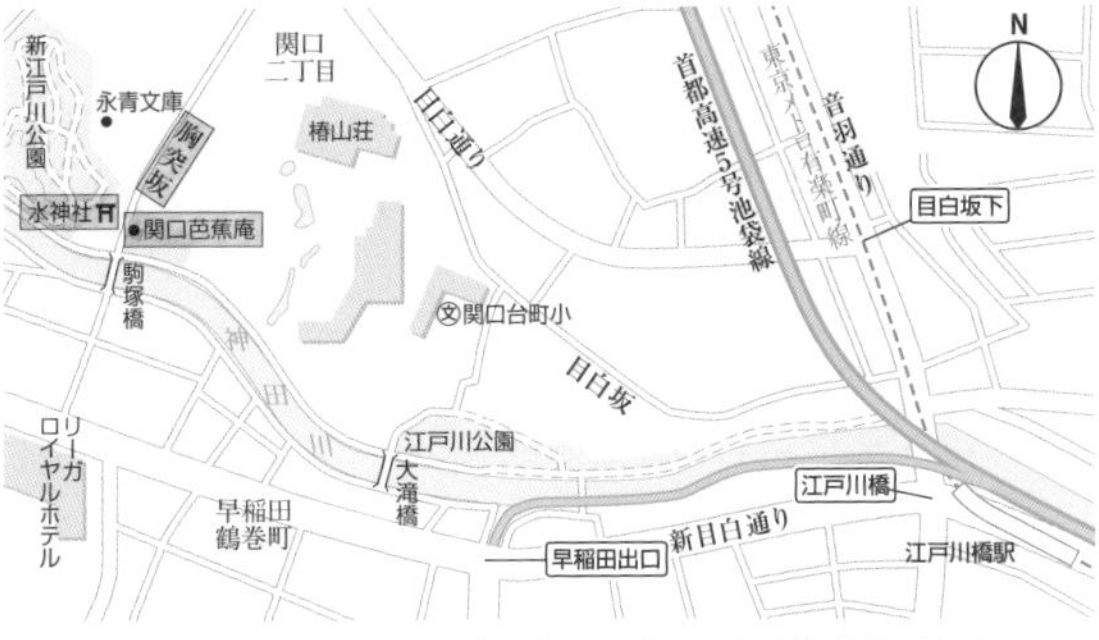

関口芭蕉庵周辺。神田川から目白台地へと上る、急な胸突坂がある。関口芭蕉庵と水神社のちょうど間を抜ける坂。

して北斗《ほくと》妙見《みょうけん》大菩薩を祀る。関口水神の創建年代は明らかではないが、1697（元禄10）年に社地を削って胸突坂がつくられたとされ、また、関口大洗堰は、少なくとも1629（寛永6）年以前の建設と推定されることから、神社は堰完成以降、元禄年間（1688〜1704年）までの鎮座と推測される。

map 73

公園に代わられた桜の名所

小《こ》金《がね》井《い》の桜〈小金井市〉

小金井桜は男二人が腕をまわすほどの大樹

静かに流れる玉川上水

上水に観光にと活躍した玉川上水。ほぼ暗《あん》渠《きょ》化された今も、一部に自然の風景が残る。

整備された五日市街道

五日市街道の幅が広がり便利になると交通量が増加、桜並木は枯れてしまった。

小金井の桜は、1737（元文2）年、新田開発のために幕命で植樹されたことにはじまる。小金井橋を中心に玉川上水の両岸6kmに、山桜約2000本が植えられた。近くの海岸寺にはこれを記録する碑文が残る。小金井は江戸から7里。1泊の行楽客が多く訪れる地として賑わった。翌日に国分寺や六所宮へ向かう者も多く、桜と小金井橋は名所として、広域から訪れる人々のメッカとなる。

玉川上水の土手に植えられた桜並木は、江戸時代から関東随一の桜の名所として知られた。嘉永年間（1848～54年）には、田無村名主・下田半兵衛が大規模な補植を行い、その魅力を保つ。1883（明治16）年には明治天皇も訪れた。

1889（明治22）年に新宿～立川間で開業した甲武鉄道（後の中央本線）には、当初小金井に駅がなかったが、1924（大正13）年に「小金井桜」として名勝に指定されると、花見シーズンだけ仮乗降場（後の武蔵小金井駅）が設けられた。

新「桜の名所」小金井公園

桜堤に変わったこの公園の前身は、1940（昭和15）年に計画された小金井大緑地。戦後すぐには東宮仮御所や学習院中等科も設置されていた。

明治期の小金井桜堤

この頃にはまだ江戸時代と同じく、小金井の桜の名所は桜堤だった。玉川上水を挟んだ堤は満開の桜で埋め尽くされている。手前では宴会が行われているようだ。

1950年代、五日市街道の交通量増加により、桜並木は衰える。玉川上水の目の前に小金井公園が開園すると、「桜の名所」は玉川上水から小金井公園に移る。

3

黄金井にちなんだ小金井橋

場所も名前も江戸時代のまま。近くに武蔵七井のひとつ、黄金井があったことからその名がついたという。

索引

画像・写真提供

- 国立国会図書館
  （江戸名所図会、江戸切絵図、118 頁中段右、133 頁中段左、148 頁中段右、165 頁下）
- 中央区立京橋図書館（18 頁中段、20 頁中段、22 頁中段左、49 頁中段左、135 頁中段左）
- 中央区立郷土資料館（18 頁中段左）
- 渡辺秀樹（21 頁中段）
- 石黒敬章（55 頁中左）
- 井上博行（29 頁中段右）
- 東京ガス　ガスミュージアム
  （「東京名所之内　九段阪之明月／葛西虎次郎」59 頁中段中）
- 東京都歴史文化財団イメージアーカイブ（133 頁中段左）
- 東京都水道歴史館（73 頁中段右）
- 神田明神（78 頁上）
- 日枝神社（78 頁下）
- 根津神社（101 頁中段左）
- 石川県金沢市（110 頁中段左）
- 荏原神社（129 頁中段右）
- 浅草神社（136 頁下、137 頁上）
- 足立区立郷土博物館（136 頁中段左）
- 亀戸天神社（143 頁中段左）
- 墨田区観光協会（155 頁上、右下）
- （公財）東京都公園協会（165 頁上）

執筆者

岡本哲志（おかもと・さとし）

都市形成史家。1952年東京都生まれ。'80年法政大学建築学科卒業。博士（工学）。2011年都市住宅学会賞著作賞受賞。'13~'16年法政大学教授。日本各地の土地と水辺空間の調査に長年従事。著書に『最高に楽しい大江戸MAP』（エクスナレッジ）、『江戸→TOKYOなりたちの教科書1、2、3、4』『家康の仕掛け』（淡交社）などがある

東京の江戸めぐりさんぽ

2023年11月27日　初版第1刷発行

著者　岡本哲志

発行者　三輪浩之

発行所　株式会社エクスナレッジ
〒106-0032
東京都港区六本木7-2-26
https://www.xknowledge.co.jp/

問合せ先　編集　Tel:03-3403-1381
Fax:03-3403-1345
info@xknowledge.co.jp
販売　Tel:03-3403-1321
Fax:03-3403-1829